权威·前沿·原创

皮书系列为
"十二五""十三五"国家重点图书出版规划项目

BLUE BOOK

智库成果出版与传播平台

北京市哲学社会科学研究基地智库报告系列丛书

城市管理蓝皮书
BLUE BOOK OF URBAN MANAGEMENT

中国城市管理报告（2021）
ANNUAL REPORT ON URBAN MANAGEMENT OF CHINA (2021)

中国 36 个重点城市管理水平评价

主　　编 / 刘承水
执行主编 / 冀文彦

社会科学文献出版社
SOCIAL SCIENCES ACADEMIC PRESS (CHINA)

图书在版编目(CIP)数据

中国城市管理报告.2021/刘承水主编.--北京:社会科学文献出版社,2021.12
 (城市管理蓝皮书)
 ISBN 978-7-5201-9170-8

Ⅰ.①中… Ⅱ.①刘… Ⅲ.①城市管理-研究报告-中国-2021 Ⅳ.①F299.23

中国版本图书馆CIP数据核字(2021)第205069号

城市管理蓝皮书
中国城市管理报告(2021)
中国36个重点城市管理水平评价

主　　编 / 刘承水
执行主编 / 冀文彦

出 版 人 / 王利民
责任编辑 / 周雪林　李　晨
责任印制 / 王京美

出　　版 / 社会科学文献出版社
　　　　　地址:北京市北三环中路甲29号院华龙大厦　邮编:100029
　　　　　网址:www.ssap.com.cn
发　　行 / 市场营销中心(010)59367081　59367083
印　　装 / 天津千鹤文化传播有限公司

规　　格 / 开 本:787mm×1092mm 1/16
　　　　　印 张:17.5　字 数:260千字
版　　次 / 2021年12月第1版　2021年12月第1次印刷
书　　号 / ISBN 978-7-5201-9170-8
定　　价 / 128.00元

本书如有印装质量问题,请与读者服务中心(010-59367028)联系

▲ 版权所有 翻印必究

城市管理蓝皮书编委会

主　　任　刘　林

委　　员　刘　林　田培源　胡丽琴　刘承水　冀文彦

《中国城市管理报告（2021）》编委会

主　　编　刘承水

执行主编　冀文彦

编　　委　（以姓氏笔画为序）
　　　　　史雅娟　刘国海　汤文仙　张漾文　尚晋钢
　　　　　周秀玲　胡雅芬　胡　睿　褚　旭　翟　文

主要编撰者简介

刘承水 管理学博士，教授。现任北京城市学院校长助理，首都城市环境建设研究基地首席专家，政协委员，中国优选法统筹法与经济数学研究会常务理事统筹分会副理事长，北京城科会常务理事、城专会副主任。撰写《城市概论》和《城市灾害应急管理》等多部著作。主持研究《首都城市环境建设评价及指数研究》与《中国大城市发展模式的思考与研究》等多项重大课题。就城乡接合部治理，首提云模式，实现精细化管理新突破，涵盖"双网覆盖 双轮驱动"内涵。"试论企业竞争战略之核心竞争力"获中国科协组织的"百佳中华创新成果"特别荣誉奖，课题"首都城市环境建设评价与指数研究"获北京市优秀奖，"社会舆情焦点聚焦及应对策略研究"获北京市社会建设优秀成果一等奖。《北京调研》刊发《关于破解垃圾分类居民普遍参与"瓶颈"的建议》等。

冀文彦 华东师范大学中国现代城市研究中心与人文社会科学学院联合培养硕士研究生，博士在读。现任北京城市学院科研部门党支部书记，首都城市环境建设研究基地研究人员。自 2016 年起担任《中国城市管理报告》执行主编。编写有《首都城市环境现状分析及治理实践》《首都城乡接合部环境治理研究》《冲突与危机管理》《服务经济学》等多部著作。近年来，主持、执行负责或参与省部级重大、重点或一般项目 10 余项，主持或参与横向项目若干，各级各类期刊或报纸发表文章、观点 20 余篇。

摘 要

2021年是"十四五"开局之年,也是中国共产党成立100周年,更是贯彻新发展理念、推进高质量发展、构建新发展格局的重要开官之年,这对城市治理现代化发展提出了新要求。在"全周期管理"的理念下,科学开展城市治理应着重增强民众的获得感、幸福感、安全感,促进人的全面发展和社会全面进步。

2021年报告选取36个重点城市进行城市管理水平的排名与评价,其中包括北京、上海、天津、重庆4个直辖市,石家庄、太原、呼和浩特、沈阳、长春、哈尔滨、南京、杭州、合肥、福州、南昌、济南、郑州、武汉、长沙、广州、南宁、海口、成都、贵阳、昆明、拉萨、西安、兰州、西宁、银川、乌鲁木齐27个省会城市(首府),以及大连、青岛、宁波、厦门和深圳5个计划单列市。

研究报告的指标体系沿袭上一年,共有5个一级指标,20个二级指标,59个三级指标。其中,一级指标为社会管理水平、经济管理水平、环境管理水平、科技创新管理水平、基础设施管理水平,根据5个一级指标体系构建的二级指标在内容设置上与上一年基本保持一致,课题研究继承并科学完善了往年蓝皮书构建的三级指标体系。

全面提升城市治理能力,关键在于科技创新。要坚持创新在城市现代化建设全局中的核心地位,提升企业的技术创新能力,激发人才创新的活力。"十四五"规划提出要打造一批具有国际竞争力的区域创新高地。搭建科技服务平台,提升企业创新能力成为"十四五"期间各城市科技管理部门的

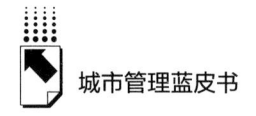

重要工作内容。分报告从创新投入、创新潜力、创新载体、创新效率和创新产出五个维度构建了城市科技创新管理水平评价指标体系，对36个重点城市的科技创新管理水平进行评价和排名，重在反映这些城市科技创新管理及推进创新工作的总体状况。

全面提升城市治理能力，关键在于厚植经济基础，把发展经济着力点放在城市的实体经济发展上。分报告构建了包括经济发展水平、经济调节水平、市场监管水平和基础财力水平四个维度的城市经济管理水平评价指标体系，对36个重点城市经济管理水平进行了综合评价与排名。36个重点城市经济管理水平梯度分布特征明显，呈现东强西弱、南高北低、中部崛起等特点。

全面提升城市治理能力，关键在于改善人民生活品质、提高社会建设水平。分报告延续了2019年以来的指标体系，继续从投入与发展、服务与民生和公平与保障三个维度用14个指标对36个重点城市的社会管理水平进行评价。分析发现，三四线城市社会管理水平进步显著，北、上、广、深等一线城市内部差异明显，与北京、上海相比，广州、深圳在公平与社会保障方面表现不佳。

全面提升城市治理能力，关键在于人与自然和谐共生。分报告指出，2018年6月，中共中央、国务院印发《关于全面加强生态环境保护 坚决打好污染防治攻坚战的意见》，全面打响蓝天、碧水、净土三大保卫战。党中央、国务院对加强生态环境保护等做出的一系列重大决策部署，为城市环境管理提供了坚实的制度和组织保障。中国36个重点城市深入贯彻习近平生态文明思想和全国生态环境保护大会精神，按照党中央和国务院决策部署，在整体环境管理方面，取得了一定进展和成效。

全面提升城市治理能力，关键在于设施保障。分报告指出，快速增长的固定资产投资是城市基础设施管理水平提升的重要保障。

贯彻新发展理念，推进城市高质量发展，离不开良好的交通枢纽工程，报告的借鉴研究认为市郊铁路作为通勤化、速度快、运量大的轨道交通系统，是城市公共交通体系的重要组成部分。规划发展市郊铁路是疏解非首都功能、发挥城市副中心承载和辐射带动作用、推动京津冀协同发展、促进远郊区和城市组团发展的重要举措，对优化城市功能布局、方便市民出行具有重要意义。

非首都功能疏解作为京津冀协同发展的"牛鼻子"，是区域重大战略、协调区域发展战略以及主体功能区战略的部署，必须建立健全完善的国土空间布局及支撑体系，专题报告研究认为，北京市城市土地利用效率总体呈现分层化、组团化特征，平均综合效率为0.677，有较大的提升空间。首都城市治理迈上新征程，应该着眼于战略全局，厚植城市精神、彰显城市品格、提升城市软实力，只有如此才能更好地展现城市善治效能。专题报告研究认为，多元文化交融、八大高校汇聚、人流量巨大的北京五道口地区，应实现基于"流空间"的公共空间优化改造，使这一地区密而有序、密而高效、密而宜居。

2021年的中国城市管理报告根据"十四五"战略规划，面向2035年远景目标，为城市治理提供智慧支撑。

关键词： 新发展理念　高质量发展　城市治理　北京

目 录

Ⅰ 总报告

B.1 "十四五"开局——全国城市治理现代化提速发展
　　　　　　　　　　　　　　　　　　　　　　　史雅娟 / 001
　　一 我国城市管理水平的排名与评价分析 …………………… / 002
　　二 当前我国城市治理现代化发展的特征 …………………… / 010
　　三 "十四五"规划提出城市治理的新要求 ………………… / 013
　　四 新形势下我国城市管理的现代化治理方向 ……………… / 015

Ⅱ 分报告

B.2 中国重点城市社会管理评价………… 翟 文　陶 杰　王钰彬 / 019
B.3 中国重点城市经济管理评价报告………………胡雅芬　胡心月 / 052
B.4 中国重点城市环境管理评价报告………………周秀玲　尚晋钢 / 080
B.5 中国重点城市科技创新管理评价报告…………汤文仙　侯净雯 / 116
B.6 中国重点城市基础设施管理评价报告…………周秀玲　尚晋钢 / 148

001

Ⅲ 借鉴篇

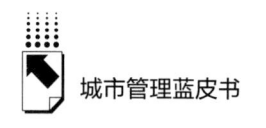

B.7 东京轨道交通的发展经验对北京市郊铁路建设的启示
  ·················· 刘国海　褚　旭 / 175

Ⅳ 专题篇

B.8 "双碳"背景下的北京绿色发展 ·············· 胡　睿 / 191

B.9 北京市城市土地利用效率评价与优化调控对策研究
  ·················· 张潆文　褚　旭 / 208

B.10 "流空间"理念下北京五道口地区公共空间优化研究
  ——兼论工业文化遗产的利用 ············ 冀文彦 / 229

参考文献 ································· / 242

Abstracts ································ / 247
Contents ································ / 251

皮书数据库阅读 **使用指南**

总 报 告
General Report

B.1 "十四五"开局——全国城市治理现代化提速发展

史雅娟*

摘　要： 城市治理现代化发展是我国构建现代化治理体系和提升社会治理现代化能力的重要组成部分，"十四五"时期城市治理现代化成为完善新型城镇化战略、提升城镇化发展质量的重要支撑。本文通过比较2018年全国36个重点城市管理水平指标得分，分析了我国城市管理水平发生的时空排序变化及其原因，结合当下城市管理中呈现的特征，提出我国城市现代化治理提速发展的方向。

关键词： 城市治理　社会管理水平　城镇化　"十四五"时期

---

* 史雅娟，北京城市学院副教授，理学博士，中国科学院地理科学与资源研究所出站博士后，研究方向为城市地理、城市管理、城市-区域规划与发展。

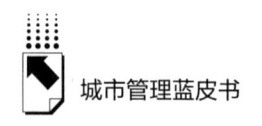

"十四五"开局之年,国家正在加快构建以国内大循环为主体、国内国际双循环相互促进的新发展格局,城市作为承载双循环高质量发展的重要平台,以城市-区域发展推动双循环战略,发挥城市要素空间优势,以"全周期管理"理念开展城市治理,在大数据、云计算等科技的支撑下,运用系统与发展的思维进行全过程、全要素、全场景的精细治理,建立协调、互补、系统的治理体系,构建城乡现代化治理体系、提升现代化治理水平是新时期维护社会和谐稳定发展的压舱石。

一 我国城市管理水平的排名与评价分析

(一)城市管理水平指标评价体系

本课题研究延续了2020年蓝皮书构建的城市管理水平评价指标体系,共有5个一级指标、20个二级指标、59个三级指标(详见表1)。其中,一级指标为社会管理水平、经济管理水平、环境管理水平、科技创新管理水平、基础设施管理水平,5个指标体系构建的二级指标和三级指标在内容设置上保持不变,指标权重按照层次分析法计算得到。选取36个重点城市进行城市管理水平的评价和排名,其中,包括北京、上海、天津、重庆4个直辖市,石家庄、太原、呼和浩特、沈阳、长春、哈尔滨、南京、杭州、合肥、福州、南昌、济南、郑州、武汉、长沙、广州、南宁、海口、成都、贵阳、昆明、拉萨、西安、兰州、西宁、银川、乌鲁木齐等27个省会城市(首府),以及大连、青岛、宁波、厦门和深圳5个计划单列市。

为发挥课题组属地北京市的区位优势,2021年蓝皮书持续发布首都城市治理方面的研究成果,分别以绿色发展、土地利用效率、公共空间优化等为主要内容设立专题研究报告,总结北京在推进城市现代化治理进程中的宝贵经验,对城市土地利用效率进行评价,并提出优化调控对策。

表1 2021年中国城市管理水平评价指标体系

一级指标	二级指标	三级指标
社会管理水平（G）	投入与发展水平（G1）	一般公共服务支出比重（G11）
		卫生、社会保障和社会福利业从业人员比重（G12）
		教育支出比重（G13）
		城乡社区支出比重（G14）
		市民满意度（G15）
	服务与民生水平（G2）	城镇恩格尔系数（G21）
		农村恩格尔系数（G22）
		城镇人均住房建筑面积（G23）
		每千人医院、卫生院床位数（G24）
		每万人中等职业学校在校学生数（G25）
	公平与保障水平（G3）	城乡收入比（G31）
		社会保障和就业支出比重（G32）
		城市低保标准增长率（G33）
		每万人社会服务机构床位数（G34）
经济管理水平（J）	经济发展水平（J1）	人均地区生产总值（J11）
		城镇居民人均可支配收入（J12）
		实际就业率（J13）
		第三产业占GDP的比重（J14）
	经济调节水平（J2）	经济增长波动系数（J21）
		居民消费价格弹性系数（J22）
		城镇登记失业率波动系数（J23）
		固定资产投资效果系数（J24）
	市场监管水平（J3）	私营个体从业人员增长率（J31）
		人均金融机构本外币存款余额（J32）
		社会消费品零售额增长率（J33）
	基础财力水平（J4）	财力规模（J41）
		公共财政收入增长率（J42）
		财政赤字率（J43）
环境管理水平（H）	固体废物管理水平（H1）	生活垃圾无害化处理率（H11）
		工业固体废物利用率（H12）
	气体废物管理水平（H2）	工业二氧化硫排放降低比率（H21）
		工业烟尘排放降低比率（H22）
		细颗粒物（PM2.5）年平均浓度（H23）
	液体废物管理水平（H3）	污水处理厂集中处理率（H31）
		工业废水排放量减少比率（H32）
	生态绿化管理水平（H4）	建成区绿化覆盖率（H41）
	噪声环境管理水平（H5）	城市噪声路段超标率（H51）
		等效声级dBA（H52）

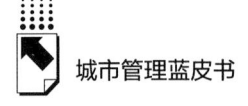

续表

一级指标	二级指标	三级指标
科技创新管理水平(C)	创新投入水平(C1)	R&D强度(C11)
		科研支出占财政支出比重(C12)
	创新潜力水平(C2)	每万人高等学校人数(C21)
		每万人学生拥有的教育支出(C22)
		每百人高校学生拥有专任教师人数(C23)
	创新载体水平(C3)	每万人规模以上工业产值(C31)
		科学研究和技术服务业从业人员占比(C32)
		每万人吸引外商投资额(C33)
	创新效率水平(C4)	第二产业劳动生产率(C41)
		第三产业劳动生产率(C42)
	创新产出水平(C5)	新增人均发明专利申请量(C51)
		新增人均专利授权量(C52)
		高技术产品出口额占出口额的比重(C53)
基础设施管理水平(S)	水电气设施管理水平(S1)	人均供水总量(S11)
		人均供气总量(S12)
		人均用电总量(S13)
	道路交通设施管理水平(S2)	人均城市道路面积(S21)
		万人拥有公共汽车数(S22)
		万人拥有出租汽车数(S23)
	邮电通信设施管理水平(S3)	人均拥有移动电话用户数(S31)
		人均拥有互联网用户数(S32)

（二）36个重点城市管理水平排名

1. 城市总体排名概述

根据全国城市管理水平总体评价结果显示，2018年我国城市管理水平整体较为稳定。排名结果显示，北京、深圳、杭州、宁波、上海、长沙、郑州、南京、广州、武汉等10个城市管理水平较高，处于全国36个重点城市的前10位。

其中，排名第1的是北京，城市管理水平得分为76.16分，较2017年降低了11.59分；排名第2的是深圳，城市管理水平得分为74.56分；在36

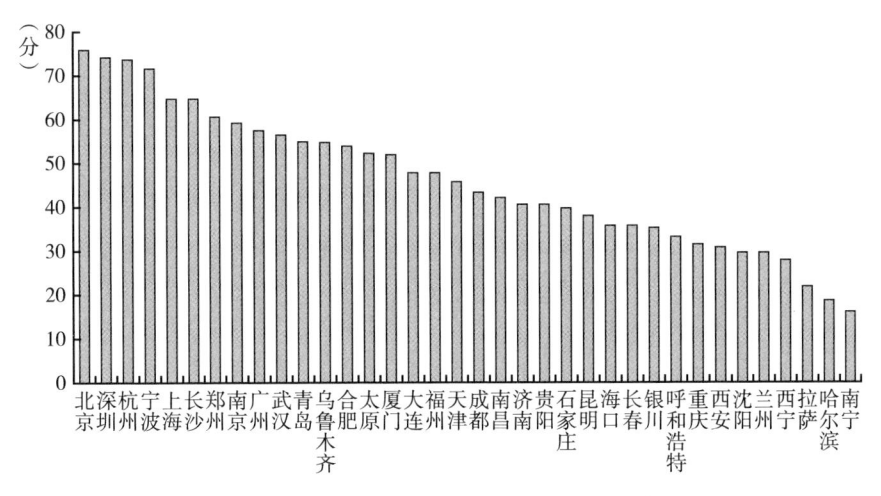

图1 2018年中国36个重点城市管理水平综合评价

个重点城市中，前5名的城市管理水平均值为72.22分；第6～10名的城市管理水平均值为59.9分。

表2 2018年全国36个重点城市管理水平得分及排名

单位：分

城市	排名	得分	城市	排名	得分
北京	1	76.16	成都	19	43.61
深圳	2	74.56	南昌	20	42.30
杭州	3	73.80	济南	21	40.93
宁波	4	71.57	贵阳	22	40.63
上海	5	64.99	石家庄	23	40.00
长沙	6	64.90	昆明	24	38.00
郑州	7	60.59	海口	25	35.98
南京	8	59.39	长春	26	35.85
广州	9	57.80	银川	27	35.53
武汉	10	56.82	呼和浩特	28	33.48
青岛	11	55.23	重庆	29	31.45
乌鲁木齐	12	55.09	西安	30	30.97
合肥	13	54.36	沈阳	31	29.85
太原	14	52.59	兰州	32	29.63
厦门	15	52.10	西宁	33	27.85
大连	16	48.24	拉萨	34	22.13
福州	17	47.87	哈尔滨	35	18.96
天津	18	46.13	南宁	36	16.32

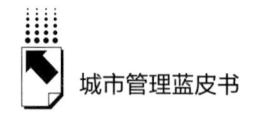

与2020年本课题蓝皮书研究的2017年度评价排名相比，2018年度的城市排名有如下特征。一是前10名城市位序稳中有变。2018年度前10名城市中的位序总体变化不大，北京、深圳仍然分别保持第1名、第2名的位序不变，杭州、宁波越过上海分别位居第3、第4，青岛从前10名中出局，其他城市仅有排位的变化，分值较上一年的得分略低。二是亮点城市升速快。合肥管理水平大幅提升，从2017年的第23名晋升到2018年的第13名；海口出现大跨度跳跃式提升，从2017年的第35名跃升到了第25名，晋级非常显著；福州取得了从第25名晋升到第17名的好成绩；南昌的排名从第27名晋升到第20名；贵阳也从第28名晋升到第22名。三是少数城市降级显著。济南降级显著，从第11名滑落到了第21名，银川从第16名下滑到第27名，呼和浩特从第18名直接降级到了第28名，沈阳则从第24名滑入后10名。除此之外，其他城市仅有次序的微调。

2. 分区域城市管理水平评价

本课题从城市－区域的角度分析，统一按照东部、东北、中部、西部的区位分类标准，将36个重点城市划分为东部地区（14个）、东北地区（4个）、中部地区（6个）、西部地区（12个），对不同区域的城市社会管理水平进行评价分析。2018年度分区域的城市管理水平评价结果显示，我国城市管理水平格局正在持续发生变化。东部地区整体的城市管理水平最优，中部地区城市管理水平持续显著提升，中、东部之间差距持续缩小；东北地区城市管理水平开始复苏式发展，追赶速度与西部地区几乎持平，中部地区与东北地区、西部地区的城市管理水平显著拉大。

分析结果显示（见表3），东部地区中分别有北京、深圳、杭州、宁波、上海、南京、广州共7个城市进入前10名，青岛和厦门2个城市位居前15，福州和天津分别为第17名和第18名，济南、石家庄和海口分别排在第21、第23、第25名，整个东部地区城市管理水平的均值为56.89分；中部地区城市管理水平提升幅度最大，其中，长沙、郑州和武汉等3个市位居前10，合肥、太原分别排在第13、第14名，南昌位列第20，中部六大城市的排名位序均有提升，整个中部地区城市管理水平的均值为55.26分；东北地区的城市管理水平与往年相比也在整体上升，大连市位居第16，长春第26，沈阳和哈尔滨排在第31和35，整个东北地区城市管理水平均值为33.22分，较之前有明显的提升；西部地区城市管理水平总体向好，乌鲁木齐市晋级到第12名，成都市也向前迈到第19，贵阳、昆明分别排在第22和24，银川、呼和浩特位序下降较为显著，其他城市的排名位序部分有微调，西部地区总体城市管理水平的均值为33.72分。总体评价结果显示，2018年东部城市管理水平基本处于稳定状态，中部城市发展速度显著，东北地区呈现显著提升发展状态，西部地区出现亮点城市。

表3 按区域划分的城市管理水平得分及排名

单位：分

区域	城市	排名	总得分	区域	城市	排名	总得分
东部地区	北京	1	76.16	中部地区	长沙	6	64.90
	深圳	2	74.56		郑州	7	60.59
	杭州	3	73.80		武汉	10	56.82
	宁波	4	71.57		合肥	13	54.36
	上海	5	64.99		太原	14	52.59
	南京	8	59.39		南昌	20	42.30
	广州	9	57.80	西部地区	乌鲁木齐	12	55.09
	青岛	11	55.23		成都	19	43.61
	厦门	15	52.10		贵阳	22	40.63
	福州	17	47.87		昆明	24	38.00
	天津	18	46.13		银川	27	35.53
	济南	21	40.93		呼和浩特	28	33.48
	石家庄	23	40.00		重庆	29	31.45
	海口	25	35.98		西安	30	30.97
东北地区	大连	16	48.24		兰州	32	29.63
	长春	26	35.85		西宁	33	27.85
	沈阳	31	29.85		拉萨	34	22.13
	哈尔滨	35	18.96		南宁	36	16.32

（三）分指标的城市管理水平分析

1. 城市社会管理水平分析

城市社会管理水平分析显示，2018年36个城市社会管理综合得分平均

为44.89分，排在前5的分别是太原、郑州、杭州、宁波和乌鲁木齐，其中，太原位居第1，领军中西部城市。与2017年相比，郑州和宁波跻身前5，北京和长沙分值下滑，济南和银川直接滑落到15名之外。分析显示，西部城市在社会管理中的投入日益加大，城市社会管理水平的提升速度有目共睹。

城市社会管理水平排在后5的分别是兰州、深圳、拉萨、西宁和南宁市，与2017年排在后5的西安、重庆、兰州、南昌、海口相比，发生的变化较为明显，其中，深圳和西安分别排在倒数第4名和倒数第2名，如何进一步提升超大城市的社会管理水平亟待有关部门的重视。

2. 城市经济管理水平分析

城市经济管理指标分析显示，2018年位于前5名的城市分别是北京、杭州、深圳、长沙和南京，其中，北京稳居第1，杭州和深圳的分值紧随其后。与2017年相比，长沙和南京跻身前5，杭州位次提升至第2名，上海和广州下滑出局。

城市经济管理水平排在后5的分别是沈阳、呼和浩特、重庆、南宁和哈尔滨，较2017年排名，变动最大的是拉萨，其从后5一跃上升至第13名，同为西部地区城市的西宁、银川位次也稍有上调。

依据各城市经济管理水平总得分划分为三个阈值梯度，三个梯队包含的城市数量变化不大，保持7∶16∶13的梯队结构分布状态。在城市区域分布上，依然保持着较为显著的东强西弱、南高北低态势，中部崛起势头强劲。从总体上看，城市经济管理水平呈现稳中求进的特征。

3. 城市环境管理水平分析

城市环境管理指标显示，2018年环境管理水平前5的是大连、厦门、南昌、广州和海口。与2017年相比，2018年中国36个重点城市环境管理水平排在前5的城市均有所变化。2017年和2018年连续两年城市环境管理水平都位于前5的城市共有3个，分别是大连、厦门和南昌。除了南昌连续两年位于第3以外，大连和厦门的名次都有所上升，大连从第2提升到第1，厦门从第4提升到第2。2018年，广州和海口取代了深圳和石家庄，成为城市环境管理水平排名前5的城市,而深圳从第1下降到第7,石家庄从第5下降到第16。

2018年城市环境管理水平排在后5的城市是太原、银川、西宁、哈尔滨和拉萨。拉萨、哈尔滨和西宁这3个城市连续两年都位于城市环境管理水平排名后5。拉萨和哈尔滨的名次连续两年保持不变,分别位于倒数第1和倒数第2。2018年,贵阳和乌鲁木齐这两个城市提升了自身的环境管理水平,太原和银川这两个城市取代了它们,分别降至城市环境管理水平排名的倒数第5和倒数第4。

分指标分析显示,与2017年相比,2018年36个重点城市环境管理水平的平均得分有所增加,这说明2018年城市环境管理水平总体呈上升趋势,城市环境管理水平普遍提升。部分城市环境管理水平排名变化较大,上升9名及以上的城市有乌鲁木齐、南京和广州;下降10名及以上的城市有北京和石家庄。2018年召开的全国生态环境保护大会强调要坚决打好污染防治攻坚战,树立了中国生态环境保护事业发展史上新的里程碑。36个重点城市深入贯彻习近平生态文明思想和全国生态环境保护大会精神,按照党中央和国务院决策部署,在环境管理整体方面,取得了一定进展和成效。

4. 城市基础设施管理水平分析

城市基础设施管理指标显示,2018年基础设施管理前5的是深圳、乌鲁木齐、银川、西宁和呼和浩特。与2017年相比,2018年深圳、乌鲁木齐、银川和西宁4个城市的城市基础设施管理水平得分没有变化,且它们的名次也没有变化;只有呼和浩特取代了拉萨,从第14位提升到第5位,而拉萨从第5位降到第8位。

2018年基础设施管理水平排在后5的是重庆、哈尔滨、石家庄、南宁和长春。与2017年相比,2018年有4个城市保持原样,只有石家庄取代了南昌。在名次上,重庆和哈尔滨连续两年分别位居倒数第1和倒数第2,南宁和长春都前进了1名,石家庄从倒数第7下降到倒数第3,进入后5的队列。

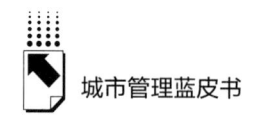

分指标分析显示，中国 36 个重点城市基础设施管理水平在逐年提升，总体趋势向好，中国城市基础设施管理水平普遍提升。基础设施建设投资的增长是城市基础设施管理水平整体逐年提升的原因和基本保障。城市基础设施管理水平排名变化总体平稳。与 2017 年相比，2018 年有 10 个城市的排名没有变化，18 个城市变动了 1 个名次，剩余 8 个城市变动了 2~9 个名次。部分城市基础设施管理水平稳定提升，深圳市连续两年城市基础设施管理水平稳居第 1，呼和浩特市从第 14 名上升到第 5 名，从中间名次提升到前 5，城市基础设施管理水平取得了较大进步。

5. 城市科技创新管理水平分析

在 36 个重点城市中，城市科技创新管理水平进入前 5 的是深圳、北京、上海、宁波、长沙，前 3 的城市与 2017 年一致，同为深圳、北京和上海。排在后 5 的城市是乌鲁木齐、南宁、西宁、拉萨、海口。从城市变动看，与 2017 年相比，2018 年科技创新管理水平变动比较大的城市有石家庄、宁波和长沙，分别上升 7 个名次、6 个名次和 4 个名次，杭州、福州、长春和贵阳均提升 3 个名次；太原和厦门分别下降 8 个名次和 5 个名次，青岛、广州、西安、呼和浩特和银川均下降 3 个名次。

分指标分析显示，深圳、北京、上海等超大城市的科技引领发展的地位愈加凸显，地方财政积极引入优质的高等教育资源，加大财政持续投入，为高等教育持续注入创新驱动力。边疆城市如拉萨，实施教育事业优先发展战略，促进了区域科技创新管理水平的提高。科技创新管理水平排名显著提升的城市，更加注重通过实施知识产权创造激励模式，以培育知识产权示范企业等方式加快提升创新管理水平。

二 当前我国城市治理现代化发展的特征

（一）科技创新驱动中西部城市管理提质

中西部区域的崛起，城市是先锋和主力军。目前一些中西部城市，如重庆、成都、武汉、郑州、西安等已经成长为国家中心城市，作为当下的领跑者和未来的辐射源，引领成渝、长江中游、中原、关中平原等城市群的发展。伴随着中国产业的升级转型，合肥、武汉、成都、西安、长沙、郑州等一批成功把握机会的中西部城市乘势而起，这些城市肩负着区域中心城市的角色，成为引领区域发展、参与国家竞争的现代化大都市，这些城市对科技创新活动的重视程度明显提高。如武汉提出了加快建设具有全球影响力的产业创新中心的目标，设立促进科技成果转化专项基金，激发"创谷"的成果产业化。西安市通过实施多元科技行动计划、创新试点建设、搞活科技市场等举措，构建起西部创新创业新高地。从近三年我国36个重点城市创新研究发现，这些城市在创新资源投入和科技成果转化方面呈现加速发展的态势，迅速崛起为区域创新的新亮点，在创新引领发展中表现尤为突出。2016~2018年，武汉、合肥总体评价3次进入前10名，长沙2次进入前10名，西安1次进入前10名，以上中西部区域中心城市在总体评价中均进入前15名。这些城市的创新发展促进了东部城市一枝独秀向东中西协同发展的转变，特别是中部城市的科技创新管理水平与东部城市的差距在缩小，得分差从2.84分缩小到1.63分。

脱贫攻坚大政方针的政策红利也大大推进了西部省会（首府）城市管理水平的提高。数据显示，2018年度乌鲁木齐和拉萨的城市管理水平排名发生了较大变动，乌鲁木齐提升至第12名，拉萨也有较为显著的名次晋级。究其原因，按照党中央号召全国打好脱贫攻坚战的精准脱贫指示精神，新疆、西藏等全域贫困地区积极贯彻落实"六个精准"、"五个一批"和脱真贫、真脱贫要求，扎扎实实推进脱贫攻坚，全部按时、保质、保量脱贫摘帽，地方经济发展与运行态势总体向好，正在开展巩固脱贫攻坚成果同乡村振兴的有效衔接。

（二）超大城市社会管理受多重因素影响

庞大而复杂的常住人群为城市治理部门带来了大量的社会管理事务。城区常住人口1000万以上的为超大城市，其常住人口的范围被扩展到居住在

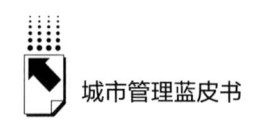

本乡镇街道,且户口在本乡镇街道或户口待定的人、离开户口登记地所在的乡镇街道半年以上的人,户口在本乡镇街道,且外出不满半年或在境外工作学习的人。① 随着常住人口的不断增加,超大城市社会治理需要在更大空间内发挥作用。

研究显示,广州、深圳均未进入社会管理综合指数排名的前10,但是通过"(社会管理综合指数×城市人均GDP或社会管理综合指数×GDP)/城市面积"的方式重新计算,这两个城市的排名则会显著上升。可见,超大城市社会管理水平较低是政府财政增速下滑和城市空间压缩,社会化管理的人口比例不断增加,以及超大尺度上协调公共服务资源的能力明显受制于信息化技术的广泛普及和应用等一系列因素导致的。以北京城市空间的土地利用效率研究为例,北京市城市土地利用效率总体呈现分层化、组团化特征,北京城市土地平均综合效率评价结果为0.677,土地利用仍有较大提升潜力,在贯彻落实减量化战略的同时,未来如何加大挖掘土地潜力的发展力度,提升城市土地利用效率,以土地利用方式转变推动经济社会转型优化升级,是超大城市社会管理的重要课题。

(三)城市工业文化遗产保护引发热议

城市工业文化遗产是我国城镇化进程的见证,随着创意产业与文化要素的融合,代表着城市文化身份和符号语言的新业态逐渐形成,凝聚着城市厚重的现代工业文化历史和创业精神,引领和鼓舞着市民的自豪感和归属感。以北京市为例的研究显示,截至2019年12月底,北京地区拥有各类身份认证的工业遗产共计65项,包括全国及北京市重点文物保护单位、中国工业遗产保护名录、北京市优秀近现代历史建筑名录,以及北京市历史建筑名单中的工业建筑部分,其中近代历史时期的工业遗产约17项。② 工业遗产见

---

① 国务院:《国务院关于调整城市规模划分标准的通知》(国发〔2014〕51号),http://www.gov.cn/zhengce/content/2014-11/20/content_9225.htm,最后访问日期:2021年6月10日。
② 孟瑶磊、崔振美、刘伯英:《近代北京工业建设历史回溯及其建筑遗产价值研究》,搜狐网,https://www.sohu.com/a/470677439_121123912,最后访问日期:2021年6月10日。

证了北京经济的发展历程，也见证了新中国成立后我国工业化初期的政治发展史，从设计美学的角度体现了艺术美学价值，经过工业文化遗产保护和更新利用再次实现了其经济价值。北京市民普遍认为工业遗产具有休闲娱乐价值，对于北京的工业遗产保护充满信心，媒体宣传、组织社会公共活动将更有利于工业遗产文化的高质量提升。

（四）城郊轨道大交通促进城市开放管理

城市更新与老旧小区改造加快了城市基础公共设施覆盖速度，而市郊铁路也在城市综合交通体系中发挥着越来越重要的作用。从发达国家中心城市的发展历程来看，"市郊铁路"是城市当前发展阶段的主要运输服务手段，是城市地铁网络的支撑和承接，其线网规模通常会大于城市地铁网络规模。加快市郊铁路发展，对促进城市-区域协同发展、扩大交通有效供给、缓解城市交通拥堵、改善城市人居环境、推进城市多中心发展、带动市郊产业发展、完善综合交通体系等均具有重要意义。

日本东京轨道交通发展的案例为我国城市轨道交通建设提供了有益借鉴，也暴露出目前北京市郊铁路建设在整体规划、发展理念、功能规划和细节设计、公私合营、运营模式等方面的难点和痛点。为扎实推进京津冀协同发展战略实施，需要系统谋划四网融合，统筹现有铁路资源，整合京津冀核心区铁路枢纽，对外衔接城际铁路、高铁，对内衔接城市轨道交通，打通构建泛首都圈发展需要的多层次、一体化轨道交通体系。

三 "十四五"规划提出城市治理的新要求

《中华人民共和国国民经济和社会发展第十四个五年规划和2035年远景目标纲要》（以下简称《纲要》）在"完善新型城镇化战略　提升城镇化发展质量"中，明确提出"十四五"期间我国城镇化发展以及城市治理方向，推进以人为核心的新型城镇化战略，促进大中小城市和小城镇协调联动、特色化发展，对后续的城市现代化治理提出了更高要求。

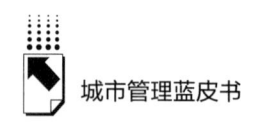

（一）城市治理现代化纳入全周期管理

提升城市治理水平的"全周期管理"意识，需要以制度建设为保障，以科技创新为支撑，构建系统、协调、完备的城市治理体系，增强城市韧性、提升城乡治理现代化水平。[①]《纲要》提出，要"坚持党建引领、重心下移、科技赋能，不断提升城市治理科学化精细化智能化水平，推进市域社会治理现代化"。改革完善城市管理体制，推广"街乡吹哨、部门报到、接诉即办"等基层管理机制经验，推动"资源、管理、服务向街道社区下沉，加快建设现代社区"。城市治理还要"运用数字技术推动城市管理手段、管理模式、管理理念创新，精准高效满足群众需求；加强物业服务监管，提高物业服务覆盖率、服务质量和标准化水平"。因此，实施全周期管理应全方位、系统性地提高城市治理水平。

（二）城镇人口加快集聚要求城市治理精细化

《纲要》提出，"十四五"期间要"健全农业转移人口市民化机制"，完善财政转移支付、财政性建设资金和城镇建设用地指标、科教文卫和公共服务配套以及进城落户农民权益等农业转移人口市民化机制，加快人口向城镇集聚。要"深化户籍制度改革，放开放宽除个别超大城市外的落户限制，试行以经常居住地登记户口制度"。鼓励针对城区常住人口的等级，采取不同的城市落户制度，推动城镇化率持续提升。由此，城市治理的人群、事务和应对场景都将会更加庞大、复杂，要求城市治理更加注重科学化、精细化、智能化，也需要政府持续加大精细化、智能化城市治理的投入力度。

（三）城市区域发展亟待城市差异化治理

《纲要》提出，"十四五"期间要围绕"发展壮大城市群和都市圈发展，

[①] 常保国、赵健：《"全周期管理"的科学内涵与实现路径》，人民网，http://theory.people.com.cn/n1/2020/0904/c40531-31848852.html，最后访问日期：2021年3月10日。

提出分类引导大中小城市发展方向和建设重点，形成疏密有致、分工协作、功能完善的城镇化空间格局"。针对超大特大城市应着重优化中心城区功能，"统筹兼顾经济、生活、生态、安全等多元需要，转变超大特大城市开发建设方式，加强超大特大城市治理中的风险防控，促进高质量、可持续发展"。分别对城市群一体化、现代化都市圈、超大特大城市中心城区、大中城市、县城等不同区域层面的空间载体，提出不同的发展方向和功能定位，在面对复杂空间结构的城镇化建设时，需要更加精细的、差异化的治理模式助力城镇化水平提升和功能实现。因此，城市治理应因地制宜地探索超大城市（北上广深）、大城市（二三线城市）、中小城市（县、乡镇）和基层治理（社区）等不同等级城市和层级的差异化治理模式。

（四）城市全面提升品质呼唤城市治理规范化

《纲要》提出，"十四五"期间要"加快转变城市发展方式"。"加快推进城市更新，改造提升老旧小区、老旧厂区、老旧街区和城中村等存量片区功能"。城市现代化治理要"顺应城市发展新理念新趋势"，助力"开展城市现代化试点示范，建设宜居、创新、智慧、绿色、人文、韧性城市"，实现"一张图"数字化管理和城市运行一网统管的精细化水准。城市治理还要"完善住房市场体系和住房保障体系，加快建立多主体供给、多渠道保障、租购并举的住房制度，处理好基本保障和非基本保障的关系"。城市品质提升涉及城市更新改造、工程设计、公共服务、制度改革等具体抓手，需要全民参与共治共建共享。因此，城市治理要善于运用法治思维和法治方式来规范行为，让法治成为城市治理范畴的社会共识和基本准则。

四 新形势下我国城市管理的现代化治理方向

（一）城市日益成为多元要素汇聚载体

面对百年未有之大变局，我国遵循经济社会发展规律，积极调整推动以

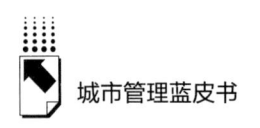

国内大循环为主体、国内国际双循环相互促进的新发展格局。为加快构建这一新发展格局，同样需要推进国家治理体系和治理能力现代化，实现经济行稳致远、社会安定和谐。城市作为国家内外循环的主战场和重要载体，城市治理现代化体系和治理能力为构建国内国际双循环新发展格局提供了基础保障。

城市拥有超大规模的人才、技术、金融、市场，新技术的创新发展往往从城市发起，城市治理的现代化能够为城市发展要素提供更好的成长空间，那么，城市治理如何助力我国双循环新发展格局呢？避免"内卷化"带来的低效，持久地激发创新发展活力，为新发展格局创造优良、顺畅的生长环境，这将成为今后城市治理的新课题。

（二）城市治理向数字化加速发展

智慧城市真正实现了科技要素赋能城市治理，有效地推进了城市数字化转型和城市治理体系的应用融合，逐渐构建起以数字化技术为支撑的城市治理体系与治理能力。城市治理数字化转型，不仅仅是数字技术在城市治理中的单一应用，更需要以系统思维构建城市整体的数字技术体系，以技术运用整合城市治理生态环境，改进城市现代化治理的具体工作流程，实现以科技为依托的精细化管理。

目前，我国智慧城市正在加速建设，数字化技术普遍应用于城市治理领域，智慧大脑、城市治理实践中心等纷纷在各大城市落地，形成了网格化、信息化、图示化的城市治理数字化平台。完善的城市治理网格化管理信息系统，将城市部件、居住人口、房屋状况、企业、社会组织等各类信息纳入定期更新机制，防控摄像屏幕随时追踪现实动态，基本实现城市-区域各部门信息互联互通、数字化信息收集无缝隙全覆盖。通过开展高效、协同、共治的精细化网格管理，可以及时排查化解矛盾、防控违法犯罪、排除安全隐患、便捷服务管理，逐步实现全方位的社会精细化治理。[①] 然而，城市治理

---

① 陈才：《"十四五"时期新型智慧城市发展思路与建议》，《中国建设信息化》2021年第1期。

体系数字化发展还需要进一步提升政府部门和相关机构的技术应用能力，构建与之相匹配的体制机制也将成为城市治理现代化、数字化的关键。

（三）适宜超大城市的治理模式亟待探索

超大城市的城区常住人口通常在1000万人以上，大量非户籍流动人口在不断考验城市治理现代化体系的完备性，对城市治理能力的诉求不断提高。城市是生命体、有机体，探索我国超大城市现代化治理模式，需要坚持"全周期管理"理念，兼顾局部性治理与全局性治理相结合的整体系统性思维，在数字化创新技术应用管理的基础上建立起超大城市信息决策系统，构建多方共治、人人参与、过程管理的共建共治共享的城市社会治理共同体，推动城市管理智能化、精细化、法治化、社会化，重视城市日常运行方面的治理，尽快制定并完善以全周期管理和共治为目标的体制机制，逐渐打造"以人为本、权责明晰、依法治理、安全有序"的城市精细化管理体系。[①]

城市规划在城市治理中的作用日益显著，在宏观城市治理方向的基础上，提供了很多微观治理的目标和方向。政府在城镇建设、城市老旧改造方面更加顺应自然与人居环境的融合，在街道门店招牌的整治设计、公共交通站台设计、共享单车管理、公交车辆到站信息覆盖等便捷服务细节方面，都逐渐体现超大城市精细化管理水平的日益提升。超大城市治理模式是一个超大巨系统，需要发动广大市民群众的智慧与参与力量，需要政府与经济组织、社会组织、社区工作者、志愿者、旅游者等协同治理，提高大家的责任感与积极性。

（四）城市文化修复与保护重要性凸显

城市文化的价值取向和伦理建设，构建了城市的人格价值。一个城市本土的观念文化、物质文化、制度文化等在潜移默化中规范了人的行为方式和

---

① 余池明：《加强城市精细化管理　推进城市治理现代化》，《中国建设报》，http://www.chinajsb.cn/html/202101/11/16960.html，最后访问日期：2021年6月10日。

思维模式，具有非常隐蔽且巨大的塑造作用。在快速城镇化发展的进程中，由于我国本土城市文化建设与治理曾经长期滞后，随着现代科技网络发展，快节奏生活观念以及发达国家文化渗透，忙碌的人群受中西文化冲撞而迷茫地失去了精神家园。我国城市在文化生态环境、文化素质、文化价值观念等方面面临诸多问题，直接影响着城市发展与治理的水平与前进步幅。城市文化的复兴与重建并非一朝一夕，需要长期文化伦理的重构、城市精神的重塑，中间必然会有整个城市文化系统发展的时间迟滞，虽然任重道远，依然需要全国各民族持续地、坚定地走复兴道路。

目前我国城市在逐渐开启国学文化、中医文化入课堂活动，日益重视城市历史文化风貌区街道的景观打造以及城市工业文化遗产保护与修复，历史文化博物馆和革命纪念馆等学习基地组织"开放日"活动，公共媒体已在树立正确的舆论导向，为城市文化在传统和现代之间的重构正本清源。[①] 重拾本土城市文化需要一个长期的过程，如何平衡传统文化与现代文化，在城市建设、文化制度、技术创新、城市文脉、生态环境等方面，构建既发挥城市传统文化的聚合效应，又能体现现代文明优势和张力的城市文化体系是未来城市文化治理的关键。

---

① 吕建昌、李舒桐：《工业文物阐释与工业文化传播的思考——以工业博物馆为视角》，《东南文化》2021 年第 1 期。

分 报 告
Sub-reports

B.2
中国重点城市社会管理评价

翟文 陶杰 王钰彬*

摘 要： 本研究延续了2019年以来的指标体系，继续从投入与发展水平、服务与民生水平和公平与保障水平三个维度14个指标对36个重点城市的社会管理水平进行评价。分析发现，经济水平相对落后的地区社会管理水平整体比经济发达地区进步更快，产生这一现象的主要原因是社会管理难度会随着城市规模的扩大而逐渐加大，同时一线城市普遍存在社会公共服务人员不足的问题，为了保持并进一步提高社会管理水平一线城市应当从强化基层治理入手，缓解社会管理水平降低的问题；另一个重要结论是一线城市内部差异明显，与北京、上海相比，广州、深圳在公平与保障方面表现不佳，要实现社

---

* 翟文，北京城市学院助理研究员，经济学博士，研究方向为城市管理、基层治理；陶杰，中国社会科学院大学博士研究生在读，研究方向为产业经济；王钰彬，中国社会科学院大学硕士研究生在读，研究方向为社区治理。

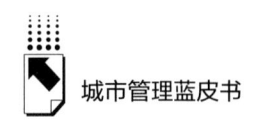

会管理水平的赶超，应当在完善社会保障体系、缩小城乡收入差距和健全养老服务体系等薄弱环节增加投入。

关键词： 一线城市　社会管理水平　强化基层治理

社会管理是各国政府的重要职能之一，在调节收入分配、促进社会公平、维护社会稳定、促进经济发展等方面发挥着重要作用。构建共建共治共享的社会管理制度是新时期下党和政府提高人民收入水平、强化就业政策、建设教育体系、健全社会保障体系、全面推进健康中国建设、实施积极应对人口老龄化国家战略等一系列重要施政举措的制度基础。相应的，教育的迅速发展、医疗水平的提升和养老保障体系的完善也是中国城市社会管理水平提升的重要标志。

一　城市社会管理水平评价指标体系的构建

（一）城市社会管理水平评价指标体系总体框架

城市社会管理水平评价指标体系包含投入与发展水平、服务与民生水平、公平与保障水平三个二级指标，涉及社会领域公共投入、社会服务、民生情况、社会公平、社会保障、市民满意度等诸多方面，由14个三级指标构成。具体指标见表1。

（二）城市选择和数据来源

1. 城市选择

本研究选取了36个城市，包括直辖市、省会城市和计划单列市，对其社会管理水平进行评价与排名。其中，4个直辖市为北京、上海、天津、重庆，27个省会城市（首府）为石家庄、太原、呼和浩特、沈阳、长春、哈

表 1　城市社会管理水平评价指标体系

一级指标	二级指标	三级指标
社会管理水平（G）	投入与发展水平（G1）	一般公共服务支出比重（G11）
		卫生、社会保障和社会福利从业人员比重（G12）
		教育支出比重（G13）
		城市社区支出比重（G14）
		市民满意度（G15）
	服务与民生水平（G2）	城镇恩格尔系数（G21）
		农村恩格尔系数（G22）
		城镇人均住房建筑面积（G23）
		每千人医院、卫生院床位数（G24）
		每万人中等职业学校在校学生数（G25）
	公平与保障水平（G3）	城乡收入比（G31）
		社会保障和就业支出比重（G32）
		城市低保标准增长率（G33）
		每万人社会服务机构床位数（G34）

尔滨、南京、杭州、合肥、福州、南昌、济南、郑州、武汉、长沙、广州、南宁、海口、成都、贵阳、昆明、拉萨、西安、兰州、西宁、银川、乌鲁木齐，5个计划单列市为大连、宁波、厦门、青岛、深圳。

2. 数据来源

社会管理水平评价的原始数据主要来自《中国城市统计年鉴（2019）》《中国城市基本公共服务力评价（2019）》，其中"市民满意度"数据来自《中国城市基本公共服务力评价（2019）》，其他数据来自《中国城市统计年鉴（2019）》，其来源于中国知网年鉴数据库。

二　重点城市社会管理综合评价结果分析

社会管理水平主要从投入与发展水平、服务与民生水平、公平与保障水平三个维度分析，其中投入与发展水平下设5个具体指标，服务与民生水平

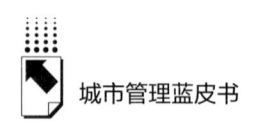

下设5个具体指标，公平与保障水平下设4个具体指标，共14个指标。经计算分析，得出36个重点城市社会管理水平的综合得分及排序。

（一）社会管理水平得分排序

从整体上看，36个重点城市社会管理水平的平均值为48.022分；从排名上看，排在前5位的分别是太原（68.362分）、郑州（67.173分）、杭州（66.122分）、宁波（62.590分）、乌鲁木齐（60.745分）；排在后5位的分别是兰州（38.818分）、深圳（35.961分）、拉萨（35.295分）、西安（32.303分）、南宁（31.454分）（见图1）。

36个重点城市社会管理水平得分比较及排序，请见表2。

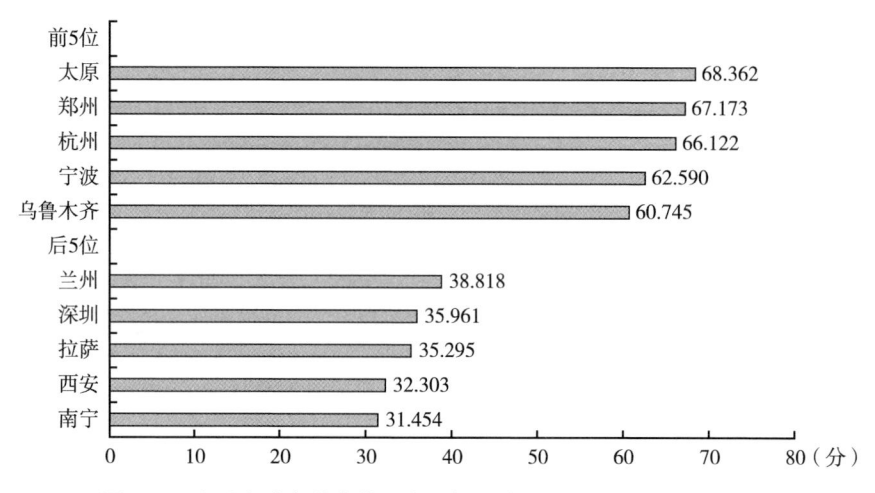

图1 36个重点城市社会管理水平得分前5位、后5位排序及分值

表2 36个重点城市社会管理水平

单位：分

排名	城市	社会管理水平得分
1	太原	68.362
2	郑州	67.173
3	杭州	66.122
4	宁波	62.590
5	乌鲁木齐	60.745

续表

排名	城市	社会管理水平得分
6	北京	59.647
7	长沙	53.857
8	武汉	52.229
9	上海	51.622
10	天津	50.749
11	贵阳	50.244
12	大连	49.951
13	重庆	49.892
14	南京	49.419
15	西宁	48.394
16	合肥	48.073
17	银川	47.977
18	哈尔滨	47.779
19	长春	47.646
20	成都	46.871
21	石家庄	45.572
22	青岛	44.848
23	济南	44.675
24	呼和浩特	44.400
25	福州	44.317
26	昆明	44.013
27	广州	43.42
28	沈阳	42.252
29	厦门	41.879
30	南昌	41.351
31	海口	38.907
32	兰州	38.818
33	深圳	35.961
34	拉萨	35.295
35	西安	32.303
36	南宁	31.454
平均得分		48.022

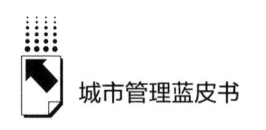

（二）投入与发展水平得分排序

投入与发展水平由一般公共服务支出比重，卫生、社会保障和社会福利从业人员比重，教育支出比重，城乡社区支出比重及市民满意度5个指标构成。

从整体上看，36个重点城市社会管理水平的分项指标投入与发展水平的平均值为49.152分；从排名上看，排在前5位的分别是西宁（81.312分）、拉萨（66.249分）、宁波（62.553分）、兰州（61.816分）、厦门（57.725分）；排在后5位的分别是北京（37.363分）、武汉（35.283分）、沈阳（35.256分）、成都（32.963分）、西安（26.144分）（见图2）。

36个重点城市投入与发展水平得分比较及排序，请见表3。

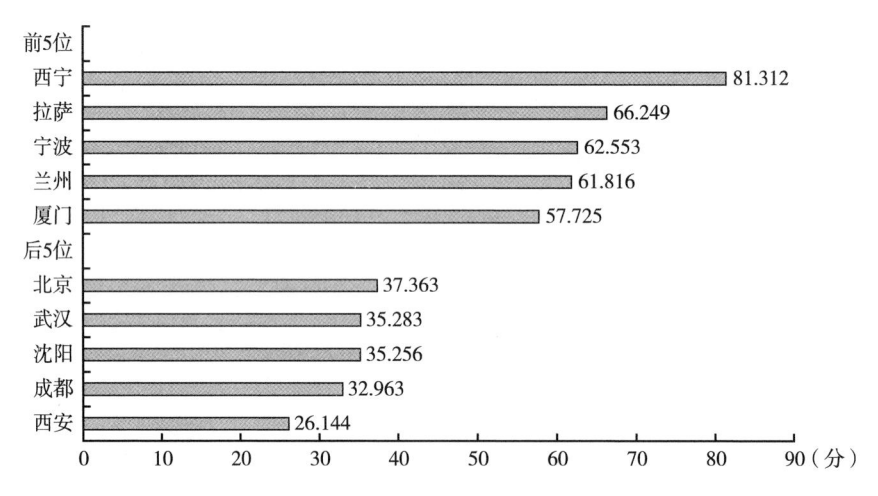

图2 36个重点城市投入与发展水平得分前5位、后5位排序及分值

表3 36个重点城市投入与发展水平

单位：分

排名	城市	投入与发展水平得分
1	西宁	81.312
2	拉萨	66.249
3	宁波	62.553

续表

排名	城市	投入与发展水平得分
4	兰州	61.816
5	厦门	57.725
6	杭州	57.403
7	贵阳	57.037
8	太原	56.970
9	银川	56.931
10	长沙	54.394
11	呼和浩特	54.347
12	南昌	53.399
13	济南	52.743
14	青岛	51.459
15	南宁	49.772
16	福州	49.648
17	海口	49.595
18	大连	49.077
19	上海	49.004
20	乌鲁木齐	47.895
21	长春	47.690
22	合肥	47.022
23	昆明	46.906
24	哈尔滨	46.459
25	南京	45.954
26	重庆	44.068
27	郑州	43.219
28	石家庄	41.861
29	深圳	41.508
30	天津	39.944
31	广州	38.513
32	北京	37.363
33	武汉	35.283
34	沈阳	35.256
35	成都	32.963
36	西安	26.144
平均得分		49.152

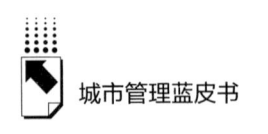

（三）服务与民生水平得分排序

服务与民生水平由城镇恩格尔系数，农村恩格尔系数，城镇人均住房建筑面积，每千人医院、卫生院床位数，以及每万人中等职业学校在校学生数5个指标构成。

从整体上看，36个重点城市社会管理水平的分项指标服务与民生水平得分的平均值为47.819分；从排名上看，排在前5位的分别是太原（77.779分）、郑州（77.523分）、昆明（66.651分）、北京（66.446分）、杭州（64.297分）；排在后5位的分别是重庆（32.465分）、深圳（32.381分）、南昌（32.149分）、拉萨（20.835分）、南宁（19.056分）（见图3）。

36个重点城市服务与民生水平得分比较及排序，请见表4。

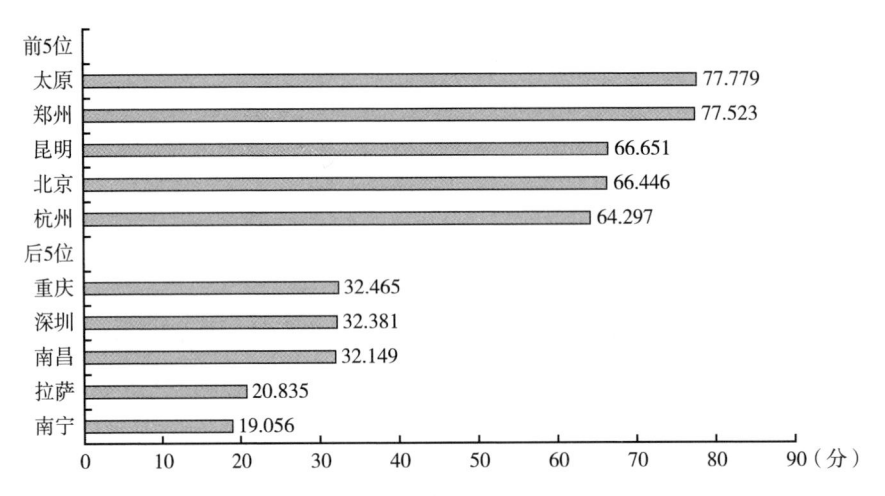

图3 36个重点城市服务与民生水平得分前5位、后5位排序及分值

表4 36个重点城市服务与民生水平

单位：分

排名	城市	服务与民生水平得分
1	太原	77.779
2	郑州	77.523
3	昆明	66.651
4	北京	66.446

续表

排名	城市	服务与民生水平得分
5	杭州	64.297
6	乌鲁木齐	61.730
7	银川	56.691
8	西安	55.718
9	济南	55.648
10	南京	55.453
11	长春	55.415
12	石家庄	55.355
13	武汉	54.999
14	呼和浩特	54.514
15	上海	53.807
16	宁波	51.877
17	西宁	51.634
18	贵阳	49.634
19	沈阳	45.905
20	青岛	45.608
21	大连	45.310
22	兰州	44.804
23	广州	43.991
24	合肥	40.525
25	福州	38.481
26	成都	38.41
27	厦门	37.573
28	天津	36.749
29	哈尔滨	34.753
30	长沙	33.764
31	海口	33.570
32	重庆	32.465
33	深圳	32.381
34	南昌	32.149
35	拉萨	20.835
36	南宁	19.056
平均得分		47.819

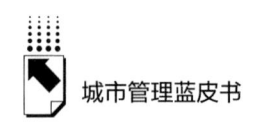

（四）公平与保障水平得分排序

公平与保障水平包括城乡收入比、社会保障和就业支出比重、城市低保标准增长率、每万人社会服务机构床位数4个指标。

从整体上看，36个重点城市社会管理水平的分项指标公平与保障水平的平均值为47.380分；从排名上看，排在前5位的分别是长沙（78.726分）、天津（76.957分）、重庆（76.46分）、宁波（76.106分）、杭州（75.34分）；排在后5位的分别是呼和浩特（23.767分）、西宁（18.189分）、昆明（13.207分）、兰州（13.03分）、西安（7.704分）（见图4）。

36个重点城市公平与保障水平得分比较及排序，请见表5。

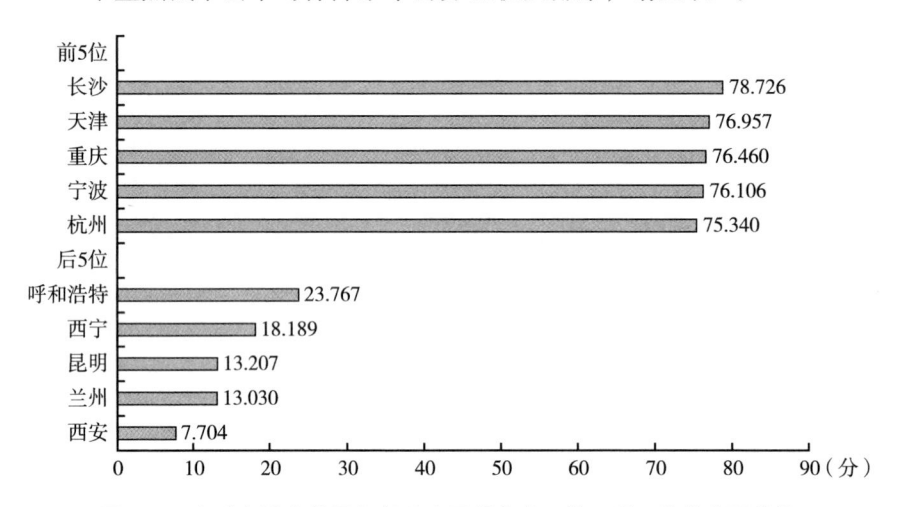

图4　36个重点城市公平与保障水平得分前5位、后5位排序及分值

表5　36个重点城市公平与保障水平

单位：分

排名	城市	服务与民生水平得分
1	长沙	78.726
2	天津	76.957
3	重庆	76.460
4	宁波	76.106
5	杭州	75.340

续表

排名	城市	服务与民生水平得分
6	郑州	73.137
7	乌鲁木齐	69.708
8	北京	68.775
9	成都	68.561
10	太原	65.538
11	哈尔滨	65.238
12	武汉	62.195
13	合肥	58.406
14	大连	56.498
15	上海	50.951
16	福州	47.434
17	广州	46.601
18	贵阳	45.608
19	南京	44.572
20	南昌	43.371
21	沈阳	43.214
22	青岛	38.642
23	长春	37.832
24	海口	37.132
25	石家庄	36.194
26	深圳	36.061
27	厦门	34.720
28	南宁	32.522
29	银川	29.895
30	拉萨	28.929
31	济南	24.456
32	呼和浩特	23.767
33	西宁	18.189
34	昆明	13.207
35	兰州	13.030
36	西安	7.704
平均得分		47.380

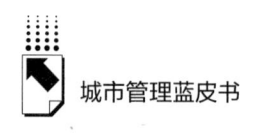

三 城市分类视域中的社会管理水平对比分析

为了更加深入地分析研究2018年城市社会管理水平所反映的问题，按照城市的不同分类标准，如不同区域、不同类型等进行对比分析非常有必要。

（一）不同区域城市社会管理水平对比分析

按照东、中、西部区域分类标准，36个重点城市可划分为16个东部城市、8个中部城市、12个西部城市，通过对36个重点城市社会管理水平的计算，2018年中部城市社会管理水平得分最高，为51.158分；东部城市次之，为49.429分；最低的是西部城市，为44.201分（见表6和图5）。

表6　2018年不同区域城市社会管理水平比较

单位：分

城市区域	投入与发展水平	服务与民生水平	公平与保障水平	社会管理水平
东部	48.034	49.425	50.541	49.429
中部	46.781	47.018	59.844	51.158
西部	52.120	46.012	35.632	44.201
36个重点城市平均值	49.152	47.819	47.380	48.022

比较分析可见，中部与东部城市之间社会管理水平得分差距不大，而西部城市与中东部城市之间差距比较明显，西部城市社会管理水平较36个重点城市平均值低3.821分。

将社会管理水平分项指标逐一进行比较，可以得出如下结论。第一，投入与发展水平得分从高到低依次为西部、东部、中部。第二，服务与民生水平得分从高到低依次为东部、中部、西部。第三，公平与保障水平得分从高到低依次为中部、东部、西部。

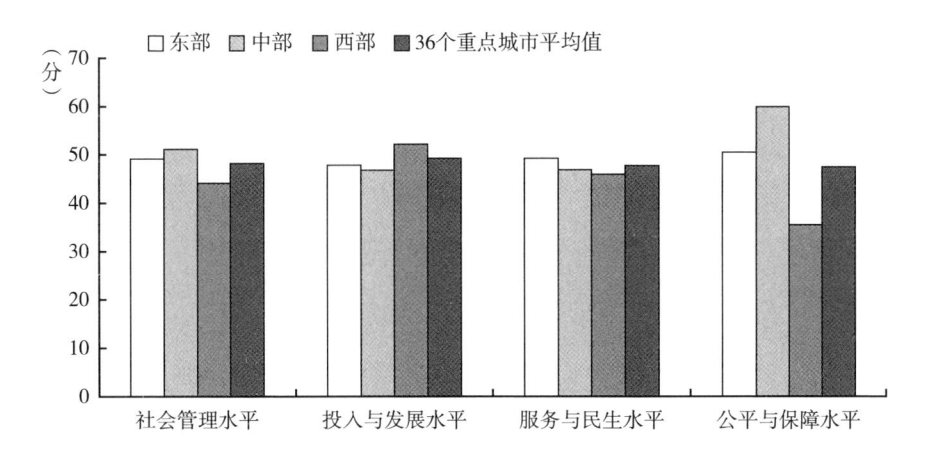

图 5 2018年不同区域城市社会管理水平及分项指标得分对比

（二）不同类型城市社会管理水平对比分析

按照直辖市、计划单列市、省会城市类型划分，36个重点城市中有4个直辖市、5个计划单列市和27个省会城市。通过计算36个重点城市的社会管理水平可以得出：直辖市的社会管理水平得分最高，为52.978分；其次是省会城市，为47.469分；计划单列市得分最低，为47.046分（见表7和图6）。

表7 2018年不同类型城市社会管理水平比较

单位：分

城市区位	投入与发展水平	服务与民生水平	公平与保障水平	社会管理水平
直辖市	42.595	47.367	68.286	52.978
计划单列市	52.464	42.550	48.405	47.046
省会城市	49.510	48.862	44.093	47.469
36个重点城市平均值	49.152	47.819	47.380	48.022

比较分析可见，直辖市的社会管理水平明显高于其他两类城市，计划单列市和省会城市的社会管理水平的得分低于36个重点城市平均值；直辖市

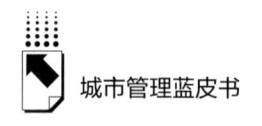

社会管理水平的得分比省会城市高5.509分，比计划单列市高5.932分；而省会城市与计划单列市之间相差0.423分，小于其他两者之间差距。

将社会管理水平分项指标逐一进行比较，可以得出如下结论。第一，投入与发展水平得分从高到低依次为计划单列市、省会城市和直辖市。第二，服务与民生水平得分从高到低依次为省会城市、直辖市和计划单列市。第三，公平与保障水平得分从高到低依次为直辖市、计划单列市和省会城市。

三个分项指标方面，直辖市、计划单列市和省会城市分别有一项排在第一位。直辖市在公平与保障水平方面优势非常明显，计划单列市在投入与发展水平方面优势明显，省会城市在服务与民生水平方面优势较为明显。

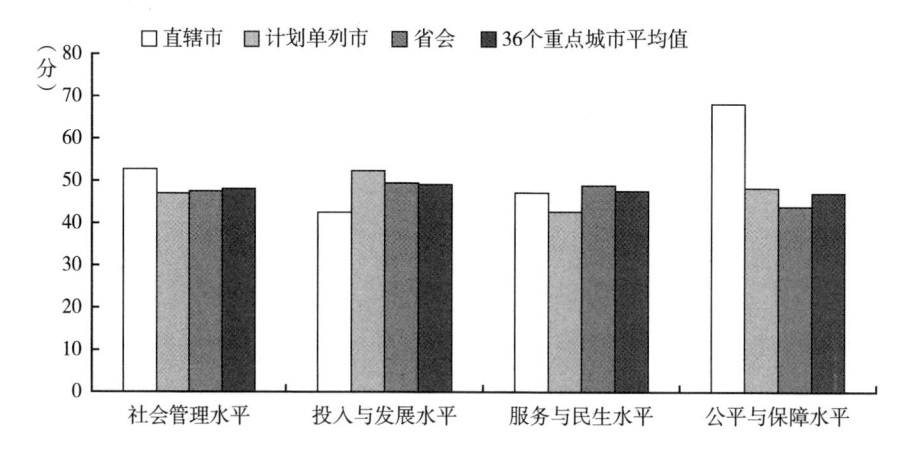

图6 2018年不同类型城市社会管理水平及分项指标得分对比

（三）四大直辖市社会管理水平对比分析

对北京、上海、天津、重庆4个直辖市社会管理水平对比分析得出，4个直辖市公平与保障水平的平均得分68.286分，远远高于36个重点城市平均值（47.380分），其中天津表现最为突出；4个直辖市服务与民生水平的平均得分47.367分，略低于36个重点城市平均值（47.819分），其中重庆得分最低；4个直辖市投入与发展水平的平均得分42.595分，明显低于36个重点城市平均值（49.152分），其中北京得分最低。因此，总体来看，4个直辖市在社会管理水平上并没有明显优于全国重点城市平均水平（见表8）。

表8 2018年四大直辖市社会管理水平比较

单位：分

城市	投入与发展水平	服务与民生水平	公平与保障水平	社会管理水平
北京	37.363	66.446	68.775	59.647
上海	49.004	53.807	50.951	51.622
天津	39.944	36.749	76.957	50.749
重庆	44.068	32.465	76.460	49.892
直辖市平均值	42.595	47.367	68.286	52.978
36个重点城市平均值	49.152	47.819	47.380	48.022

1. 投入与发展水平

根据4个直辖市投入与发展水平绘制雷达图，如图7所示，2018年4个直辖市投入与发展水平得分的平均值为42.595分，低于36个重点城市平均值；得分从高到低依次为上海、重庆、天津、北京，4个直辖市得分均低于36个重点城市平均值。

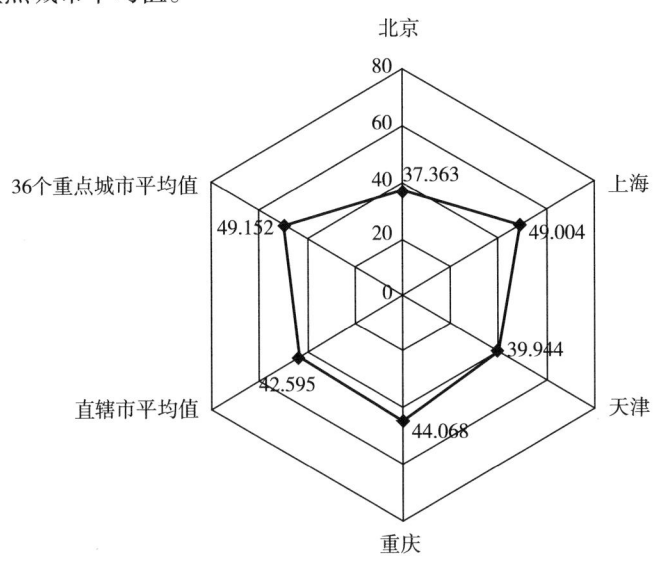

图7 4个直辖市投入与发展水平得分

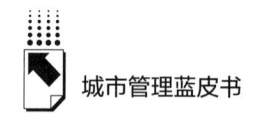

2. 服务与民生水平

根据4个直辖市投入与发展水平绘制雷达图,如图8所示,2018年4个直辖市投入与发展水平得分的平均值为47.367分,低于36个重点城市平均值;得分从高到低依次为北京、上海、天津和重庆,天津和重庆得分低于36个重点城市平均值,北京和上海得分高于36个重点城市平均值。

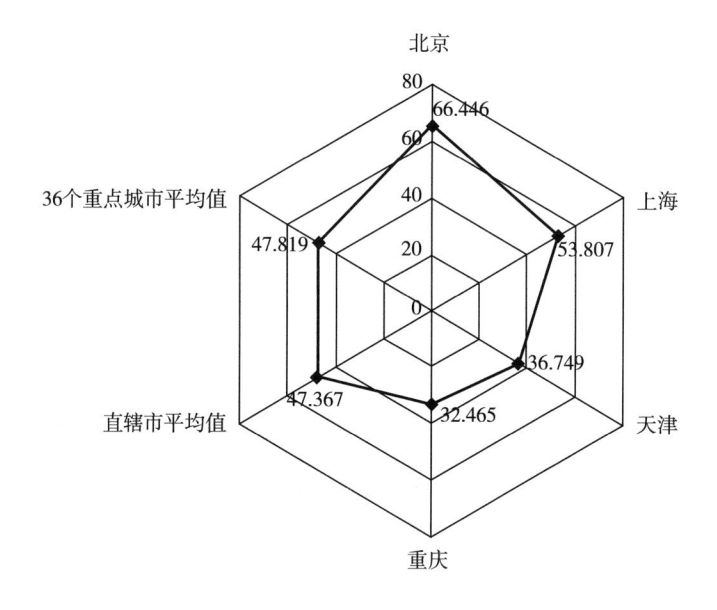

图8 4个直辖市服务与民生水平得分

3. 公平与保障水平

根据4个直辖市投入与发展水平绘制雷达图,如图9所示,2018年4个直辖市投入与发展水平得分的平均值为68.286分,远高于36个重点城市平均值;得分从高到低依次为天津、重庆、北京、上海,4个直辖市得分均高于36个重点城市平均值。

四 重点城市社会管理水平年度对比

2017～2018年36个重点城市社会管理水平从投入与发展水平、服务与

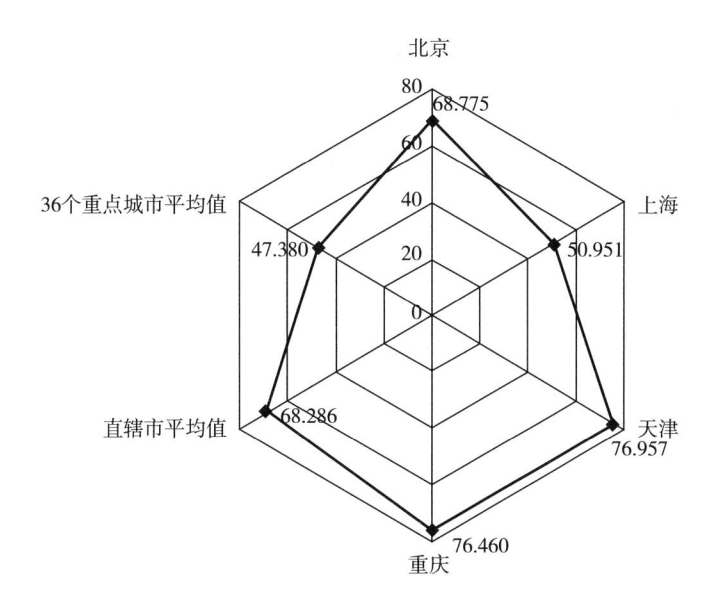

图9　4个直辖市公平与保障水平得分

民生水平、公平与保障水平3个维度进行评价，由投入与发展水平维度的5个具体指标、服务与民生水平维度的5个具体指标、公平与保障水平维度的4个具体指标共14个指标计算得出，经过对比分析，得出年度变化情况。

（一）社会管理水平年度对比

从整体上看，2017年36个重点城市社会管理水平的平均值为48.022分，2018年平均值为41.263分，提升了6.759分；2017年有17个城市的社会管理水平得分高于平均水平，2018年有16个，减少了1个城市。

从排名上看，2017年排在前5位的分别是杭州、北京、长沙、太原、乌鲁木齐，2018年排在前5位的分别是太原、郑州、杭州、宁波、乌鲁木齐。2017年排在后5位的分别是海口、南昌、兰州、重庆、西安，2018年排在后5位的分别是南宁、西安、拉萨、深圳、兰州。

2017~2018年，36个重点城市中社会管理水平排名上升最快的5个城市分别是重庆、合肥、哈尔滨、贵阳、天津，下降最快的5个城市分别是济南、沈阳、呼和浩特、昆明、石家庄（见图10、表9）。

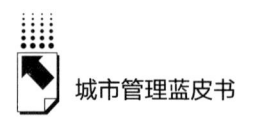

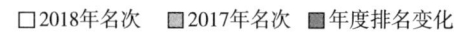

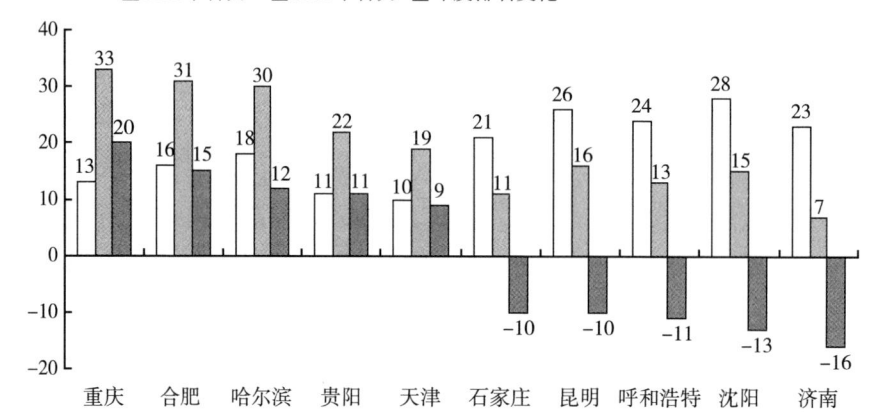

图10　36个重点城市社会管理水平年度对比上升与下降前5位

表9　2017~2018年36个重点城市社会管理水平排名及变化

城市	2018年名次	2017年名次	年度变化
北京	6	2	-4
大连	12	20	8
福州	25	29	4
广州	27	18	-9
海口	31	36	5
杭州	3	1	-2
济南	23	7	-16
南京	14	14	0
宁波	4	10	6
青岛	22	21	-1
厦门	29	24	-5
上海	9	6	-3
深圳	33	26	-7
沈阳	28	15	-13
石家庄	21	11	-10
太原	1	4	3
天津	10	19	9
哈尔滨	18	30	12
合肥	16	31	15
南昌	30	35	5

续表

城市	2018年名次	2017年名次	年度变化
武汉	8	12	4
长春	19	27	8
长沙	7	3	-4
郑州	2	9	7
成都	20	23	3
贵阳	11	22	11
呼和浩特	24	13	-11
昆明	26	16	-10
拉萨	34	25	-9
兰州	32	34	2
南宁	36	28	-8
乌鲁木齐	5	5	0
西安	35	32	-3
西宁	15	17	2
银川	17	8	-9
重庆	13	33	20

（二）投入与发展水平年度对比

从整体上看，2017年36个重点城市投入与发展水平的平均值为46.060分，2018年平均值为49.152分，提升了3.092分；2017年有18个城市的投入与发展水平得分高于平均水平，2018年有17个，减少了1个城市。

从排名来看，2017年排在前5位的分别是杭州、青岛、厦门、银川、西宁，2018年排在前5位的分别是西宁、拉萨、宁波、兰州、厦门。2017年排在后5位的分别是贵阳、南昌、长春、兰州、西安，2018年排在后5位的分别是北京、武汉、沈阳、成都、西安。

2017~2018年，36个重点城市中投入与发展水平排名上升最快的5个城市分别是兰州、贵阳、南昌、呼和浩特、太原，下降最快的5个城市分别是天津、重庆、乌鲁木齐、广州、石家庄（见图11、表10）。

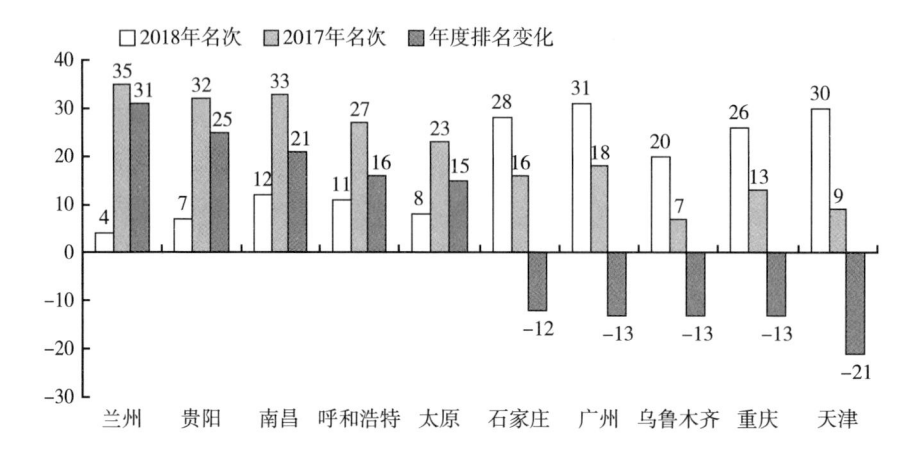

图11　36个重点城市投入与发展水平年度对比上升与下降前5位

表10　2017~2018年36个重点城市投入与发展水平排名及变化

城市	2018年名次	2017年名次	年度变化
北京	32	24	-8
上海	19	12	-7
广州	31	18	-13
深圳	29	20	-9
成都	35	25	-10
杭州	6	1	-5
重庆	26	13	-13
武汉	33	22	-11
西安	36	36	0
天津	30	9	-21
南京	25	28	3
长沙	10	15	5
郑州	27	19	-8
青岛	14	2	-12
沈阳	34	26	-8
宁波	3	6	3
昆明	23	29	6
合肥	22	17	-5
大连	18	31	13
福州	16	8	-8
厦门	5	3	-2

续表

城市	2018年名次	2017年名次	年度变化
哈尔滨	24	30	6
济南	13	14	1
南宁	15	11	-4
长春	21	34	13
石家庄	28	16	-12
贵阳	7	32	25
太原	8	23	15
南昌	12	33	21
兰州	4	35	31
海口	17	21	4
乌鲁木齐	20	7	-13
呼和浩特	11	27	16
银川	9	4	-5
拉萨	2	10	8
西宁	1	5	4

(三)服务与民生水平年度对比

从整体上看，2017年36个重点城市服务与民生水平的平均值为45.817分，2018年平均值为47.819分，提升了2.002分；2017年有个16个城市的服务与民生水平得分高于平均水平，2018年有18个，增加了2个城市。

从排名上看，2017年排在前5位的分别是太原、郑州、长沙、北京、乌鲁木齐，2018年排在前5位的分别是太原、郑州、昆明、北京、杭州。2017年排在后5位的分别是合肥、海口、福州、重庆、拉萨，2018年排在后5位的分别是重庆、深圳、南昌、拉萨、南宁。

2017~2018年，36个重点城市中服务与民生水平排名上升最快的5个城市分别是西安、福州、合肥、银川、宁波，下降最快的5个城市分别是长沙、南宁、深圳、呼和浩特、贵阳（见图12、表11）。

□ 2018年名次　□ 2017年名次　■ 年度排名变化

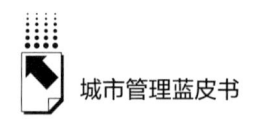

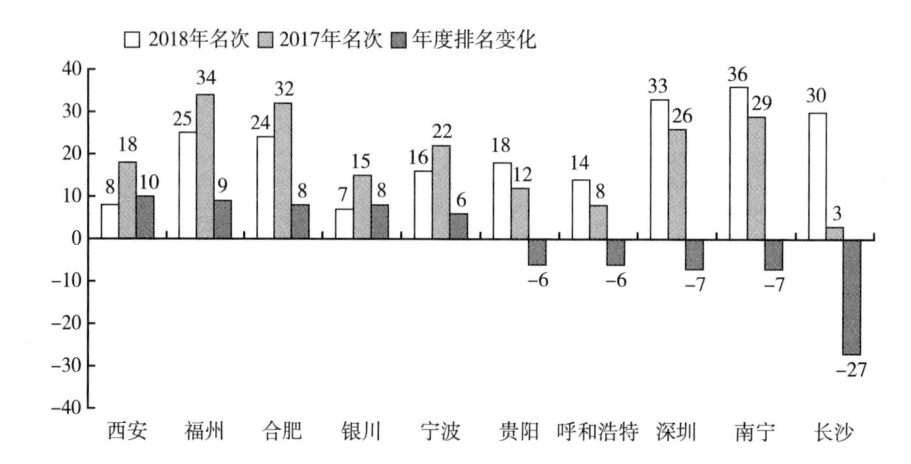

图12　36个重点城市服务与民生水平年度对比上升与下降前5位

表11　2017～2018年36个重点城市服务与民生水平排名及变化

城市	2018年名次	2017年名次	年度变化
北京	4	4	0
大连	21	21	0
福州	25	34	9
广州	23	17	-6
海口	31	33	2
杭州	5	9	4
济南	9	7	-2
南京	10	11	1
宁波	16	22	6
青岛	20	24	4
厦门	27	30	3
上海	15	13	-2
深圳	33	26	-7
沈阳	19	20	1
石家庄	12	10	-2
太原	1	1	0
天津	28	27	-1
哈尔滨	29	31	2
合肥	24	32	8

续表

城市	2018年名次	2017年名次	年度变化
南昌	34	28	-6
武汉	13	19	6
长春	11	16	5
长沙	30	3	-27
郑州	2	2	0
成都	26	25	-1
贵阳	18	12	-6
呼和浩特	14	8	-6
昆明	3	6	3
拉萨	35	36	1
兰州	22	23	1
南宁	36	29	-7
乌鲁木齐	6	5	-1
西安	8	18	10
西宁	17	14	-3
银川	7	15	8
重庆	32	35	3

（四）公平与保障水平年度对比

从整体上看，2017年36个重点城市公平与保障水平的平均值为31.719分，2018年平均值为47.380分，提升了15.561分；2017年有15个城市的公平与保障水平得分高于平均水平，2018年有16个，增加了1个城市。

从排名上看，2017年排在前5位的分别是北京、杭州、上海、宁波、武汉，2018年排在前5位的分别是长沙、天津、重庆、宁波、杭州。2017年排在后5位的分别是西安、郑州、西宁、昆明、海口，2018年排在后5位的分别是呼和浩特、西宁、昆明、兰州、西安。

2017~2018年，36个重点城市中公平与保障水平排名上升最快的5个城市分别是郑州、太原、重庆、乌鲁木齐、海口，下降最快的5个城市分别是拉萨、银川、呼和浩特、沈阳、上海（见图13、表12）。

城市管理蓝皮书

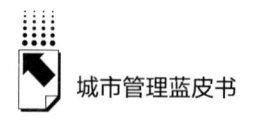

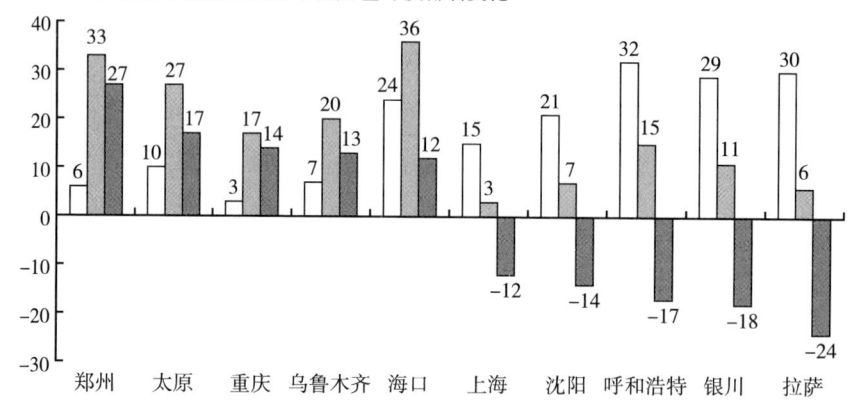

图13 36个重点城市公平与保障水平年度对比上升与下降前5位

表12 2017~2018年36个重点城市公平与保障水平排名及变化

城市	2018年名次	2017年名次	年度变化
北京	8	1	-7
大连	14	9	-5
福州	16	16	0
广州	17	18	1
海口	24	36	12
杭州	5	2	-3
济南	31	22	-9
南京	19	13	-6
宁波	4	4	0
青岛	22	29	7
厦门	27	26	-1
上海	15	3	-12
深圳	26	21	-5
沈阳	21	7	-14
石家庄	25	19	-6
太原	10	27	17
天津	2	10	8
哈尔滨	11	14	3
合肥	13	24	11
南昌	20	28	8

续表

城市	2018年名次	2017年名次	年度变化
武汉	12	5	-7
长春	23	31	8
长沙	1	8	7
郑州	6	33	27
成都	9	12	3
贵阳	18	23	5
呼和浩特	32	15	-17
昆明	34	35	1
拉萨	30	6	-24
兰州	35	30	-5
南宁	28	25	-3
乌鲁木齐	7	20	13
西安	36	32	-4
西宁	33	34	1
银川	29	11	-18
重庆	3	17	14

五 重点城市社会管理发展水平分析

（一）二线城市社会管理水平进步迅速

根据《2020城市商业魅力排行榜》的分类标准，本研究涉及的36个重点城市可以分为4个层级。一线城市4个市，包括北京、上海、广州、深圳；新一线城市14个市，包括成都、杭州、重庆、武汉、西安、天津、南京、长沙、郑州、青岛、沈阳、宁波、昆明、合肥；二线城市13个市，包括大连、福州、厦门、哈尔滨、济南、南宁、长春、石家庄、贵阳、太原、南昌、兰州、海口；三四线城市5个市，包括乌鲁木齐、呼和浩特、银川、兰州、拉萨。①

---

① 根据《2020城市商业魅力排行榜》的划分，乌鲁木齐、呼和浩特、银川、兰州为三线城市，拉萨为四线城市，在不影响分析的前提下，将五个城市视为同一层级。

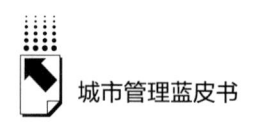

表13 36个重点城市层级分类

一线城市	北京、上海、广州、深圳
新一线城市	成都、杭州、重庆、武汉、西安、天津、南京、长沙、郑州、青岛、沈阳、宁波、昆明、合肥
二线城市	大连、福州、厦门、哈尔滨、济南、南宁、长春、石家庄、贵阳、太原、南昌、兰州、海口
三四线城市	乌鲁木齐、呼和浩特、银川、兰州、拉萨

将36个重点城市的社会管理水平综合排名进行纵向比较可以发现：与2017年相比，2018年4个一线城市排名全部下降；14个新一线城市中6个下降，1个保持不变，7个上升；13个二线城市中4个下降，9个上升；三四线城市中3个下降，1个保持不变，1个上升，如表14所示。

表14 2017～2018年36个重点城市社会管理水平排名

城市层级	城市	2018年排名	2017年排名	名次变化
一线城市	北京	6	2	-4
一线城市	上海	9	6	-3
一线城市	广州	27	18	-9
一线城市	深圳	33	26	-7
新一线城市	成都	20	23	3
新一线城市	杭州	3	1	-2
新一线城市	重庆	13	33	20
新一线城市	武汉	8	12	4
新一线城市	西安	35	32	-3
新一线城市	天津	10	19	9
新一线城市	南京	14	14	0
新一线城市	长沙	7	3	-4
新一线城市	郑州	2	9	7
新一线城市	青岛	22	21	-1
新一线城市	沈阳	28	15	-13
新一线城市	宁波	4	10	6
新一线城市	昆明	26	16	-10
新一线城市	合肥	16	31	15
二线城市	大连	12	20	8
二线城市	福州	25	29	4

续表

城市层级	城市	2018年排名	2017年排名	名次变化
二线城市	厦门	29	24	-5
二线城市	哈尔滨	18	30	12
二线城市	济南	23	7	-16
二线城市	南宁	36	28	-8
二线城市	长春	19	27	8
二线城市	石家庄	21	11	-10
二线城市	贵阳	11	22	11
二线城市	太原	1	4	3
二线城市	南昌	30	35	5
二线城市	兰州	32	34	2
二线城市	海口	31	36	5
三四线城市	乌鲁木齐	5	5	0
三四线城市	呼和浩特	24	13	-11
三四线城市	银川	17	8	-9
三四线城市	拉萨	34	25	-9
三四线城市	西宁	15	17	2

空间集聚和规模扩大与经济发展效率的提升有显著的正相关关系，但这一规律并不适用于社会管理，这是由社会管理的内涵和性质决定的。社会管理的主要内容是以满足人民的需求为中心，以政府为主体，吸引居民、企业和社会组织广泛参与，依托党和政府的基层组织，对居民基本需求、公共安全保障、公共服务供给进行引导、协调、规范和管理。从这个定义出发，社会管理的效率主要受以下六个因素影响。

一是经济效率。这里所指的不是狭义上的促进经济发展的效率，而是调配资源保障城市健康运行的效率。根据奥斯特罗姆提出的"多中心治理理论"，在城市治理中，将决策权交给距离个体居民最近的一级政府，才能保证有限资源的利用效率最大化，实现有效的服务供给。不同地区城市治理需求和成本的差距越大，就越需要多中心的治理结构。

二是规模经济。生产和提供服务的平均成本随着服务的数量上升而下降，换言之规模扩大有利于降低成本。显然，规模经济是建立大型都市区的

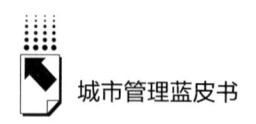

一条重要标准。但是使用这一标准不适用于公共服务和社会管理，规模扩大不仅意味着工作负荷的增加，也意味着需求的多样化和利益的冲突，社会管理的沟通成本会迅速增加，因此大型都市在提供许多公共服务时存在规模不经济的情况，比如加装电梯和垃圾分类。

三是外部性。某些服务的供给会产生外部性（也被称作溢出效应），即一个区域内某项服务的收益或成本会溢出到其他区域。例如，一个城区内的一条道路可以给使用该道路的临近城区居民带来便利，但是该城区的政府在兴建道路时没有动力去考虑这种溢出效应，这可能就会导致道路修建不足。解决方法有两种，一种是建立两个城区间的转移支付机制，确保受益的另一个城区也为修建道路支付合理的资金；另一种是合并两个城区，将外部性"内部化"，确保所有受益人都支付相应的成本。

四是区域协调。当一个大型都市区内存在众多基层政府组织时，区域协调就显得十分必要了。在理想的情况下，每个基层政府独立决定筹资方式和提供服务的类别、数量、方式。但是，许多服务跨越了区域的边界，比如交通、土地利用规划和经济发展等，因此需要建立区域协调的机制。

五是公平。这里所说的公平，指的是全体居民都能公平可及地获得大致均等的基本公共服务。实际上，高收入社区公共服务投入大而低收入社区公共服务投入不足的问题仍然比较普遍，公共服务分配的不均抑制了社会管理水平的进一步提升。

六是居民参与和问责。具体指居民参与地方政府事务，参与决策制定和使决策制定者为决策负责。无论是通过公开会议、听证会、选举还是与官员直接沟通，当基层政府组织规模较小且碎片化时，建立居民参与和问责机制相对容易。基层政府辖区规模越大，特殊利益群体主导居民参与的可能性就越大。

进一步分析可以发现，随着城市空间集聚和规模扩大，这六个因素都会朝着阻碍社会管理水平提升的方向发展。在经济效率方面，规模扩大时政府的层级体系也会随之增加，职能部门虽然具备专业技能和行政权力，但对基层情况并不了解，而与居民直接沟通的基层组织缺乏必要的专业技能和行政权力，这就导致看得见的管不了，管得了的看不见；在规模经济方面，规模扩大后居民需求会更加多样化，利益的冲突也更加复杂，社会管理的沟通成本将显著增加等。2017～2018年的排名结果显示，一线城市和新一线城市社会管理水平上升速度明显减慢，导致出现经济发展了而人民获得感减弱的现象。

（二）一线城市社会管理水平的内部差距明显

北京、上海、广州、深圳同属于一线城市，经济发展水平接近，但是社会管理水平差距显著，其中北京排名第6，上海排名第9，广州排名第27，深圳排名第33，见表15。

观察分项指标可以发现，相较于广州、深圳，北京、上海在公平与保障水平分项指标方面表现更好是整体得分更高的主要原因，在城乡收入比、社会保障和就业支出比重、城市低保标准增长率、每万人社会服务机构床位数4个指标上，广州和深圳有多项指标排在第20名以后甚至末位，这说明广州、深圳未来要在社会管理水平上追赶就需要在平衡城乡发展、增加社会保障和养老保障方面发力。

除了差异性，4个一线城市的共性特征是卫生、社会保障和社会福利业从业人员比重较低。一个可能的原因是，在经济发达的地区，人们不太愿意从事相关低收入行业，导致社会管理的基层有生力量不足，所以一线城市尽管在教育、医疗投入上占优，但是由于传递服务和衔接政府与居民的公共服务人员不足，影响了资源的使用效率。另一个可能的原因是，在现行机构编制体系下，一线城市基层人员编制数量整体只减不增，而辖区人口却在快速增长，这一方面导致基层在招募社会工作人员和医务人员时难以给予稳定的待遇；另一方面在定额定员预算管理体系下，不能纳入编制就意味着基层需要自筹经费招聘社会工作人员，虽然政府可以通过其他方式给予财政补贴，但仍然影响了基层招募长期合同工的动力，导致一线城市基层社会工作人员就业市场存在供需两不旺的情况。

表15 一线城市社会管理水平及各分项指标排名

指标	北京	上海	广州	深圳
社会管理水平	6	9	27	33
一般公共服务支出比重	30	35	11	32
卫生、社会保障和社会福利业从业人员比重	28	30	22	36
教育支出比重	18	31	5	15
城乡社区支出比重	32	13	26	10
市民满意度	28	11	33	27
城镇恩格尔系数	36	32	7	14
农村恩格尔系数	34	12	6	10
城镇人均住房建筑面积	29	19	2	36
每千人医院、卫生院床位数	14	8	7	13
每万人中等职业学校在校学生数	33	34	36	29
城乡收入比	8	22	20	36
社会保障和就业支出比重	11	15	24	36
城市低保标准增长率	10	15	22	15
每万人社会服务机构床位数	5	3	9	35

（三）社会服务和民生领域结构性趋势和特征明显

第一，城市教育支出水平和占比进一步提升，但城市教育投入水平与其经济发展地位仍不匹配。2018年，全国中央和地方教育支出32169.47亿元，占全国一般公共预算支出的14.56%，较2017年下降了0.29个百分点。36个重点城市平均教育支出占地方公共财政支出比例为15.35%，高于全国平均水平，同时与2017年相比，上了0.2个百分点。36个重点城市中，有17个城市的教育投入高于全国水平，19个城市的教育投入低于全国水平，其中包括北京、上海、天津、重庆4个直辖市，以及教育资源比较丰富的武汉。导致这一现象的可能的原因是，这五座城市有一批由中央财政支持的高校，如果将中央投入一并计算入内，则调整后的教育支出占比将显著提升。

第二，卫生、社会保障和社会福利投入水平进一步提升，上升空间向农村倾斜。截至2018年底，全国城镇非私营单位就业人员17258.2万人，其中卫生和社会工作从业人员912.4万人，占比5.29%，相较2017年上升

0.2个百分点。进一步分析发现，36个重点城市中，2018年有18个城市的卫生和社会工作从业人员比例超过全国平均水平，而2017年只有11个城市。以直辖市为例，2018年北京、上海、天津和重庆每千人口卫生技术人员分别是11.88人、8.07人、6.70人和6.75人，相较于2017年，4个直辖市的涨幅均显著高于全国平均涨幅，尤其是北京和重庆每千人口卫生技术人员分别增加了0.55人和0.52人。① 从城市地区每千人口卫生技术人员数据来看，2018年每千人口卫生技术人员为10.91人，而京津沪渝四市城市地区每千人口卫生技术人员分别为17.95人、9.59人、13.63人、7.83人，相较于2017年的数据，京津沪的涨幅弱于全国数据的涨幅，重庆市还略微下降。由此看来，36个重点城市的卫生从业人员的上升空间逐渐由城市转向农村。

第三，城市社会保障和就业支出水平进一步上升，东北地区整体支出压力巨大。2018年全国社会保障和就业支出占一般公共预算支出的比例为12.22%，相较于2017年上升了0.1个百分点。在全国36个重点城市中，有22个城市的社会保障和就业支出低于全国水平，14个城市社会保障和就业支出高于全国水平，均衡程度相较2017年有所改善。其中，深圳社会保障与就业支出仅占一般公共预算支出的3.89%，排在36个重点城市的末位，其他后5位城市依次是拉萨、厦门、贵阳和南昌。影响社会保障和就业支出的主要因素依次是国营单位数量、人口年龄结构和经济发展水平，所以深圳和厦门尽管经济发展水平较高，但是社会保障和就业支出占一半公共预算的比例非常低。这一观点也可以在东北地区得到印证，沈阳、哈尔滨、大连、长春社会保障和就业支出占比分别为25.71%、23.61%、23.59%、14.01%，分列第1位、第2位、第3位、第8位，② 稳居第一梯队，其中沈阳、哈尔滨和大连的数据均接近全国平均数据的2倍，社会保障支出的压力巨大。

---

① 2017年北京、天津、上海和重庆每千人口卫生技术人员分别为11.33人、6.48人、7.73人、6.23人，数据来自《中国统计年鉴（2018）》。

② 2017年，4个城市排名分别为第1、第2、第3和第12，数据来自《中国统计年鉴（2018）》。

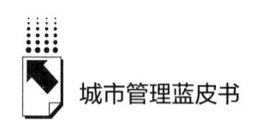

六 推进社会管理水平进一步提升的建议

(一) 认识社会管理的结构性特征是精准施策的前提条件

发展是党执政兴国第一要务,而增进人民福祉、促进人的全面发展是我们党立党为公、执政为民的本质要求。保持适度的经济速度和规模,既是实现更高质量发展的根本要求,也是解决民生问题的根本保障,保持经济增长速度、推动经济发展的根本还是要解决好人民群众普遍关心的突出问题。

在农村地区增加卫生投入的同时要留住人才,用好人才,为人才解决后顾之忧,保证农村卫生事业的良好发展势头;在东北地区,要针对社会保障支出压力大的特点,由中央直接补贴,缓解地方财政压力,释放经济发展活力,并根据各地国有企业数量、常住居民年龄结构、经济发展水平等因素建立更具普遍意义的中央转移支付机制;中央直属高校较多的地区,如北京、上海、武汉、南京等应当更多地让地方承担教育投入的责任,并在中央高校科技成果转化、促进就业等方面与地方形成合作机制,实现责任与权力的统一。

(二) 坚持推动基本公共服务均等化是实现相对落后地区社会管理水平快速提升的重要支撑

基本公共服务是政府二次分配的重要形式,在调节收入分配、促进社会公平、保障国民基本生存和发展权利等方面发挥着重要作用。公共服务均等化是体现和保障国民平等权利的重要原则和举措,也是衡量国家公共服务现代化水平的重要标尺。决定各城市基本公共服务满意度最重要的因素是城市间基本公共服务水平的差距。党的十九大和十九届五中全会明确提出到2035年"基本公共服务均等化基本实现"的目标。新时代新阶段,要以基本公共服务均等化为目标,推进全面建设社会主义现代化国家,不断提高基本公共服务现代化水平。要坚持基本公共服务均等化的价值理念,健全基本公共服务均等化的体制机制，努力实现城镇基本公共服务常住人口全覆盖，基本公共服务与户籍脱钩，城镇基本公共服务财政支出和转移支付与常住人口数量挂钩；推进基本公共服务制度一体化，消除基本公共服务的制度分割，打破身份、职业、群体、地域限制，建立基本公共服务跨地区、跨职业的衔接转移制度和办法，推进制度一体化；将基本公共服务均等化纳入经济社会发展规划之中，制定基本公共服务均等化的发展规划，将均等化的任务落实到每一个部门、每一个年度，明确年度工作目标和任务并落实到相关部门。

（三）强化基层治理是推动社会管理水平提升的根本保障

沟通成本的增加是社会管理水平降低的直接诱因，强化基层治理、理顺基层权力运行机制是推动社会管理水平进一步提升的根本保障。一是要加强党的基层组织建设，扩大党的组织覆盖范围和工作覆盖深度，通过决策程序的优化明确党在涉及基层治理重要事项、重大问题上的决定性地位。二是要加强基层政权服务能力，逐步规范乡镇（街道）的责任清单和权力清单，需要与群众沟通、直接面向群众的服务事项应依法下放，同时做好责、权、利的统一，在职能下放的同时保障基层的人才和资金投入。三是要完善基层群众共治自治的制度，加强村（居）委会能力建设，做到规模合理、职责合理、程序合理、资产管理合理，健全村（居）民自治机制，做到自我管理、自我服务和自我教育，增强村（社区）组织动员能力，实现网格化管理与入户走访常态化，优化基层服务格局，依托基层设施充分开展养老、医疗、托幼服务，提高居民对社区的认同度。

B.3
中国重点城市经济管理评价报告

胡雅芬 胡心月*

摘　要： 城市经济管理是城市管理体系和整个国民经济管理体系的有机组成部分，是城市政府管理的重要任务之一。本报告从经济发展水平、经济调节水平、市场监管水平和基础财力水平四个维度构建了城市经济管理水平评价指标体系；对36个重点城市经济管理水平进行了综合评价与排名。结果显示，2018年36个重点城市经济管理水平梯度分布明显，呈现东强西弱、南高北低、中部崛起等特点。最后，报告提出要从厘清两大关系、夯实两个基础和加强四项职能三方面提高城市经济管理水平。

关键词： 城市管理　经济管理　综合评价

一　城市经济管理水平评价指标体系构建

（一）城市经济管理水平指标体系框架

城市经济管理水平综合评价指标体系涵盖经济发展水平、经济调节水平、市场监管水平和基础财力水平4个二级指标，下设人均地区生产总值、

---

* 胡雅芬，北京城市学院副教授，管理学博士，研究方向为城市经济、城市管理；胡心月，兰州大学管理学院本科在读，专业为会计学（ACCA方向）。

城镇居民人均可支配收入、居民消费价格弹性系数、私营个体从业人员增长率、公共财政收入增长率等 14 个三级指标,指标的选取遵循内容完整性、逻辑结构合理性、测度科学可操作性和权重设立合理性等原则,具体见表 1。

表 1　城市经济管理水平综合评价指标体系

一级指标	二级指标	三级指标
经济管理水平（J）	经济发展水平（J1）	人均地区生产总值（J11）
		城镇居民人均可支配收入（J12）
		实际就业率（J13）
		第三产业占 GDP 的比重（J14）
	经济调节水平（J2）	经济增长波动系数（J21）
		居民消费价格弹性系数（J22）
		城镇登记失业率波动系数（J23）
		固定资产投资效果系数（J24）
	市场监管水平（J3）	私营个体从业人员增长率（J31）
		人均金融机构本外币存款余额（J32）
		社会消费品零售额增长率（J33）
	基础财力水平（J4）	财力规模（J41）
		公共财政收入增长率（J42）
		财政赤字率（J43）

（二）数据来源与评价对象的选择

1. 数据来源

数据收集时,根据建立的指标体系特点,主要参考了《中国城市统计年鉴（2018）》、《中国城市统计年鉴（2019）》、《中国统计年鉴（2019）》和各城市统计年鉴及国民经济统计公报（2018~2019）等。个别城市的某些数据缺失,采用类似数据或相邻年份数据进行估计。各指标的统计数据,样本统计口径基本一致,数据具有较高可信度。

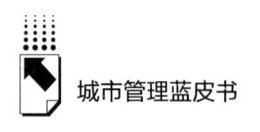

表2 数据来源

层级	涉及相关资料
国家	《中国城市统计年鉴》《中国统计年鉴》《中国区域经济统计年鉴》《中国经济年鉴》等
省级	各省统计年鉴、各省国民经济发展统计公报、各省经济年鉴、各省经济发展报告、各省政府网站发布的信息等
市级	各市统计年鉴、各市国民经济发展统计公报、各省经济社会发展报告等

2．评价城市的选择

考虑到数据的可获得性和评价标准的相对统一性和完整性，本文选取了36个重点城市进行城市经济管理水平分析与评价，其中包括4个直辖市、27个省会城市（首府）和5个计划单列市。详见表3。

表3 36个重点城市分布

4个直辖市	北京、上海、天津、重庆
27个省会城市（首府）	杭州、南京、广州、长沙、武汉、乌鲁木齐、郑州、呼和浩特、合肥、福州、太原、济南、贵阳、南昌、西安、成都、兰州、拉萨、石家庄、沈阳、长春、银川、海口、南宁、哈尔滨、昆明、西宁
5个计划单列市	大连、宁波、厦门、青岛、深圳

二 36个重点城市经济管理水平评价结果

（一）经济发展水平排名

36个重点城市经济发展水平得分与排名情况见表4和图1。从36个重点城市经济发展水平得分与排名情况可以看出，居前10位的城市分别是深圳、北京、上海、杭州、广州、南京、长沙、宁波、青岛和厦门，得分分别是83.37分、81.76分、73.56分、73.14分、71.70分、69.76分、67.54分、67.06分、56.67分和53.46分，36个重点城市经济发展水平的

表4 36个重点城市经济发展水平得分与排名情况

单位：分

城市	排名	分值	平均得分
深圳	1	83.37	
北京	2	81.76	
上海	3	73.56	
杭州	4	73.14	
广州	5	71.70	
南京	6	69.76	
长沙	7	67.54	
宁波	8	67.06	
青岛	9	56.67	
厦门	10	53.46	
武汉	11	49.42	
济南	12	47.85	
福州	13	47.77	
合肥	14	42.24	
成都	15	38.37	
大连	16	37.71	
呼和浩特	17	36.37	
天津	18	34.02	41.18
长春	19	32.97	
郑州	20	32.97	
昆明	21	32.02	
南昌	22	30.36	
乌鲁木齐	23	29.93	
西安	24	27.41	
兰州	25	27.00	
太原	26	26.95	
海口	27	25.58	
拉萨	28	24.58	
沈阳	29	23.03	
哈尔滨	30	22.20	
南宁	31	21.86	
贵阳	32	21.72	
西宁	33	19.61	
银川	34	19.58	
重庆	35	16.43	
石家庄	36	16.38	

平均得分为41.18分。在排名前10的城市中，作为中部地区城市代表，长沙既不在沿海地区，不是副省级城市，也不在长江沿岸，但在中部崛起的十多年中，长沙成为国家战略风口下的受益者，进入了发展快车道。2017年，长沙的经济总量就已经突破了万亿元大关，2018年增长到11003.41亿元，同比增长4.44%，人均地区生产总值162980元，在36个重点城市中仅次于深圳，排名第2。在中部六个省会城市中，长沙受到的来自华中、川渝、长三角和珠三角四大经济圈的经济辐射和发展牵引力都是其他城市无法比拟的，长沙已成为未来中国经济发展进程中举足轻重的战略要地。

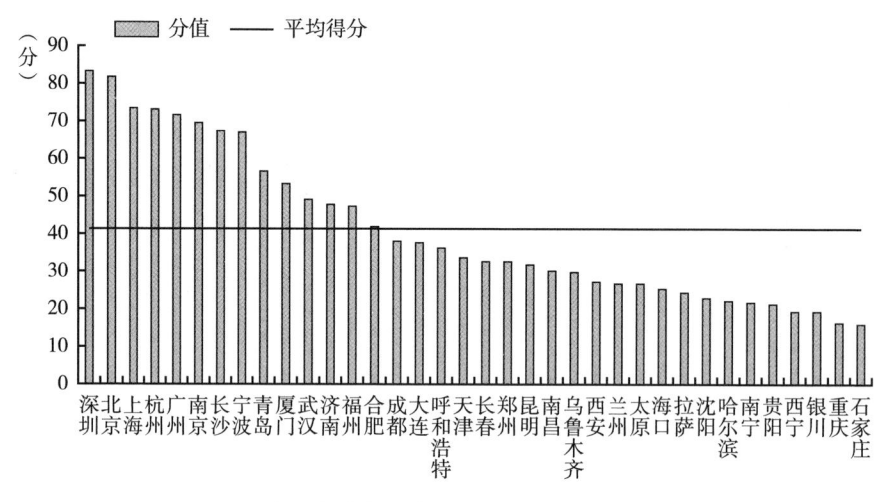

图1 36个重点城市经济发展水平的分值及平均得分

（二）经济调节水平排名

36个重点城市经济调节水平得分与排名情况见表5和图2，可以看出，36个重点城市经济调节水平平均得分为55.77分，其中，居前10位的城市分别是长沙、深圳、武汉、南京、北京、青岛、杭州、太原、上海和福州，得分分别是76.11分、75.98分、71.65分、70.90分、68.77分、68.07分、67.94分、67.26分、65.96分和64.68分。值得一提的是，排名前10的城市中，中部城市长沙、武汉和太原分别排在第1、第3和第8位。太原市统

表5　36个重点城市经济调节水平得分与排名情况

单位：分

城市	排名	分值	平均得分
长沙	1	76.11	
深圳	2	75.98	
武汉	3	71.65	
南京	4	70.90	
北京	5	68.77	
青岛	6	68.07	
杭州	7	67.94	
太原	8	67.26	
上海	9	65.96	
福州	10	64.68	
合肥	11	63.41	
西安	12	62.94	
拉萨	13	61.19	
南昌	14	60.84	
海口	15	60.21	
长春	16	59.76	
乌鲁木齐	17	59.74	
广州	18	59.36	55.77
宁波	19	58.58	
厦门	20	57.08	
银川	21	56.43	
石家庄	22	55.32	
西宁	23	55.09	
贵阳	24	54.09	
成都	25	53.97	
郑州	26	53.96	
昆明	27	51.41	
济南	28	48.98	
重庆	29	44.76	
兰州	30	43.38	
南宁	31	39.43	
大连	32	38.07	
哈尔滨	33	32.03	
天津	34	29.99	
沈阳	35	27.70	
呼和浩特	36	22.74	

计局数据显示，2018年，太原市地区生产总值3884.48亿元，同比增长9.2%，固定资产投资增长26.2%，其增速居全国第1，且工业投资高速增长，民间投资活力较强，投资转型升级步伐明显加快。2018年，太原市工业投资206.06亿元，占全市投资的比重为16.9%，同比增长53.1%。其中，民间投资541.35亿元，转型项目投资772.61亿元，同比分别增长27.1%和23.7%。2018年，武汉市地区生产总值14847.29亿元，比2017年增长8.0%，增速比36个重点城市平均值高将近1个百分点。2018年，武汉市居民消费价格总水平比2017年上涨1.9%，涨幅也基本持平，低于36个重点城市的平均水平。此外，武汉市积极推行就业优先政策，加快发展第三产业，截至2018年底，武汉市城镇新增就业人口21.9万人，创历年来新高，城镇登记失业率为2.14%，比2017年降低0.73个百分点。

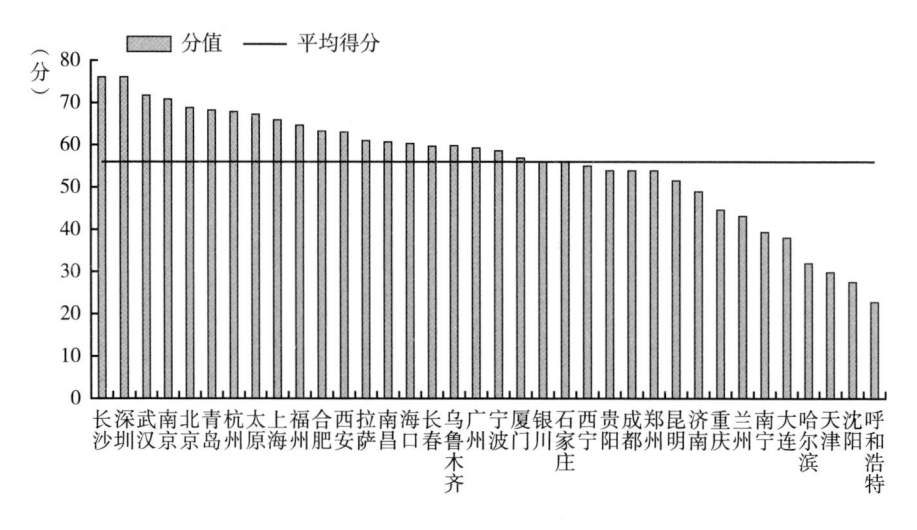

图2　36个重点城市经济调节水平的分值及平均得分

（三）市场监管水平排名

36个重点城市市场监管水平得分与排名情况见表6和图3，可以看出，36个重点城市市场监管水平平均得分为33.53分，其中约一半城市位于平均线以上。居前10位的城市分别是北京、深圳、宁波、昆明、上海、杭州、

表6　36个重点城市市场监管水平得分与排名情况

单位：分

城市	排名	分值	平均得分
北京	1	67.07	
深圳	2	60.12	
宁波	3	55.10	
昆明	4	49.33	
上海	5	47.96	
杭州	6	47.64	
福州	7	44.84	
武汉	8	44.34	
厦门	9	41.81	
长沙	10	41.42	
西安	11	39.40	
济南	12	37.27	
青岛	13	36.33	
成都	14	35.95	
郑州	15	35.77	
南京	16	35.41	
乌鲁木齐	17	33.59	
合肥	18	33.39	33.53
海口	19	33.31	
广州	20	33.25	
太原	21	31.02	
大连	22	28.85	
石家庄	23	28.31	
拉萨	24	28.04	
呼和浩特	25	27.80	
兰州	26	27.54	
沈阳	27	26.72	
长春	28	24.74	
南昌	29	23.79	
西宁	30	21.75	
银川	31	20.62	
南宁	32	20.26	
贵阳	33	13.48	
重庆	34	11.25	
哈尔滨	35	10.65	
天津	36	9.01	

福州、武汉、厦门和长沙，得分分别是 67.07 分、60.12 分、55.10 分、49.33 分、47.96 分、47.64 分、44.84 分、44.34 分、41.81 分和 41.42 分。2018 年，习近平总书记在民营企业座谈会上明确了党中央坚定不移完善我国基本经济制度的立场，理清了一些对民营经济的错误看法，意义重大。民营经济是首都发展的重要组成部分，充分发展首都民营经济，对推动创新、促进开放、稳定增长和增加就业有着积极的意义。2018 年，北京多措并举优化民营企业发展环境，引导民营企业发展与首都城市高质量发展相对接。截至 2018 年底，北京市民营总部企业 492 家，占全市总部企业的 12.4%，比 2017 年提升 3.4 个百分点；民营总部企业在京投资占总部企业在京投资总量的 29.3%，高于国有企业总部 0.5 个百分点，民营总部经济已成为推动首都经济发展的新生力量。

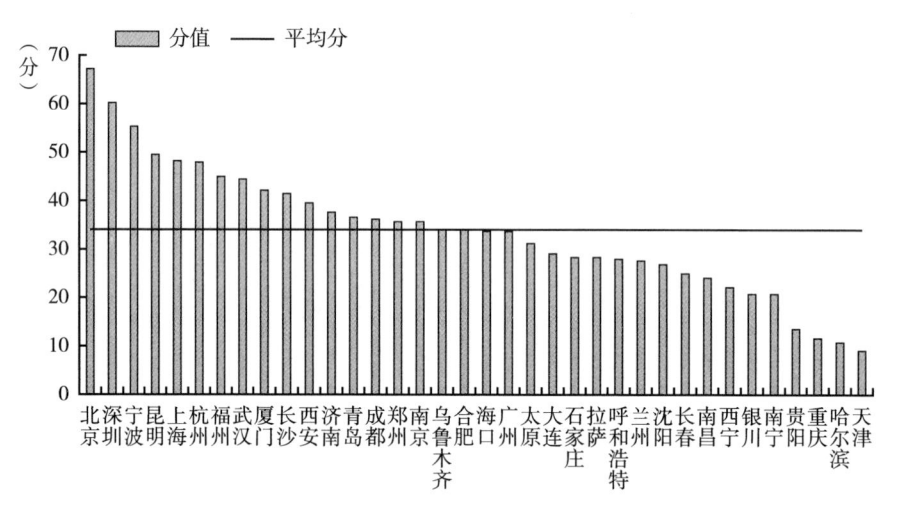

图 3　36 个重点城市市场监管水平的分值及平均得分

（四）基础财力水平排名

基础财力，是衡量一个城市硬实力的重要指标，也是城市民生支出的重要来源。从表 7 可以看出 36 个重点城市基础财力水平排名与分值情况。36 个重点城市基础财力水平的平均得分为 42.87 分。居前 10 位的城市分别

表7 36个重点城市基础财力水平得分与排名情况

单位：分

城市	排名	分值	平均得分
上海	1	75.51	
宁波	2	63.82	
北京	3	63.58	
拉萨	4	63.18	
深圳	5	57.01	
南京	6	55.79	
杭州	7	55.40	
乌鲁木齐	8	52.11	
厦门	9	49.65	
石家庄	10	49.34	
郑州	11	47.64	
海口	12	46.20	
太原	13	45.97	
贵阳	14	45.18	
福州	15	44.21	
昆明	16	44.04	
合肥	17	43.52	
沈阳	18	43.17	42.87
成都	19	41.98	
长沙	20	41.81	
青岛	21	41.31	
南昌	22	40.02	
济南	23	38.28	
大连	24	37.90	
广州	25	37.56	
武汉	26	36.36	
兰州	27	36.23	
南宁	28	34.91	
重庆	29	31.86	
银川	30	31.14	
长春	31	27.51	
西安	32	26.86	
西宁	33	25.50	
呼和浩特	34	24.93	
哈尔滨	35	23.70	
天津	36	21.22	

是上海、宁波、北京、拉萨、深圳、南京、杭州、乌鲁木齐、厦门、石家庄，得分分别是 75.51 分、63.82 分、63.58 分、63.18 分、57.01 分、55.79 分、55.40 分、52.11 分、49.65 分和 49.34 分，其中，值得注意的是排名第 4 的拉萨。西藏自治区是我国边疆治理和社会维稳的重要区域，政治地位重要，持续获得国家特殊政策扶持。西藏自治区经济总量在全国排名末位，但得益于政策支持及资源优势，经济增长较快。2018 年，拉萨经济总量扩大，地区生产总值达到 540.78 亿元，比 2017 年增长 9.3%，拉萨市完成公共财政预算收入 110.10 亿元，比 2017 年增长 22.8%，该项指标在 36 个重点城市中排名第 1。

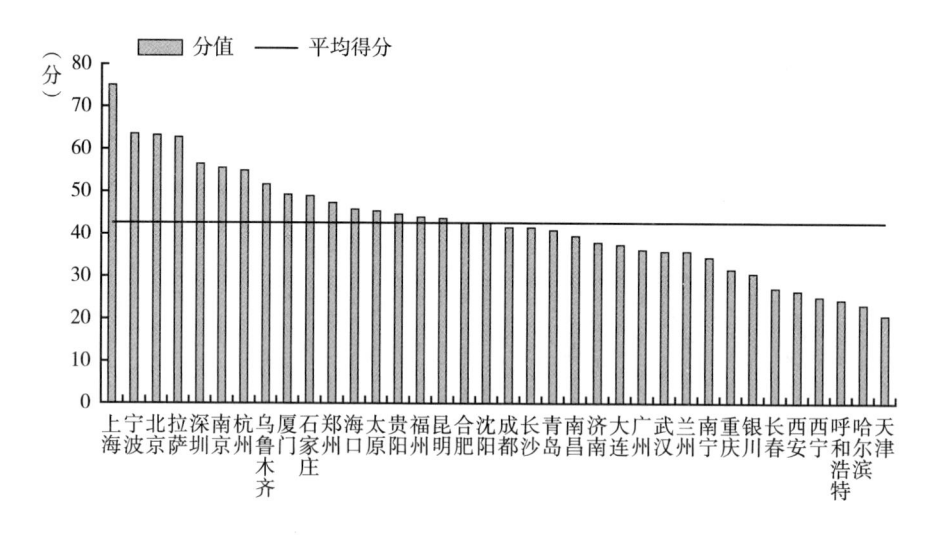

图 4　36 个重点城市基础财力水平的分值及平均得分

（五）总指标排名

36 个重点城市经济管理水平总指标排名与分值情况如表 8 和图 5 所示。从平均分值看，中国 36 个重点城市经济管理水平综合得分均值为 45.30 分，与 2017 年相比稳中略降。从总体排名看，2018 年排在前 5 名的城市分别是北京、杭州、深圳、长沙和南京，其中北京以 65.83 分稳居第 1，杭州和深

表8 36个重点城市经济管理水平总指标得分与排名情况

单位：分

城市	排名	分值	平均得分
北京	1	65.83	
杭州	2	63.83	
深圳	3	63.52	
长沙	4	61.79	
南京	5	60.35	
宁波	6	59.67	
上海	7	58.42	
青岛	8	54.51	
武汉	9	53.06	
厦门	10	52.58	
福州	11	51.67	
广州	12	51.51	
拉萨	13	50.96	
合肥	14	50.81	
海口	15	47.84	
郑州	16	45.44	
济南	17	44.97	
乌鲁木齐	18	44.89	45.30
太原	19	44.86	
成都	20	43.94	
贵阳	21	43.59	
昆明	22	42.72	
南昌	23	41.66	
西安	24	39.88	
长春	25	39.48	
天津	26	39.42	
石家庄	27	38.84	
大连	28	36.98	
兰州	29	34.41	
银川	30	34.11	
西宁	31	30.3	
沈阳	32	29.48	
呼和浩特	33	29.09	
重庆	34	28.49	
南宁	35	27.29	
哈尔滨	36	24.52	

圳的分值紧随其后，长沙和南京也以60分以上的成绩分列第4和第5名。与2017年相比，北京蝉联第1，长沙和南京跻身前5，杭州由第5名上升至第2名，上海和广州分别下滑至第7和第12名。

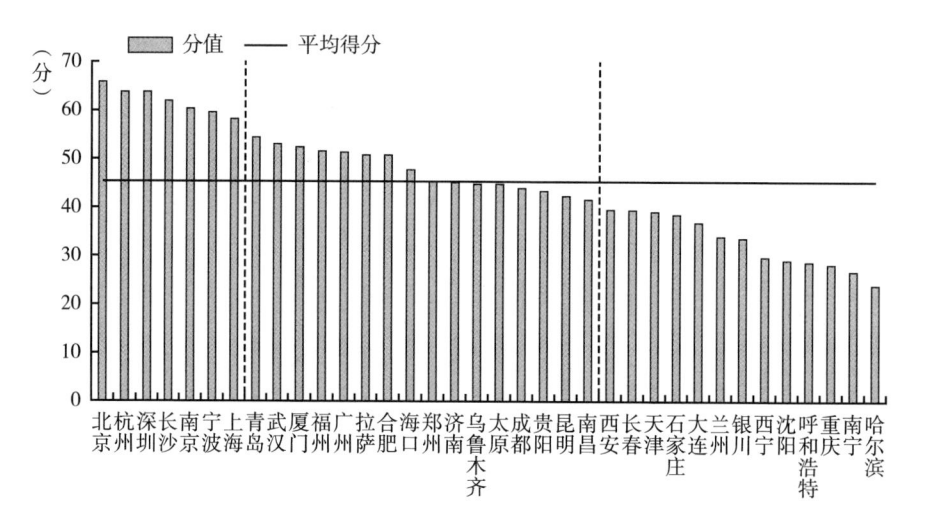

图5　36个重点城市经济管理水平的分值及平均得分

城市经济管理水平排在后5名的是沈阳、呼和浩特、重庆、南宁和哈尔滨，与2017年相比，西宁、银川的位次稍有上调，其中拉萨变动较大，从后5名一跃上升至前15名。究其原因，2018年，拉萨市按照"六个精准"、"五个一批"和脱真贫、真脱贫要求，举全市之力推进脱贫攻坚工作，全市8个贫困县全部脱贫摘帽、225个贫困村全部退出，贫困发生率降至0.27%。从具体数据来看，2018年，拉萨市公共财政收入占当年GDP比重为1/4，该指标得分排名第1，说明拉萨城市政府财力规模水平较高。此外，2018年拉萨市就业率达98.63%，该指标得分排名第2，这也从侧面反映了拉萨经济发展与运行态势总体向好。

从城市梯度分布看，根据得分可以将36个重点城市的经济管理水平划分为三个梯队：第一梯队是得分在55分以上的城市，共7个，分别是北京、杭州、深圳、长沙、南京、宁波和上海，比2017年减少2个城市；第二梯队是得分为41～55分的城市，共16个，分别是青岛、武汉、厦门、福州、广州、拉萨、合肥、海口、郑州、济南、乌鲁木齐、太原、成都、贵阳、昆明和南昌，比2017年增加1个城市；第三梯队是得分在41分以下的城市，共13个，分别是西安、长春、天津、石家庄、大连、兰州、银川、西宁、沈阳、呼和浩特、重庆、南宁和哈尔滨，相比2017年增加1个。从总体上看，虽然三个梯队的具体城市有一些变化，但各梯队在数量上变化不大，说明整体城市经济管理水平分布变化不大。

三 四大经济区经济管理水平对比分析

按照《中国区域经济统计年鉴》上的划分标准，我国可以划分为四个经济区，即东部、中部、西部和东北。按照这个标准将本文中的36个重点城市进行划分，可分为14个东部地区城市，6个中部地区城市，12个西部地区城市和4个东北地区城市，具体见表9。36个重点城市经济管理水平分区域得分与排名对比情况如表10所示。

表9 36个重点城市区域分布

东部地区	深圳、北京、上海、杭州、南京、厦门、广州、宁波、天津、青岛、济南、福州、海口、石家庄
中部地区	长沙、武汉、郑州、南昌、太原、合肥
西部地区	呼和浩特、兰州、昆明、成都、乌鲁木齐、西安、重庆、贵阳、拉萨、南宁、银川、西宁
东北地区	大连、长春、哈尔滨、沈阳

（一）东部地区城市经济管理水平继续呈现良好态势

从排名结果看，前10名的城市中，除中部城市长沙、武汉分别位于第4、第9外，其余全被东部城市包揽，北京、杭州、深圳分列前3位。其中，杭州、海口和石家庄的位次从2017年的第5、35和33名分别上升至2018年

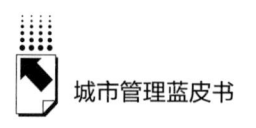

表10 36个重点城市经济管理水平分区域得分与排名

单位：分

区域	城市	排名	得分	平均得分	排名均值
东部地区	北京	1	65.83	53.78	10.71
	杭州	2	63.83		
	深圳	3	63.52		
	南京	5	60.35		
	宁波	6	59.67		
	上海	7	58.42		
	青岛	8	54.51		
	厦门	10	52.58		
	福州	11	51.67		
	广州	12	51.51		
	海口	15	47.84		
	济南	17	44.97		
	天津	26	39.42		
	石家庄	27	38.84		
中部地区	长沙	4	61.79	49.60	14.17
	武汉	9	53.06		
	合肥	14	50.81		
	郑州	16	45.44		
	太原	19	44.86		
	南昌	23	41.66		
东北地区	长春	25	39.48	32.62	30.25
	大连	28	36.98		
	沈阳	32	29.48		
	哈尔滨	36	24.52		
西部地区	拉萨	13	50.96	37.47	25.83
	乌鲁木齐	18	44.89		
	成都	20	43.94		
	贵阳	21	43.59		
	昆明	22	42.72		
	西安	24	39.88		
	兰州	29	34.41		
	银川	30	34.11		
	西宁	31	30.3		
	呼和浩特	33	29.09		
	重庆	34	28.49		
	南宁	35	27.29		

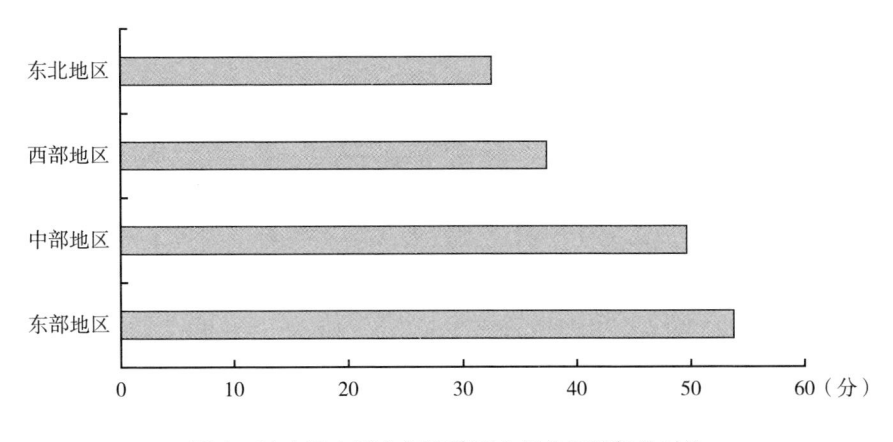

图6　36个重点城市经济管理水平分区域得分对比

的第2、15和27名，上海、广州的位次从2017年的第3和第4名滑落至第7和第12名，南京、青岛、福州和厦门的位次基本没有变化。从分值差距来看，最高分与最低分的差距也在缩小，与2017年的43.65分相比，2018年东部地区城市间的分值最大差距为26.99分，说明东部地区城市经济管理两极分化问题正在改善。

从得分情况来看，东部地区城市经济管理平均得分是53.78分，远高于其他三个经济区域。东部地区的长江三角洲经济区、珠江三角洲经济区以及京津冀经济区，都以中心城市为代表，显示了区域中心城市的强大力量。总的来说，东部地区城市经济管理总体水平继续呈现良好态势，经济管理能力领先全国。

（二）中部地区城市经济管理水平快速提升，后发优势明显

中部地区资源丰富、历史厚重，是我国新一轮工业化、城镇化、信息化和农业现代化的重点区域，是扩大内需、提升开放水平极具潜力的区域，也是支撑我国经济保持中高速增长的重要区域，具有重要的战略地位。

从排名看，中部地区的长沙和武汉都进入了前10，分别为第4和第9名。合肥、郑州和太原从2017年的第21、27和30名分别上升至第14、16和19名，平均排名14.17，上升了5.5名。从得分看，中部地区的平均分值

为49.6分，比2017年提高了3.61分。可以说，虽然中部地区城市的整体经济管理水平仍不敌东部地区，但后发优势较为明显，长沙和武汉在经济管理方面也是可圈可点的。2018年，中国区域板块的增长格局发生了重大变化，GDP增速排名前10的省份中，中部6省份中有4个进入了前10名。中部各城市应立足市情，抢抓国家重大发展战略调整给中部带来的历史性机遇，坚定不移地推进中部绿色崛起。

（三）东北地区、西部地区城市整体经济管理水平欠佳

排名结果中，东北地区4个城市，长春、大连、沈阳和哈尔滨分别为第25、28、32和36名。与2017年相比，除长春的排名有所上升外，其他3个城市都出现了一定程度的下滑。从得分情况来看，东北四大城市的平均得分为32.62分，与2017年的41.22分相比，下降了8.6分。可见，东北地区城市在全国经济管理水平的位次呈现下降趋势。东北地区是我国重要的产粮基地和工业基地，为新中国的发展壮大发挥过历史性的重大作用。东北经济起步较早，曾经强有力地支持国家经济建设。如今，随着时代的发展和各种因素变化，东北地区经济发展未能跟上全国的步伐。东北地区整体失衡的经济和产业结构是导致东北经济难以"转身"的主要原因，也是东北经济不断落后的根本原因。此外，体制和机制僵化、投资环境与服务理念落后、人才和劳动力流失也是导致东北经济缺乏活力的原因。

在西部地区12个城市中，拉萨、乌鲁木齐和成都跻身前20名，昆明、西安和兰州分别排在第22、24和29名。与2017年相比，除拉萨外，其余城市或持平或出现不同程度的下降。从得分来看，西部地区城市的平均得分为37.47分，与2017年的41.63分相比，下降了4.16分。可见，与2017年相比，西部地区城市整体经济管理水平欠佳，但也出现了一些表现较为突出的城市，如拉萨、乌鲁木齐、成都等。随着中国西向战略的调整，以及"一带一路"建设向西推进，西部地区已经成为国家大战略中的重心之一，西部地区也将迎来前所未有的发展机遇。

（四）小结

分区域总体评价结果显示，2018年，中国36个重点城市经济管理水平梯度明显，呈现出东强西弱、南高北低、沿海领跑、中部崛起等特点。其中，东部地区城市经济管理水平整体继续呈现良好、领先态势，两极分化问题正在改善。中部与东部之间差距进一步缩小，其中长沙、武汉两个中部城市大有赶超之势，中部崛起势头强劲。西部地区城市经济管理水平整体欠佳，但也出现了一些表现较为突出的城市，如拉萨。东北地区经济管理未能跟上全国步伐，呈现下降趋势。因此，东部地区应当继续保持开放的态度，保持市场化程度领先的地位，并且在对外开放不断扩大的情况下，考虑将部分产业向周边、内地转移，以带动其他地区的经济发展。近年来中部地区的经济管理水平稳步提升，对于中部地区来说，"中部崛起"的相关政策加快了该地区市场化进程，目前仍需保持这种上升势头，并加强结构性改革顶层设计，寻求更大程度的突破。西北地区可以借助国家"一带一路"的政策，提高对外开放程度，吸引外资投入，同时大力扶持非公有制经济，提高整体市场化水平。对于东北地区来说，第一，在未来的发展战略中，要完善基础设施建设，改善营商环境，深化供给侧改革，加快市场化进程。第二，要深化国有企业改革，鼓励其与民营经济携手合作，在激发市场活力的同时优化产业结构。第三，要提高科技创新能力，推动东北地区科技进步，要以引进高层次人才为基础，提升传统工业的技术水平，通过人才培养的知识溢出效应，为地区创新发展提供源源不断的动力。

四 四大一线城市经济管理水平对比分析

本节选择北京、上海、深圳和广州四大一线城市，对其城市经济管理水平进行对比分析。

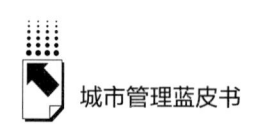

（一）经济管理水平依旧领跑全国

北京、上海、广州、深圳作为中国率先发展起来的一线城市，经济发展水平在国内处于领先地位。北上广深作为京津冀区域核心、长江经济带之首，以及粤港澳大湾区的重心城市，引领三大区域共同发展，促进城市群的形成和壮大，对中国经济成长和社会进步具有重要意义，2018年这四座城市的经济规模占到了全国GDP的12%。从四大城市经济管理水平各项指标得分情况看（见表11），平均得分59.82分，均远超36个重点城市的平均得分45.30分，从分项指标看，广州在市场监管和基础财力上与北京、上海和深圳具有明显差距。总体来看，四大一线城市经济管理水平领跑全国。

表11 四大一线城市经济管理水平各项指标得分比较情况

单位：分

城市	经济发展水平	经济调节水平	市场监管水平	基础财力水平	经济管理水平
北京	81.76	68.77	67.07	63.58	65.83
深圳	83.37	75.98	60.12	57.01	63.52
上海	73.56	65.96	47.96	75.51	58.42
广州	71.70	59.36	33.25	37.56	51.51
四大一线城市平均得分	77.60	67.52	52.10	58.42	59.82
36个重点城市平均得分	41.18	55.77	33.53	42.87	45.30

（二）经济发展水平存在明显梯度分布

2018年，北京、深圳、上海和广州经济发展水平指标的得分分别是81.76分、83.37分、73.56分和71.7分，其中，北京和深圳得分接近，且都在80分以上，上海和广州的得分稍显落后，但都在70分以上，可见，四大一线城市经济发展水平上存在较为明显的梯度分布。从排名上看，深圳第1，北京第2，上海和广州分别排在第3和第4位。2018年是

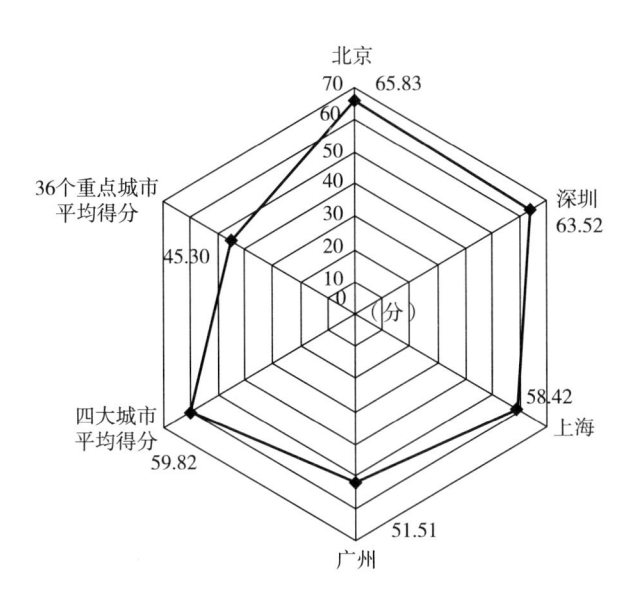

图7 四大一线城市经济管理水平得分

改革开放40周年，深圳经济特区作为我国改革开放的重要窗口，全年实现地区生产总值24221.98亿元，同比增长7.6%；人均地区生产总值189568元，同比增长3.2%；居民人均可支配收入59982元，同比增长8.4%，在四大一线城市中排名第1。可见，深圳经济依然保持高速发展，这充分说明深圳经济已经成功转型——正在建立起代表整个国家未来必然走向的低投入、低能耗、高产出、高效益的经济体系。排名第2的北京市，2018年全年经济运行平稳，实现地区生产总值30320亿元，比2017年增长6.6%。就业平稳也是2018年北京发展一大特点。2018年北京市城镇新增就业42.3万人，各季度城镇调查失业率分别为4.2%、4.2%、4.4%和3.9%。第三产业占GDP的比重为80.98%，在四大一线城市中排名第1。此外，从平均得分来看，四大一线城市经济发展水平的平均得分为77.6分，远高于36个重点城市该项指标的平均得分（41.18分），可见，四大一线城市在经济发展水平上具有明显优势，且存在较为明显的梯度分布。

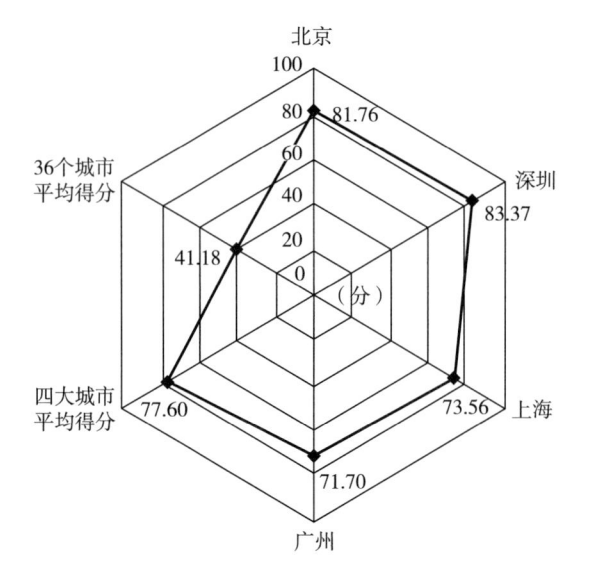

图 8　四大一线城市经济发展水平得分

（三）经济调节水平示范性增强

2018年，北京、深圳、上海和广州经济调节水平指标的得分分别是68.77分、75.98分、65.96分和59.36分，其中深圳位居第1，北京、上海和广州分别排在第2、第3和第4位。从平均得分看，四大一线城市经济调节水平的平均得分为67.52分，比36个重点城市该项指标的平均得分55.77分高11.75分，与2017年相比，四大一线城市在经济调节水平上的示范性有所提升。尤其是排名居首的深圳，2018年，深圳坚持稳中求进工作总基调，实现地区生产总值24221.98亿元，同比增长7.6%，经济运行总体稳健；全年固定资产投资同比增长20.6%，在36个重点城市中排名第2；按产业类别分，第二产业投资同比增长7.0%，第三产业投资同比增长23.4%；从主要行业看，工业投资同比增长8.2%，其中工业技术改造投资同比增长22.1%。作为拉动经济增长的重要引擎，2018年深圳固定资产投资发力主要得益于深圳全市有效投资快速增长、重大项目扎实推进，尤其是全市17个重点区域投资项目带动明显，固定资产投资增速均高于全市平均水平。同时,深圳重大项目投资效率不断提升,政府部门积极创造条件促进重大项目提早开工、加快建设。此外,投资结构继续优化,民生服务、生态文明建设、城市基础设施等领域政府项目投资力度加大,切实增进了民生福祉,提升了民生质量。

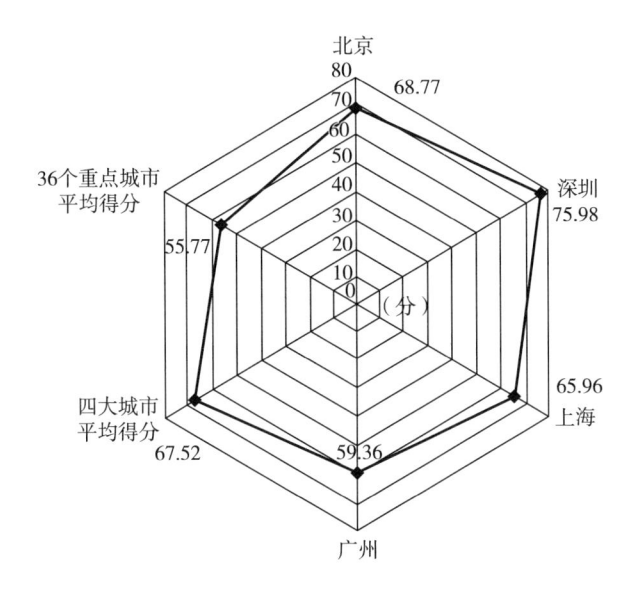

图9 四大一线城市经济调节水平得分

(四)市场监管水平两极分化显著

2018年,北京、深圳、上海和广州市场监管水平指标的平均得分分别是67.07分、60.12分、47.96分和33.25分,其中北京位居第1,深圳紧随其后,上海和广州分别排在第3和第4位。2018年,深圳市政府为了支持民营经济与民营企业的发展,帮助小微企业解决融资难、筹资难的问题,相继出台了一系列文件,包括《关于以更大力度支持民营经济发展的若干措施》《关于进一步推动我市中小企业改制上市和并购重组的若干措施》《深圳市中小微企业银行贷款风险补偿资金池工作方案》《深圳市中小微企业银行贷款风险补偿资金池管理实施细则(试行)》等,同时全面建立公平竞争审查制度,维护公平竞争的市场环境,加强商事信用建设,提高行政审批效率，推行服务事项"不见面审批"和"秒批"模式。从平均得分来看，四大一线城市市场监管水平的平均得分为52.10分，与36个重点城市该项指标的平均得分33.53分相比优势明显，但需要注意的是，广州市市场监管水平以33.25的分值处于36个重点城市平均得分以下，这说明四大一线城市之间市场监管水平存在两极分化现象。

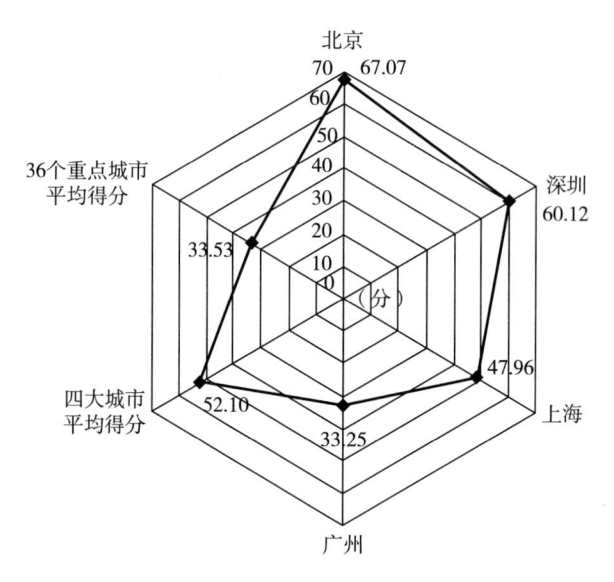

图10 四大一线城市市场监管水平得分

（五）京沪基础财力水平遥遥领先，深广差距拉大

2018年，北京、深圳、上海和广州基础财力水平的平均得分分别是63.58分、57.01分、75.51分和37.56分，其中上海领先优势明显，北京和深圳居中，广州垫底，这与2017年的排名基本一致。2018年，全国一般公共预算收入超过1000亿元的城市有15个，上海和北京在各大城市中遥遥领先，两者之和占全国一般公共预算收入的7%。上海市财政局发布的数据显示，2018年上海全市一般公共预算收入（地方财政收入）达到了7108.1亿元，与2017年相比增长7%。地区生产总值排名第2的北京，2018年全市一般公共预算收入累计完成5785.9亿元，同比增长

6.5%。总体来看，上海和北京高度发达的第三产业和总部经济，也让其他城市难以望其项背。

排名第4的广州得分为37.56分，与深圳之间的差距已经扩大到接近20分。这一方面主要跟广东自身的区域经济格局紧密相关。由于广东经济发展失衡，几乎所有最好的资源都流向了珠三角，尤其是广深两大城市。但由于深圳是计划单列市，在税收方面直接与中央分成，不上缴所在省。而2018年广州地区生产总值全国排名第4，财政总收入达到6205亿元。但其中约3/4要上交中央和广东省，自己只能留下约1/4。相比同期杭州财政总收入3457.46亿元，虽然仅为广州的55.72%，但杭州一般公共预算收入达1825.06亿元，比广州高近200亿元，自留比例反超广州一倍达到了53%。也就是说，广州本身产生的财政收入并不少，但自留的比例非常低。广东虽然身居中国地区生产总值第一省长达30余年，但是省内珠三角地区和非珠三角地区的经济体量差距始终巨大。为了帮助省内欠发达地区发展经济，广州承担着向省内"输血"的重任。可见，基础财力水平还是取决于城市所在省份经济的均衡性。

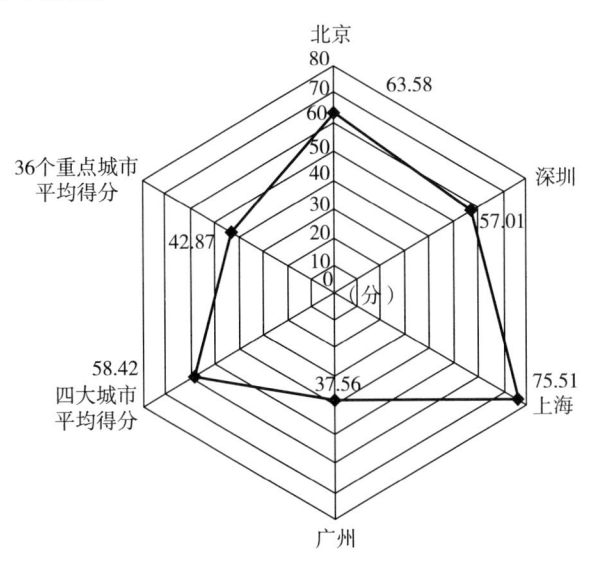

图11 四大一线城市基础财力水平得分

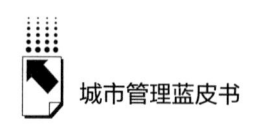

五 进一步提升城市政府经济管理水平的建议

（一）厘清"两大关系"：政府与市场、中央政府与地方政府

改革开放以来，我国一直奉行的是政府主导的赶超型发展战略。随着改革开放的深入，市场在资源配置中的作用逐渐增强，但政府依然在资源配置中起主导作用。政府主导的经济增长模式主要依靠政府投资与出口拉动，其中过度投资建立在抑制消费的基础上，通过出口消化过度投资带来的产能过剩问题。随着全球经济放缓，促进过剩产能的有效化解已经成为重中之重。其核心就是要力求矫正以前政府过度干预而造成的资源错配、供需失衡，以便更好地发挥市场的资源配置作用，关键是处理好政府与市场、中央政府与地方政府的关系，构建公平有序的市场竞争环境，激发市场主体活力。

在这一改革过程中，重点是对政府职能的重新定位，由之前的政府主导资源配置的管理型政府向重点提供公共产品的服务型政府转变。政府需要弱化自身的管理职能，强化服务职能，厘清政府与市场的边界，降低资源供需转化的交易费用。此外，政府职能的转变还需要处理好中央政府与地方政府的关系，要求地方政府治理规范化，地方政府职能转变就是对权力清单、责任清单履行的全面深化，通过重新定位各层级、各部门关系，完善政府对市场的宏观调控体系，扩大地方政府在市场监管、公共服务和环境保护等方面的职责。通过深化财税体制改革，使各级政府掌握的财权和事权达到统一，防范化解当前存在的地方政府债务风险。

（二）夯实"两个基础"：政府经济管理体制与政府基础能力

政府经济管理体制是社会覆盖面最广、对经济生活影响最大的管理系统，是推动整个社会经济发展最重要的杠杆。从一定意义上说，政府经济管理水平的高低取决于政府经济管理体制是否合理。改革开放40多年来，为适应经济社会发展和各方面改革的需要，我国先后进行了八次大的政府机构改革，取得了显著成效，这无疑对提高政府经济管理水平起到了巨大的作用。习近平总书记指出，机构改革是一个过程，不会一蹴而就，也不会一劳永逸，需要不断进行调整。因此，为适应新时代发展要求和国家治理变革的要求，必须从建立现代化、民主化、法治化的政府经济管理体制出发，强化政府公共管理职能，创新政府经济管理体制，完善民主监督机制，提高政府经济管理体制的透明度，加强协调，提高效率，强化政府经济管理体制的应急处理能力。此外，我国幅员辽阔，各地情况不同，各级政府的职能定位和侧重点也存在较大差异，因地制宜地设置机构，也是构建更加合理高效的政府经济管理体制的关键。

政府经济管理水平与政府基础能力有着重要的直接关系，两者是高度正相关的。提高政府基础能力重点有三：首先，政府财力是政府基础能力的重要组成部分，公共产品供给能力直接取决于政府财力的大小；其次，政府基础能力取决于合理的人员规模和人员素质，其核心是建立一套科学合理规范的遴选、使用、监督和培训等综合机制；最后，提高行政效率是关键，进一步推进机构改革，界定政府职能，完善政府权力体系，科学运用各种管理手段提高行政效率。

（三）强化"四项职能"：决策规划、经济调节、市场监管和公共服务供给

1. 有效提升决策规划职能

决策规划能力是政府经济管理水平的集中体现，政府经济管理过程就是不断进行决策规划和执行决策规划的过程。地方政府决策规划的科学性，关乎地方经济社会发展全局，关乎广大市民的切身利益，关系到政府的权威，关系到政府与人民群众的鱼水关系。为进一步提高决策规划水平，首先要进一步更新决策规划理念，决策规划理念应当具有系统性、前瞻性、战略性、科学性和民主性；其次要健全决策规划机制，建立健全以政府为主导，决策者、专家、公众等多元参与的决策规划机制；再次要完善决策规划责任追究机制，从制度上明确责任主体、责任内容和奖惩等，促使决策者在决策规划

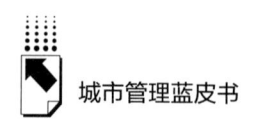

过程中慎重、理性决策；最后是决策规划手段的现代化，随着现代信息社会的高速发展，互联网、物联网、云计算等技术得到广泛应用，人类社会已经进入大数据时代，这也为政府的决策规划提供了更多的机遇和支持。

2. 充分发挥经济调节职能

从一定意义上说，地方政府的经济调节能力也是贯彻落实中央政府宏观调控的能力，因此，要充分发挥地方政府经济调节职能就必须按照事权划分，在中央政府宏观经济政策的前提下，明确自身责任范围。一是合理设定地方政府经济调节的目标，制定符合中央要求和地方实际的经济发展政策，保证本区域经济稳定。二是完善地方政府经济调节机制，建立健全运用法规、规划、产业政策和价格政策、资源配置等手段调节地方经济活动的体系。完善地方政府决策的公众参与机制，提高决策水平。加强经济社会的监测、评估与预警，促进部门间信息共享。三是把经济调节重点放在民生上，如增加就业、稳定物价、加大节能减排力度、建立多层次住房保障体系等。

3. 切实加强市场监管职能

自20世纪80年代以来，我国的市场监管体系不断完善，监管方式不断改进，技术质量监督、工商行政监督、金融监管和重点领域监管能力不断增强。下一步是要切实加强市场监管职能，一是深化市场监管体制改革，进一步完善统一的市场监管体制，提升市场综合监管能力。同时，深化行政执法体制改革，最大限度减少不必要的行政执法事项，进一步推进综合执法，根据不同层级政府的事权和职能，优化配置执法力量。二是健全以"双随机、一公开"为基本手段，以重点监管为补充，以信用监管为基础的新型监管机制。建立违法严惩、巨额赔偿、内部举报人、风险分担的社会保险制度等，从制度上解决违法成本低、维权成本高、监管难度大的问题。三是充分利用大数据，创新监管理念和方式方法，强化对高新技术应用的智慧监管，提高市场监管的精准性和有效性，推动市场监管领域的有效市场和有为政府更好结合。四是强化竞争政策实施，营造公平有序的市场竞争环境，着力维护全国统一大市场。完善公平竞争审查制度，清理废除各种妨碍统一市场和公平竞争的做法。强化反垄断、反不正当竞争执法，加强价格、网络、广告监管。严厉打击假冒伪劣违法行为，加大知识产权保护力度。

4. 强化公共产品与服务供给职能

强化政府的公共性，增强政府公共产品与公共服务的供给能力，满足社会公共需要几乎是所有城市政府追求的目标。在市场经济条件下，经济发展不仅可以促进私人产品的生产，而且可以促进供给与需求的平衡，尤其是政府提供的公共产品服务与市场提供的私人产品服务的平衡。长期以来，这些产品和服务主要依赖财政投入，导致供给出现短板，发展长期滞后，这不仅制约着社会进步，而且制约着经济发展。因此，需强化政府公共产品供给职能。一方面是进一步明确政府承担公共产品供给的职能和领域，明确各级政府职责。逐步增加教育、科学、社会保障、经济安全等领域的政府投入，根据经济发展水平和政府经济管理能力，按照事权划分，明确地方政府公共产品供给范围和原则，利用大数据建立公共产品供给评价体系，从多维度、多渠道、多视角对供给效果进行精准监测和有效评价，此外，对于贫困落后地区建立规范的公共产品供给援助补偿机制。另一方面是提供多元化的公共产品与服务供给方式，提高供给效率。一是主体多元化。改变以往政府在公共服务事业领域包办的地位，转向政府、社会、市场协同合作，从单一化供给主体转向多元化供给主体。坚持政府主导，鼓励企业和社会组织积极参与，支持个人志愿参与，调动各方力量为整个公共服务供给提供强大动力。二是资金多元化。改善项目投资方式，加强政府资本与社会资本合作，拓宽供给的资金渠道，由政府单一的财政支持转变为政府与市场相结合的资金投入模式。三是方式多元化。加大政府购买力度，提高公共产品服务供给的市场化水平。适当运用满足部分民众愿意付费前提下的自主选择供给模式，进一步创新公共服务供给方式。

B.4
中国重点城市环境管理评价报告

周秀玲　尚晋钢*

摘　要： 2018年的城市环境管理评价是2017年城市环境管理评价工作的延续，为了确保评价结果的可比性，2018年的环境管理评价指标和权重分配与2017年完全相同。本报告在2017~2018年城市环境管理评价结果的基础上，对中国36个重点城市环境管理水平进行了对比分析。比较结果显示，城市环境管理水平整体呈上升趋势，与2017年相比，2018年中国36个重点城市环境管理水平的平均得分增加，城市环境管理水平普遍提升；对于固体废物管理水平、气体废物管理水平、液体废物管理水平、生态绿化管理水平和噪声环境管理水平这5个城市环境管理水平分项指标，它们的平均得分均在增加，不同之处在于增长的幅度；部分城市环境管理水平排名波动较大，乌鲁木齐、南京和广州上升9名及以上，北京和石家庄下降10名及以上。

关键词： 城市管理　环境管理　综合评价

一　城市环境管理水平指标体系的构建

（一）城市环境管理水平评价指标体系

2018年的城市环境管理评价是2017年城市环境管理评价工作的延续，

---

* 周秀玲，北京城市学院教授，理学博士，研究方向为城市信息；尚晋钢，北京城市学院，工学硕士，研究方向为城市信息。

为了确保评价结果的可比性，本年度的环境管理评价保持了2017年环境管理评价的指标体系和权重分配。2018年的城市环境管理水平评价指标体系如表1所示，仍然采用层次分析法来确定各层级指标的权重。

表1 城市环境管理水平评价指标体系

一级指标	二级指标	三级指标
环境管理水平（H）	固体废物管理水平（H1）	生活垃圾无害化处理率（H11）
		工业固体废物利用率（H12）
	气体废物管理水平（H2）	工业二氧化硫排放降低比率（H21）
		工业烟尘排放降低比率（H22）
		细颗粒物（PM2.5）年平均浓度（H23）
	液体废物管理水平（H3）	污水处理厂集中处理率（H31）
		工业废水排放量减少比率（H32）
	生态绿化管理水平（H4）	建成区绿化覆盖率（H41）
	噪声环境管理水平（H5）	城市噪声路段超标率（H51）
		等效声级dBA（H52）

（二）数据来源

本研究原始数据主要来自2017～2019年《中国统计年鉴》、2017～2019年《中国城市统计年鉴》，2017～2018年《中国省市经济发展年鉴》、2017～2019年《中国环境统计年鉴》、各城市统计年鉴（2017～2019）以及各城市2017～2018年国民经济和社会发展统计公报，主要采用各城市2016～2018年的指标数据。对于极个别的缺失数据情况，采用类似数据或相邻年份数据进行估计。

（三）城市选择

本研究选取36个重点城市进行城市环境管理水平评价和排名，其中包括4个直辖市、27个省会（首府）和5个计划单列市。具体如表2所示。

表 2　36 个重点城市

单位：个

分类	数量	城市名
直辖市	4	北京、上海、天津、重庆
省会（首府）	27	石家庄、太原、呼和浩特、沈阳、长春、哈尔滨、南京、杭州、合肥、福州、南昌、济南、郑州、武汉、长沙、广州、南宁、海口、成都、贵阳、昆明、拉萨、西安、兰州、西宁、银川、乌鲁木齐
计划单列市	5	大连、青岛、宁波、厦门、深圳

依据《中国区域经济统计年鉴》的划分标准，中国可划分为 4 个经济区，东部地区、中部地区、西部地区和东北地区。本研究按照经济区域划分标准，将 36 个重点城市进行划分，其区域分布如表 3 所示。

表 3　36 个重点城市区域分布

单位：个

区域	数量	城市名称
东部地区	14	北京、深圳、天津、石家庄、上海、南京、杭州、宁波、福州、厦门、青岛、济南、广州、海口
中部地区	6	太原、合肥、南昌、郑州、武汉、长沙
西部地区	12	呼和浩特、南宁、重庆、成都、贵阳、昆明、拉萨、西安、兰州、西宁、银川、乌鲁木齐
东北地区	4	沈阳、大连、长春、哈尔滨

二　重点城市环境管理水平排名与评价

（一）重点城市环境管理水平总体得分与排名

2017~2018 年中国 36 个重点城市环境管理水平得分和排名如表 4 所示。

表4 2017~2018年中国36个重点城市环境管理水平得分和排名

单位：分

城市	2018年		2017年	
	得分	排名	得分	排名
大连	88.81	1	83.73	2
厦门	86.56	2	83.09	4
南昌	86.44	3	83.41	3
广州	85.75	4	74.40	13
海口	82.79	5	77.96	9
乌鲁木齐	80.68	6	61.21	32
深圳	80.04	7	84.50	1
杭州	79.19	8	75.27	10
福州	79.19	9	73.08	16
青岛	78.56	10	80.92	7
上海	78.50	11	81.12	6
宁波	76.54	12	71.91	20
长沙	75.56	13	75.11	11
沈阳	75.15	14	73.53	14
南京	75.09	15	69.15	26
石家庄	74.54	16	81.32	5
郑州	73.48	17	72.97	17
北京	72.95	18	78.09	8
武汉	72.62	19	71.38	21
合肥	72.22	20	72.11	19
昆明	71.81	21	71.21	22
成都	71.75	22	73.21	15
济南	71.74	23	74.54	12
天津	71.50	24	69.94	24
重庆	71.12	25	72.63	18
呼和浩特	70.85	26	69.80	25
南宁	70.76	27	68.19	30
贵阳	69.52	28	58.60	34
兰州	69.47	29	70.28	23
长春	67.37	30	68.94	28
西安	67.22	31	68.96	27
太原	66.70	32	66.80	31
银川	65.69	33	68.53	29
西宁	58.57	34	59.41	33
哈尔滨	53.09	35	48.45	35
拉萨	42.78	36	38.02	36

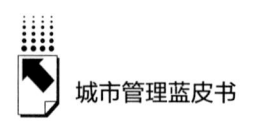

（二）重点城市环境管理水平分项得分与排名

1. 固体废物管理水平得分与排名

2017~2018年中国36个重点城市固体废物管理水平得分和排名如表5所示。

表5 2017~2018年中国36个重点城市固体废物管理水平得分和排名

单位：分

城市	2018年		2017年	
	得分	排名	得分	排名
武汉	99.16	1	98.90	2
福州	98.95	2	99.04	1
宁波	98.33	3	98.00	3
上海	97.53	4	97.07	5
青岛	97.35	5	95.79	7
南昌	96.83	6	95.56	8
大连	96.55	7	97.67	4
济南	96.16	8	94.48	13
南京	95.63	9	94.90	11
厦门	95.23	10	95.27	9
海口	95.14	11	93.90	14
杭州	95.07	12	86.87	20
兰州	94.52	13	94.97	10
乌鲁木齐	94.00	14	65.13	30
石家庄	93.83	15	95.86	6
广州	92.65	16	81.84	24
南宁	91.76	17	89.96	17
沈阳	91.07	18	94.71	12
长沙	90.71	19	90.00	16
合肥	90.31	20	91.11	15
郑州	88.76	21	88.41	19
天津	88.14	22	74.15	27
北京	87.24	23	84.48	23
重庆	84.43	24	79.84	25
西安	82.40	25	89.64	18
成都	82.18	26	84.60	22

续表

城市	2018年		2017年	
	得分	排名	得分	排名
深圳	81.71	27	85.46	21
太原	76.98	28	66.19	29
长春	70.18	29	78.06	26
昆明	70.12	30	62.08	31
银川	68.97	31	60.00	33
呼和浩特	68.27	32	62.06	32
贵阳	63.09	33	44.23	34
西宁	62.15	34	73.07	28
哈尔滨	35.23	35	33.10	36
拉萨	30.94	36	43.10	35

2. 气体废物管理水平得分与排名

2017~2018年中国36个重点城市气体废物管理水平得分和排名如表6所示。

表6 2017~2018年中国36个重点城市气体废物管理水平得分和排名

单位：分

城市	2018年		2017年	
	得分	排名	得分	排名
厦门	87.56	1	79.34	3
海口	85.20	2	75.83	6
大连	84.08	3	72.47	9
贵阳	82.67	4	51.98	32
广州	80.86	5	69.50	13
南昌	79.11	6	64.57	20
深圳	78.70	7	89.48	1
宁波	73.85	8	73.22	8
上海	72.94	9	87.28	2
银川	71.89	10	60.82	26
沈阳	71.21	11	65.45	18
杭州	70.85	12	67.59	15

续表

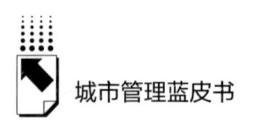

城市	2018年		2017年	
	得分	排名	得分	排名
青岛	69.36	13	78.34	4
呼和浩特	69.30	14	66.14	16
哈尔滨	68.22	15	53.13	31
福州	67.46	16	71.65	11
乌鲁木齐	67.03	17	44.69	35
拉萨	65.44	18	33.81	36
昆明	65.09	19	72.31	10
南京	62.88	20	73.66	7
南宁	62.72	21	64.61	19
长沙	62.29	22	65.66	17
长春	61.72	23	68.00	14
成都	61.41	24	62.81	22
天津	59.05	25	76.00	5
重庆	57.60	26	63.68	21
合肥	57.12	27	48.59	34
西宁	54.38	28	62.43	24
郑州	54.06	29	57.75	28
西安	52.75	30	48.66	33
武汉	52.53	31	60.91	25
兰州	49.45	32	53.42	30
济南	48.82	33	62.67	23
太原	46.35	34	59.05	27
石家庄	44.63	35	56.02	29
北京	44.04	36	71.53	12

3. 液体废物管理水平得分与排名

2017~2018年中国36个重点城市液体废物管理水平得分和排名如表7所示。

表7 2017～2018年中国36个重点城市液体废物管理水平得分和排名

单位：分

城市	2018年		2017年	
	得分	排名	得分	排名
石家庄	92.44	1	94.77	2
广州	90.78	2	79.28	22
乌鲁木齐	90.55	3	68.64	29
大连	89.09	4	81.85	13
南昌	87.73	5	99.38	1
长沙	87.23	6	83.37	9
郑州	86.52	7	85.96	7
呼和浩特	84.96	8	90.41	3
青岛	84.37	9	87.24	5
深圳	84.36	10	88.08	4
上海	83.77	11	81.30	16
海口	83.76	12	77.57	25
杭州	83.38	13	82.51	11
济南	83.23	14	82.41	12
武汉	83.13	15	83.17	10
成都	82.42	16	81.16	17
昆明	82.33	17	80.48	20
哈尔滨	82.14	18	85.29	8
西安	82.08	19	80.93	18
沈阳	81.57	20	79.14	24
天津	80.65	21	75.20	26
兰州	80.60	22	80.45	21
北京	79.86	23	74.93	27
厦门	78.05	24	79.23	23
重庆	77.65	25	81.43	15
长春	77.57	26	68.10	30
太原	76.83	27	72.38	28
福州	75.84	28	52.08	32
贵阳	75.17	29	81.85	14
合肥	73.65	30	80.73	19
宁波	66.62	31	56.62	31
南京	64.01	32	34.73	36
南宁	61.45	33	51.41	33

续表

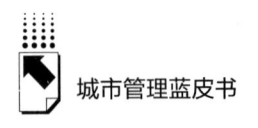

城市	2018年		2017年	
	得分	排名	得分	排名
西宁	60.88	34	44.93	34
银川	55.12	35	86.27	6
拉萨	36.85	36	43.57	35

4. 生态绿化管理水平得分与排名

2017~2018年中国36个重点城市生态绿化管理水平得分和排名如表8所示。

表8 2017~2018年中国36个重点城市生态绿化管理水平得分和排名

单位：分

城市	2018年		2017年	
	得分	排名	得分	排名
北京	100.00	1	100.00	1
大连	87.38	2	87.33	2
广州	76.39	3	59.67	11
厦门	76.32	4	67.10	7
南京	76.18	5	76.02	4
深圳	75.32	6	77.38	3
福州	74.96	7	72.34	6
南昌	74.04	8	60.90	10
太原	73.11	9	66.01	8
合肥	63.84	10	63.56	9
南宁	56.63	11	58.17	12
银川	54.21	12	56.27	14
宁波	54.07	13	41.62	28
昆明	53.57	14	56.61	13
乌鲁木齐	53.35	15	54.91	15
长春	51.07	16	51.91	18
长沙	50.43	17	52.86	17
成都	49.29	18	53.75	16
石家庄	48.07	19	72.75	5
海口	46.93	20	48.09	22
郑州	45.72	21	45.37	24

续表

城市	2018年		2017年	
	得分	排名	得分	排名
杭州	44.29	22	42.37	26
西宁	43.37	23	49.46	20
济南	43.30	24	47.62	23
重庆	42.30	25	42.64	25
呼和浩特	42.01	26	41.76	27
贵阳	40.59	27	48.77	21
武汉	35.95	28	4.97	34
上海	35.52	29	36.51	29
沈阳	34.31	30	35.01	31
青岛	34.09	31	36.17	30
西安	30.88	32	50.20	19
天津	25.75	33	20.30	32
兰州	17.97	34	19.41	33
哈尔滨	6.78	35	0.00	36
拉萨	0.00	36	4.63	35

5. 噪声环境管理水平得分与排名

2017~2018年中国36个重点城市噪声环境管理水平得分和排名如表9所示。

表9 2017~2018年中国36个重点城市噪声环境管理水平得分和排名

单位：分

城市	2018年		2017年	
	得分	排名	得分	排名
厦门	98.98	1	88.00	4
拉萨	94.12	2	64.51	20
昆明	93.47	3	90.91	2
银川	91.84	4	82.72	5
重庆	90.06	5	89.87	3
南京	87.31	6	78.34	10
南昌	86.15	7	75.78	12
天津	84.39	8	78.57	9
石家庄	84.13	9	82.69	6
杭州	80.99	10	76.49	11

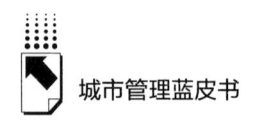

续表

城市	2018年		2017年	
	得分	排名	得分	排名
乌鲁木齐	80.27	11	99.15	1
青岛	78.49	12	64.74	18
兰州	78.15	13	68.32	15
南宁	77.29	14	78.78	8
郑州	77.05	15	54.01	28
西宁	76.98	16	65.89	17
大连	74.36	17	73.23	13
呼和浩特	70.80	18	72.33	14
宁波	69.27	19	63.53	21
广州	66.08	20	62.40	22
海口	65.69	21	61.99	23
北京	64.44	22	56.21	26
深圳	64.37	23	48.04	29
合肥	64.34	24	66.22	16
福州	62.52	25	56.05	27
上海	58.62	26	45.68	31
长春	58.56	27	61.50	25
贵阳	57.39	28	64.59	19
成都	56.36	29	61.77	24
济南	55.52	30	40.41	34
太原	55.03	31	82.61	7
沈阳	53.18	32	45.70	30
西安	51.88	33	38.64	35
武汉	50.66	34	41.11	33
长沙	50.52	35	44.13	32
哈尔滨	0.00	36	0.00	36

三 重点城市环境管理水平比较分析

（一）环境管理水平整体和分项比较分析

1. 环境管理水平整体比较分析

2018年中国36个重点城市环境管理水平得分如图1所示。2018年中国36个重点城市环境管理水平得分前10名和后5名排序参见图2。

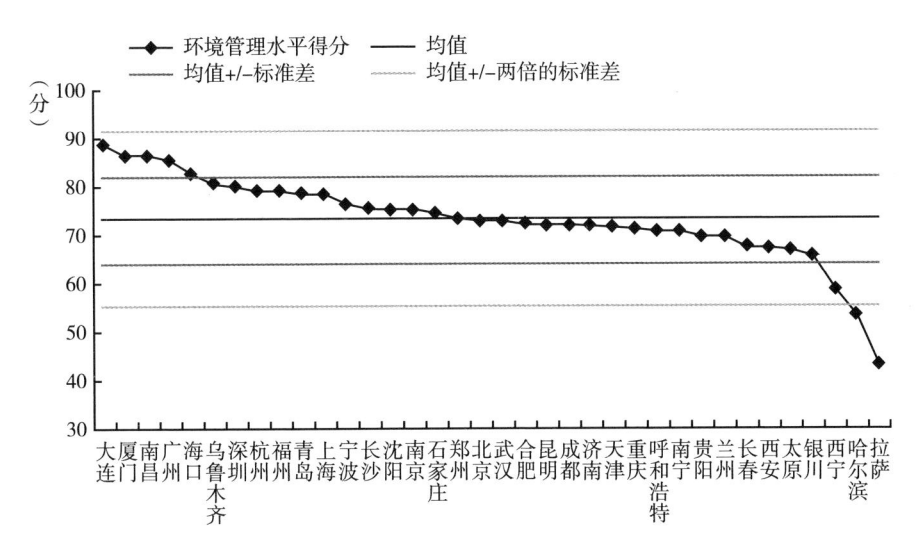

图1 2018年中国36个重点城市环境管理水平得分

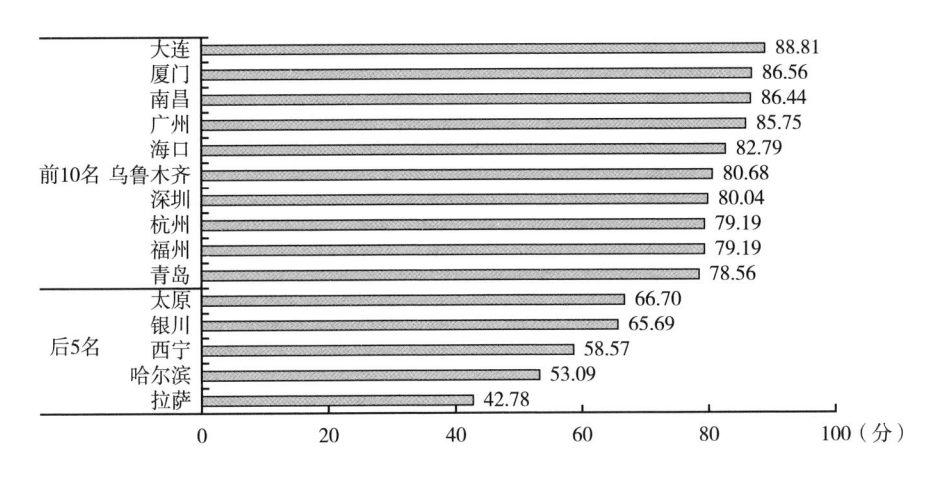

图2 2018年中国36个重点城市环境管理水平得分前10名和后5名排序及分值

2018年中国36个重点城市的环境管理水平平均得分为73.18分，其中有17个城市高于平均分；标准差为9.06，36个城市中得分位于单倍标准差范围内的城市有28个，占比为77.78%；得分位于两倍标准差范围内的城市有34个，占比为94.44%。重点城市环境管理水平得分分布相对比较集中。

得分位于前10的城市分别为大连、厦门、南昌、广州、海口、乌鲁木齐、深圳、杭州、福州和青岛，相应的得分分别为88.81分、86.56分、86.44分、85.75分、82.79分、80.68分、80.04分、79.19分、79.19分和78.56分。得分位于后5的城市分别为太原、银川、西宁、哈尔滨和拉萨，相应的得分分别为66.70分、65.69分、58.57分、53.09分和42.78分。

总体上看，36个重点城市环境管理水平的得分位于42分和89分之间。大连市位居36个重点城市之首，而拉萨位于36个重点城市最后，两者之间得分差值为46.03分。郑州（73.48分）、北京（72.95分）和武汉（72.62分）与平均值接近。这说明大连环境管理水平最强，拉萨环境管理水平最弱，而郑州、北京和武汉环境管理水平处于中等水平。

2. 固体废物管理水平比较分析

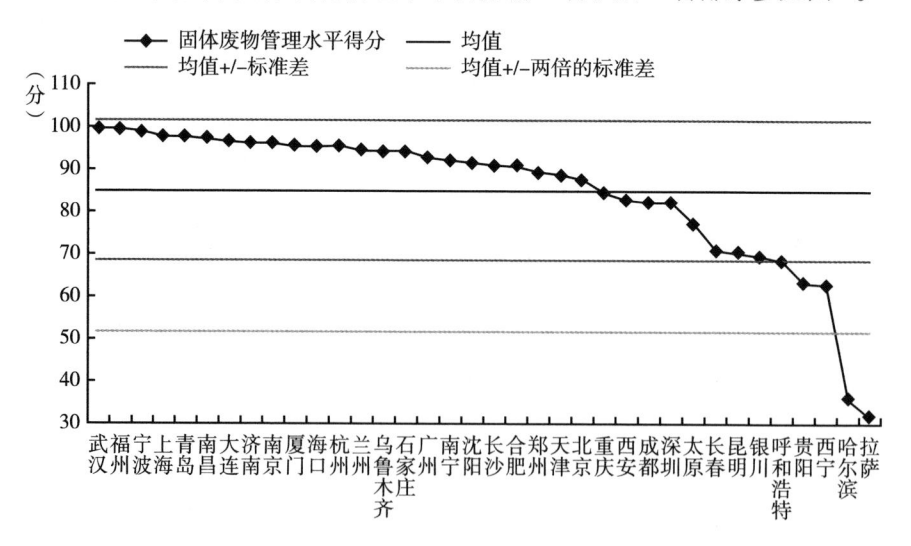

2018年中国36个重点城市固体废物管理水平得分如图3所示。2018年中国36个重点城市固体废物管理水平得分前5名和后5名排序参见图4。

图3 2018年中国36个重点城市固体废物管理水平得分

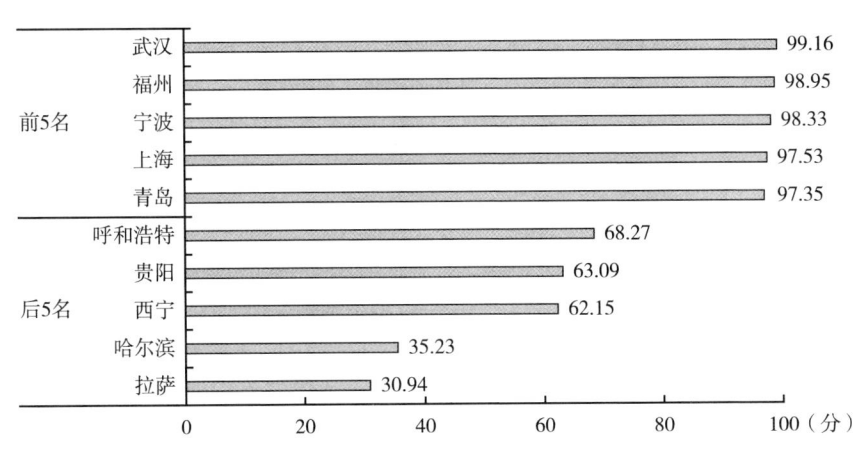

	城市	得分
前5名	武汉	99.16
	福州	98.95
	宁波	98.33
	上海	97.53
	青岛	97.35
后5名	呼和浩特	68.27
	贵阳	63.09
	西宁	62.15
	哈尔滨	35.23
	拉萨	30.94

图4 2018年中国36个重点城市固体废物管理水平得分前5名和后5名排序

在固体废物管理水平指标上，2018年中国36个重点城市的平均得分为84.49分，其中有23个城市不低于平均分；标准差为16.60，36个城市中得分位于单倍标准差范围内的城市有32个，占比为88.89%；得分位于两倍标准差范围内的城市有34个，占比为94.44%。重点城市固体废物管理水平得分分布比较集中。

得分位于前5名的城市分别为武汉、福州、宁波、上海和青岛，相应的得分分别为99.16分、98.95分、98.33分、97.53分和97.35分。得分位于后5名的城市分别为呼和浩特、贵阳、西宁、哈尔滨和拉萨，相应的得分分别为68.27分、63.09分、62.15分、35.23分和30.94分。

总体上看，在固体废物管理方面，36个重点城市的固体废物管理水平得分位于30分和100分之间，第一名和最后一名城市间差距较大。武汉市位居36个重点城市之首，拉萨位于36个重点城市最后，两者之间得分差值为68.22分。重庆（84.43分）、西安（82.40分）和成都（82.18分）与平均值接近。这说明武汉固体废物管理水平最强，拉萨固体废物管理水平最弱，而重庆、西安和成都固体废物管理水平处于中等水平。

3. 气体废物管理水平比较分析

2018年中国36个重点城市气体废物管理水平得分如图5所示。2018年中国36个重点城市气体废物管理水平得分前5名和后5名排序参见图6。

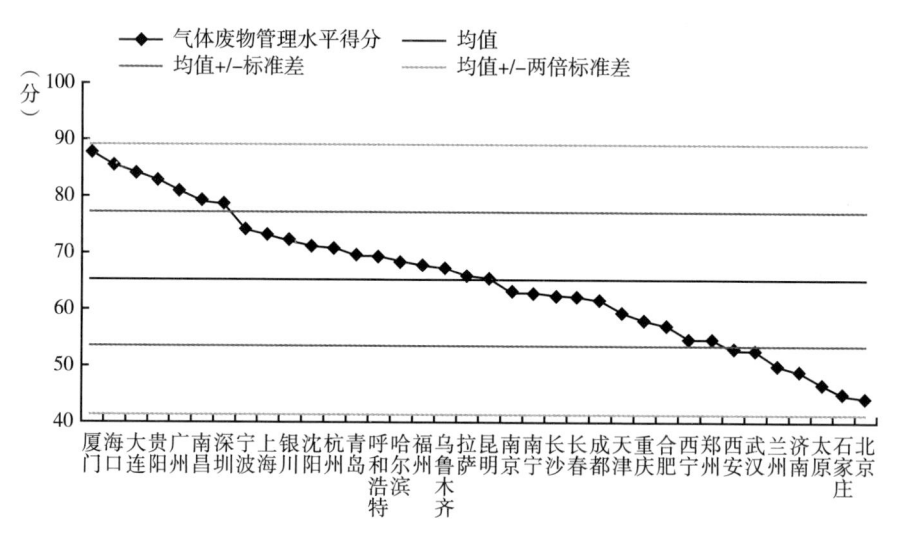

图 5　2018 年中国 36 个重点城市气体废物管理水平得分

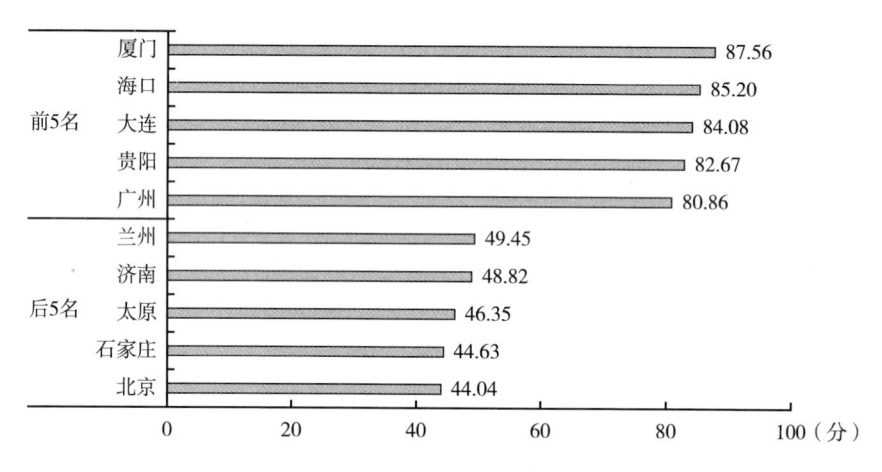

图 6　2018 年中国 36 个重点城市气体废物管理水平得分前 5 名和后 5 名排序

在气体废物管理水平指标上，2018 年中国 36 个重点城市的平均得分为 65.07 分，其中有 19 个城市不低于平均分；标准差为 11.94，36 个城市中得分位于单倍标准差范围内的城市个数为 22 个，占比为 61.11%；得分位于两倍标准差范围内的城市个数为 36 个，占比为 100%。

得分位于前 5 名的城市分别为厦门、海口、大连、贵阳和广州，相应的得分分别为87.56分、85.20分、84.08分、82.67分和80.86分。得分位于后5名的城市分别为兰州、济南、太原、石家庄和北京，相应的得分分别为49.45分、48.82分、46.35分、44.63分和44.04分。

总体上看，在气体废物管理方面，36个重点城市气体废物管理水平的得分位于40分和90分之间，第一名和最后一名城市间差距较大。厦门位居36个重点城市之首，北京位于36个重点城市最后，两者之间得分差值为43.52分。拉萨（65.44分）、昆明（65.09分）和南京（62.88分）与平均值接近。这说明厦门气体废物管理水平最强，北京气体废物管理水平最弱，而拉萨、昆明和南京气体废物管理水平处于中等水平。

4. 液体废物管理水平比较分析

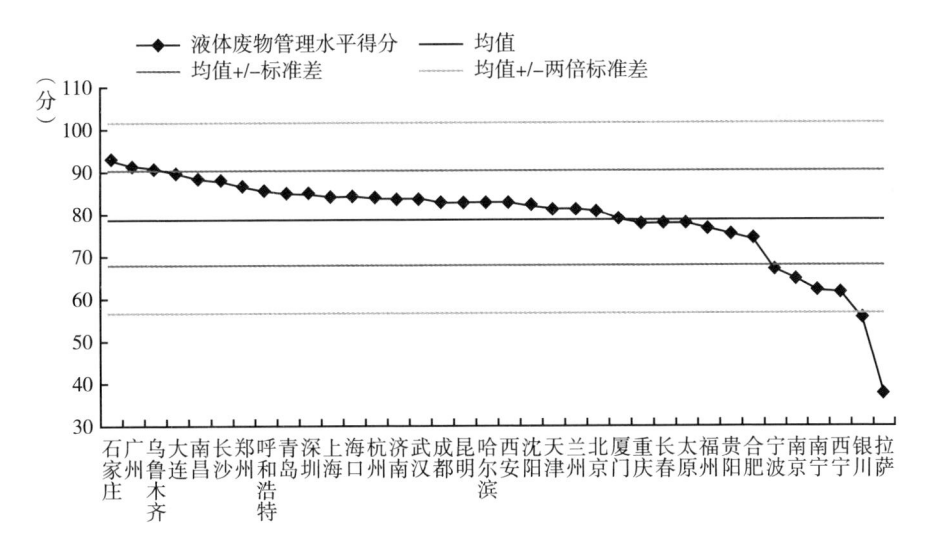

2018年中国36个重点城市液体废物管理水平得分如图7所示。2018年中国36个重点城市液体废物管理水平得分前5名和后5名排序参见图8。

图7 2018年中国36个重点城市液体废物管理水平得分

在液体废物管理水平指标上，2018年中国36个重点城市的平均得分为78.52分，其中有23个城市不低于平均分；标准差为11.24，36个城市中得分位于单倍标准差范围内的城市个数为27个，占比为75%；得分位于两

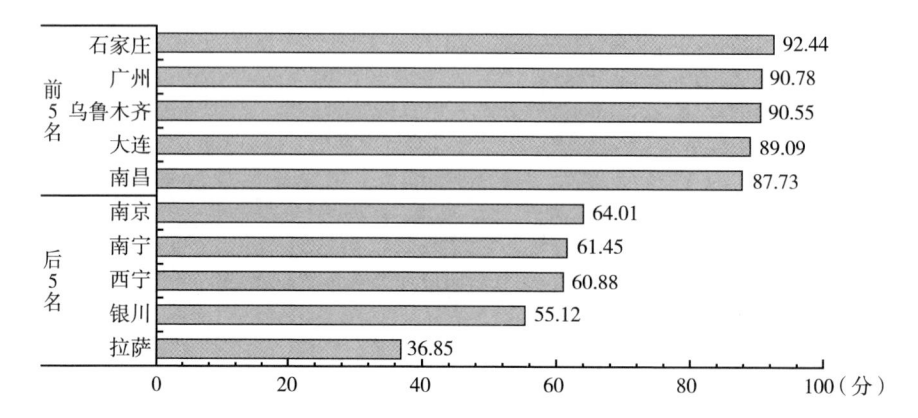

图8 2018年中国36个重点城市液体废物管理水平得分前5名和后5名排序

前5名:
- 石家庄 92.44
- 广州 90.78
- 乌鲁木齐 90.55
- 大连 89.09
- 南昌 87.73

后5名:
- 南京 64.01
- 南宁 61.45
- 西宁 60.88
- 银川 55.12
- 拉萨 36.85

倍标准差范围内的城市个数为34个，占比为94.44%。重点城市液体废物管理水平得分分布相对比较集中。

得分位于前5名的城市分别为石家庄、广州、乌鲁木齐、大连和南昌，相应的得分分别为92.44分、90.78分、90.55分、89.09分和87.73分。得分位于后5名的城市分别为南京、南宁、西宁、银川和拉萨，相应的得分分别为64.01分、61.45分、60.88分、55.12分和36.85分。

总体上看，在液体废物管理方面，36个重点城市液体废物管理水平的得分位于36分和100分之间，第一名和最后一名城市间差距较大。石家庄位居36个重点城市之首，拉萨位于36个重点城市最后，两者之间得分差值为55.59分。北京（79.86分）、厦门（78.05分）、重庆（77.65分）与平均值接近。这说明石家庄液体废物管理水平最强，拉萨液体废物管理水平最弱，而北京、厦门和重庆液体废物管理水平处于中等水平。

5. 生态绿化管理水平比较分析

2018年中国36个重点城市生态绿化管理水平得分如图9所示。2018年中国36个重点城市生态绿化管理水平得分前5名和后5名排序参见图10。

在生态绿化管理水平指标上，2018年中国36个重点城市的平均得分为50.50分，其中有16个城市不低于平均分；标准差为21.55，36个城市中

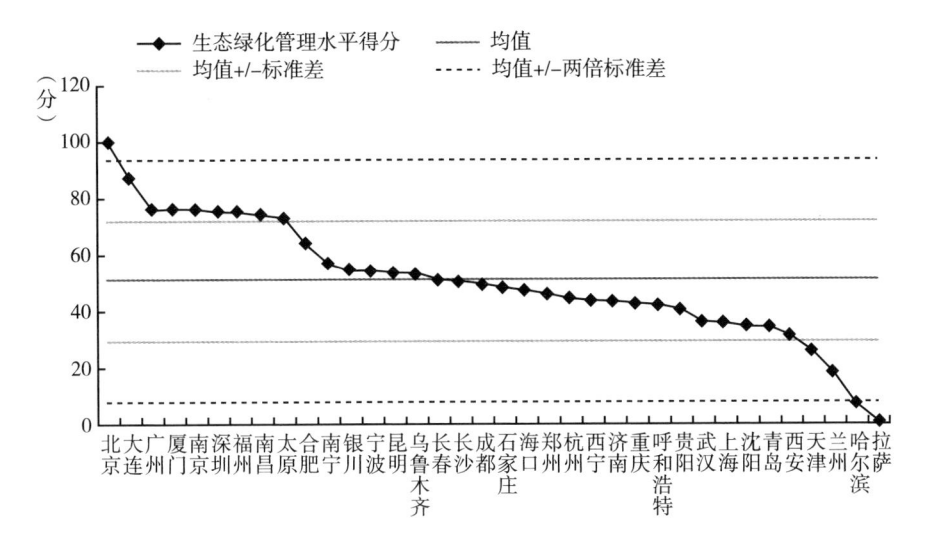

图 9　2018 年中国 36 个重点城市生态绿化管理水平得分

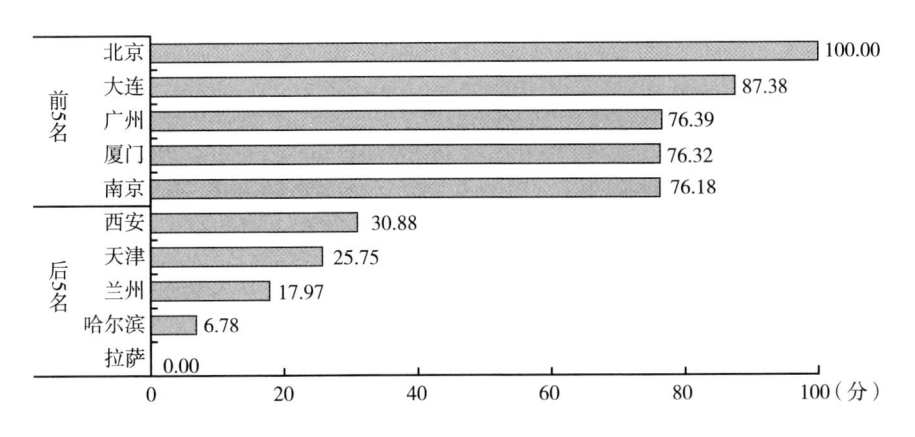

图 10　2018 年中国 36 个重点城市生态绿化管理水平得分前 5 名和后 5 名排序

得分位于单倍标准差范围内的城市个数为 23 个，占比为 63.89%；得分位于两倍标准差范围内的城市个数为 33 个，占比为 91.67%。

得分位于前 5 名的城市分别为北京、大连、广州、厦门和南京，相应的得分分别为 100 分、87.38 分、76.39 分、76.32 分和 76.18 分。得分位于后 5 名的城市分别为西安、天津、兰州、哈尔滨和拉萨，相应的得分分别为

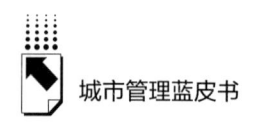

30.88分、25.75分、17.97分、6.78分和0.00分。

总体上看，在生态绿化管理方面，36个重点城市生态绿化管理水平的得分位于0分和100分之间，第一名和最后一名城市间差距较大。北京位居36个重点城市之首，拉萨位于36个重点城市最后，两者之间得分差值为100分。长春（51.07分）、长沙（50.43分）和成都（49.29分）与平均值接近。这说明北京生态绿化管理水平最强，拉萨生态绿化管理水平最弱，而长春、长沙和成都生态绿化管理水平处于中等水平。

6. 噪声环境管理水平比较分析

2018年中国36个重点城市噪声环境管理水平得分如图11所示。2018年中国36个重点城市噪声环境管理水平得分前5名和后5名排序参见图12。

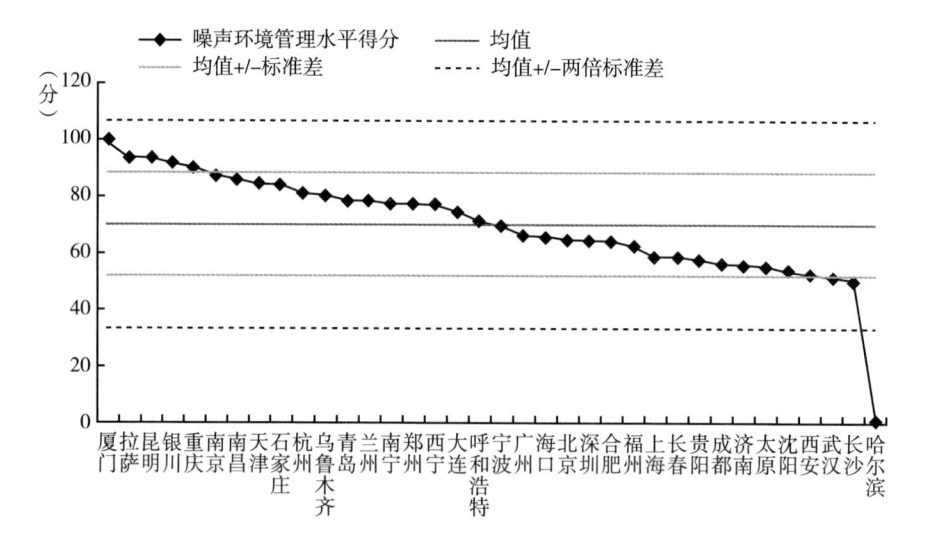

图11　2018年中国36个重点城市噪声环境管理水平得分

在噪声环境管理水平指标上，2018年中国36个重点城市的平均得分为69.70分，其中有18个城市不低于平均分；标准差为18.39，36个城市中得分位于单倍标准差范围内的城市个数为28个，占比为77.78%；得分位于两倍标准差范围内的城市个数为35个，占比为97.22%。重点城市噪声

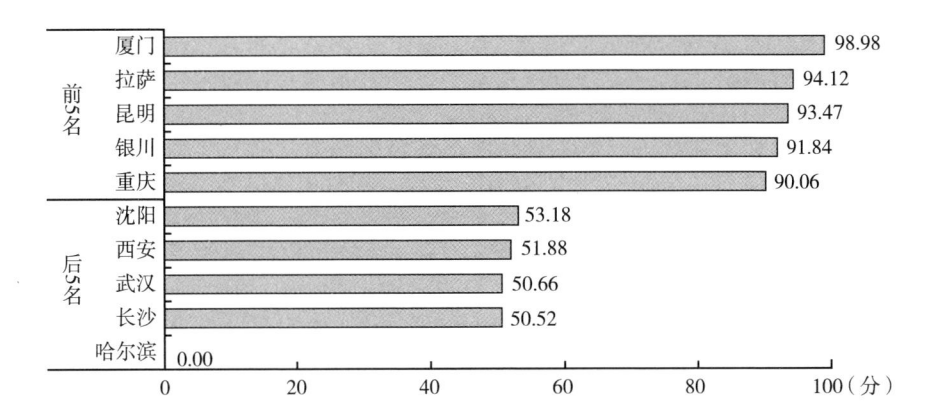

前5名	厦门	98.98
	拉萨	94.12
	昆明	93.47
	银川	91.84
	重庆	90.06
后5名	沈阳	53.18
	西安	51.88
	武汉	50.66
	长沙	50.52
	哈尔滨	0.00

图12 2018年中国36个重点城市噪声环境管理水平得分前5名和后5名排序

环境管理水平得分分布比较集中。

得分位于前5名的城市分别为厦门、拉萨、昆明、银川和重庆，相应的得分分别为98.98分、94.12分、93.47分、91.84分和90.06分。得分位于后5名的城市分别为沈阳、西安、武汉、长沙和哈尔滨，相应的得分分别为53.18分、51.88分、50.66分、50.52分和0.00分。

总体上看，在噪声环境管理方面，36个重点城市噪声环境管理水平的得分位于0分和100分之间，第一名和最后一名城市间差距较大。厦门位居36个重点城市之首，哈尔滨位于36个重点城市最后，两者之间得分差值为98.98分。呼和浩特（70.80分）、宁波（69.27分）和广州（66.08分）与平均值接近。这说明厦门噪声环境管理水平最强，哈尔滨噪声环境管理水平最弱，而呼和浩特、宁波和广州噪声环境管理水平处于中等水平。

（二）环境管理水平短板因素分析

将固体废物管理水平、气体废物管理水平、液体废物管理水平、生态绿化管理水平和噪声环境管理水平5项指标得分进行加权平均，得到城市整体的环境管理水平，这5项中每一项的得分和排名都对于城市的整体环境管理水平有着非常重要的影响。因此，固体废物管理水平、气体废物管理水平、液体废物管理水平、生态绿化管理水平和噪声环境管理水平是影响城市环

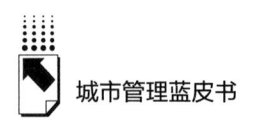

管理水平的 5 个重要因素。

2018 年中国 36 个重点城市环境管理水平分项和整体排名如表 10 所示。在各分项排名中，排在后 10 位的分项为该城市的短板因素，表示在不考虑权重影响的情况下，相比于其他分项，该分项严重影响了该城市的整体环境管理水平，如果要提升其整体环境管理水平，可以先从该短板因素入手。

表 10　2018 年中国 36 个重点城市环境管理水平分项和整体排名

城市	固体废物管理水平	气体废物管理水平	液体废物管理水平	生态绿化管理水平	噪声环境管理水平	环境管理水平
大连	7	3	4	2	17	1
厦门	10	1	24	4	1	2
南昌	6	6	5	8	7	3
广州	16	5	2	3	20	4
海口	11	2	12	20	21	5
乌鲁木齐	14	17	3	15	11	6
深圳	27	7	10	6	23	7
杭州	12	12	13	22	10	8
福州	2	16	28	7	25	9
青岛	5	13	9	31	12	10
上海	4	9	11	29	26	11
宁波	3	8	31	13	19	12
长沙	19	22	6	17	35	13
沈阳	18	11	20	30	32	14
南京	9	20	32	5	6	15
石家庄	15	35	1	19	9	16
郑州	21	29	7	21	15	17
北京	23	36	23	1	22	18
武汉	1	31	15	28	34	19
合肥	20	27	30	10	24	20
昆明	30	19	17	14	3	21

续表

城市	固体废物管理水平	气体废物管理水平	液体废物管理水平	生态绿化管理水平	噪声环境管理水平	环境管理水平
成都	26	24	16	18	29	22
济南	8	33	14	24	30	23
天津	22	25	21	33	8	24
重庆	24	26	25	25	5	25
呼和浩特	32	14	8	26	18	26
南宁	17	21	33	11	14	27
贵阳	33	4	29	27	28	28
兰州	13	32	22	34	13	29
长春	29	23	26	16	27	30
西安	25	30	19	32	33	31
太原	28	34	27	9	31	32
银川	31	10	35	12	4	33
西宁	34	28	34	23	16	34
哈尔滨	35	15	18	35	36	35
拉萨	36	18	36	36	2	36

根据表10，可以得到2018年城市环境管理水平的短板因素，如表11所示。存在3个短板因素的城市有武汉、西安、西宁、哈尔滨和拉萨，除了武汉以外，都是排在后10名的城市。武汉和西安的环境管理水平受限于气体废物管理、生态绿化管理和噪声环境管理等因素；西宁受限于固体废物管理、气体废物管理和液体废物管理等因素；哈尔滨受限于固体废物管理、生态绿化管理和噪声环境管理等因素；拉萨受限于固体废物管理、液体废物管理和生态绿化管理等因素。存在4个短板因素的城市有贵阳和太原。贵阳的环境管理水平受限于固体废物管理、液体废物管理、生态绿化管理和噪声环境管理等因素；太原受限于固体废物管理、气体废物管理、液体废物管理和噪声环境管理等因素。其余城市存在2个、1个短板因素或没有短板因素限制。

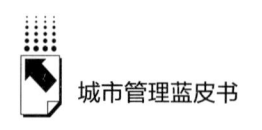

表11 2018年中国36个重点城市环境管理水平的短板因素

短板因素		城市
单因素	固体废物管理	深圳、昆明、呼和浩特
	气体废物管理	石家庄、郑州、北京
	液体废物管理	福州、宁波、南京、南宁
	生态绿化管理	青岛、上海、天津
	噪声环境管理	长沙、成都
双因素	固体废物管理 & 液体废物管理	银川
	固体废物管理 & 噪声环境管理	长春
	气体废物管理 & 液体废物管理	合肥
	气体废物管理 & 生态绿化管理	兰州
	气体废物管理 & 噪声环境管理	济南
	生态绿化管理 & 噪声环境管理	沈阳
三因素	固体废物管理 & 气体废物管理 & 液体废物管理	西宁
	气体废物管理 & 生态绿化管理 & 噪声环境管理	武汉、西安
	固体废物管理 & 生态绿化管理 & 噪声环境管理	哈尔滨
	固体废物管理 & 液体废物管理 & 生态绿化管理	拉萨
四因素	固体废物管理 & 气体废物管理 & 液体废物管理 & 噪声环境管理	太原
	固体废物管理 & 液体废物管理 & 生态绿化管理 & 噪声环境管理	贵阳
无		大连、厦门、南昌、广州、海口、乌鲁木齐、杭州、重庆

（三）环境管理水平分区域比较分析

1. 环境管理水平分区域平均得分比较

2018年中国36个重点城市环境管理水平及分项指标分区域平均得分如表12和图13所示。从总体上看，东部地区环境管理水平的平均得分最高，为78.07分；中部地区次之，为74.50分；东北地区第三，为71.11分；西部地区最低，为67.52分。东部地区和中部地区的平均得分都高于36个重点城市的平均得分（73.18分）；而西部地区和东北地区的平均得分都低于36个重点城市的平均得分，尤其是西部地区，比36个重点城市的平均得分低5.66分。

表 12　2018 年中国 36 个重点城市环境管理水平及分项指标分区域平均得分比较

单位：分

区域	环境管理水平	固体废物管理水平	气体废物管理水平	液体废物管理水平	生态绿化管理水平	噪声环境管理水平
东部地区	78.07	93.78	67.59	80.79	57.94	72.91
中部地区	74.50	90.46	58.58	82.52	57.18	63.96
西部地区	67.52	74.40	63.31	72.51	40.35	76.55
东北地区	71.11	73.26	71.31	82.59	44.89	46.53
36 个城市平均	73.18	84.49	65.07	78.52	50.50	69.70

从分项指标上看，在固体废物管理水平方面，平均得分降序排列为东部地区、中部地区、西部地区和东北地区。西部地区和东北地区差距不大，中部地区和东部地区差距也不是很大，但东北地区和东部地区的差距比较大。在气体废物管理水平方面，平均得分降序排列为东北地区、东部地区、西部地区和中部地区。东北地区和东部地区的平均得分高于 36 个城市的平均得分，西部地区和中部地区的平均得分低于 36 个城市的平均得分。在液体废物管理水平方面，平均得分降序排列为东北地区、中部地区、东部地区和西部地区。东北地区和中部地区平均得分差距不大，但与西部地区的平均得分差距较大。除了西部地区外，其余三个区域的平均得分均高于 36 个城市的平均得分。在生态绿化管理水平方面，平均得分降序排列为东部地区、中部地区、东北地区和西部地区。东部地区和中部地区的平均得分比较接近，且均高于 36 个城市的平均得分，西部地区和东北地区的平均得分均低于 36 个城市的平均得分。在噪声环境管理水平方面，平均得分降序排列为西部地区、东部地区、中部地区和东北地区。西部地区和东部地区的平均得分高于 36 个城市的平均得分，中部地区和东北地区的平均得分低于 36 个城市的平均得分，东北地区和西部地区的平均得分差距比较大。

2. 环境管理水平分区域排名分布

2018 年中国 36 个重点城市环境管理水平及分项指标排名前 10 和后 10 分布如表 13 所示。

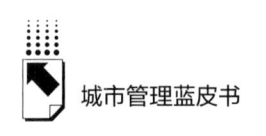

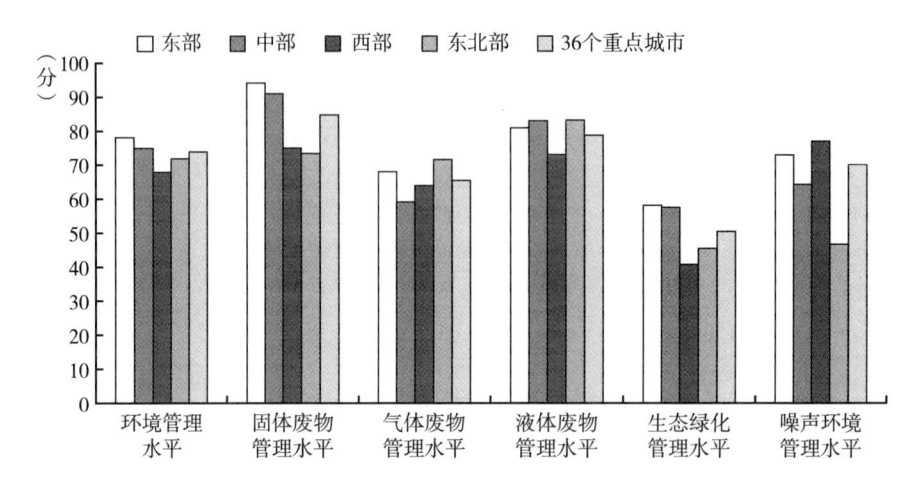

图 13 2018 年中国 36 个重点城市环境管理水平及分项指标分区域平均得分比较

表 13 2018 年中国 36 个重点城市环境管理水平及分项指标前 10 名和后 10 名分布

单位：个

指标	排名	东部地区	中部地区	西部地区	东北地区
环境管理水平	前 10 名	7	1	1	1
	后 10 名	0	1	7	2
固体废物管理水平	前 10 名	7	2	0	1
	后 10 名	1	1	6	2
气体废物管理水平	前 10 名	6	1	2	1
	后 10 名	3	4	3	0
液体废物管理水平	前 10 名	4	3	2	1
	后 10 名	3	2	5	0
生态绿化管理水平	前 10 名	6	3	0	1
	后 10 名	3	1	4	2
噪声环境管理水平	前 10 名	5	1	4	0
	后 10 名	1	3	3	3

（1）东部地区城市环境管理水平最高

在城市环境管理水平前 10 名的城市中，东部地区占 7 个，分别为厦门、广州、海口、深圳、杭州、福州和青岛，除了第 1、3、6 名，其余名次都囊括其中。位居城市环境管理水平前 10 的这些东部城市，在城市环境管理水平的各分项指标方面也都比较靠前，尤其在固体废物管理方面得分最高。固体废物管理水平前 10 名的城市中，东部城市有 7 个，占 70%；气体废物管理水平前 10 名的城市中，东部城市有 6 个，占 60%；生态绿化管理水平前 10 名的城市中，东部城市有 6 个，占 60%。

（2）中部地区城市环境管理水平较高

中部地区参与评价的城市主要有 6 个，环境管理水平位于前 10 的城市有 1 个，即南昌，为第 3 名；位于后 10 的城市有 1 个，即太原，位于第 32 名；其余 4 个为第 13~20 名。太原在生态绿化管理水平方面排名比较靠前，为第 9 名，但在固体废物管理水平、气体废物管理水平、液体废物管理水平和噪声环境管理水平 4 项指标排名都比较靠后，分别为第 28 名、第 34 名、第 27 名和第 31 名，所以影响了其总排名。

中部地区城市在液体废物管理水平和生态绿化管理水平指标上比较突出，在液体废物管理水平前 10 名的城市中，中部城市有 3 个，占 30%；在生态绿化管理水平前 10 名的城市中，中部城市有 3 个，占 30%；而气体废物管理水平相对比较薄弱，在该分项指标后 10 名的城市中，中部城市有 4 个，占 40%。

（3）东北地区城市环境管理位于中等偏下水平

东北地区参与评价的城市有 4 个：沈阳、大连、长春和哈尔滨。城市环境管理水平位于前 10 的城市有 1 个，即大连，位于第 1 名；位于后 10 的城市有 2 个，长春和哈尔滨，分别为第 30 名和第 35 名。在东北地区中，城市之间环境管理水平差距较大。这种同区域城市之间的差距在各分项指标上也有所体现，在固体废物管理水平和生态绿化管理水平指标上，位于前 10 的城市均有 1 个，而位于后 10 的城市均有 2 个。

（4）西部地区城市环境管理水平整体比较落后，需进一步提高

西部地区参与评价的城市有 12 个，这 12 个城市中只有 1 个城市进入城市环境管理水平的前 10 名，即乌鲁木齐，为第 6 名；其余 11 个城市位于后 10 的有 7 个，占 70%。对于城市环境管理水平分项指标，在固体废物管理水平后 10 名的城市中，西部地区有 6 个，占 60%；在液体废物管理水平指

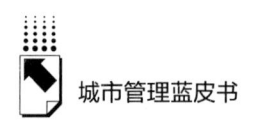

标后10名的城市中,西部城市有5个,占50%;在生态绿化管理水平分项指标后10名中,西部城市有4个,占40%。因此,西部地区城市环境管理水平整体不高。

四 重点城市环境管理水平纵向比较分析

(一)环境管理水平得分比较分析

2017~2018年中国36个重点城市环境管理水平和各分项指标的平均得分如表14和图14所示。

表14 2017~2018年中国36个重点城市环境管理水平和各分项指标的平均得分

单位:分

年份	环境管理水平	固体废物管理水平	气体废物管理水平	液体废物管理水平	生态绿化管理水平	噪声环境管理水平
2017	71.44	82.21	64.81	76.02	50.07	64.58
2018	73.18	84.49	65.07	78.52	50.50	69.70

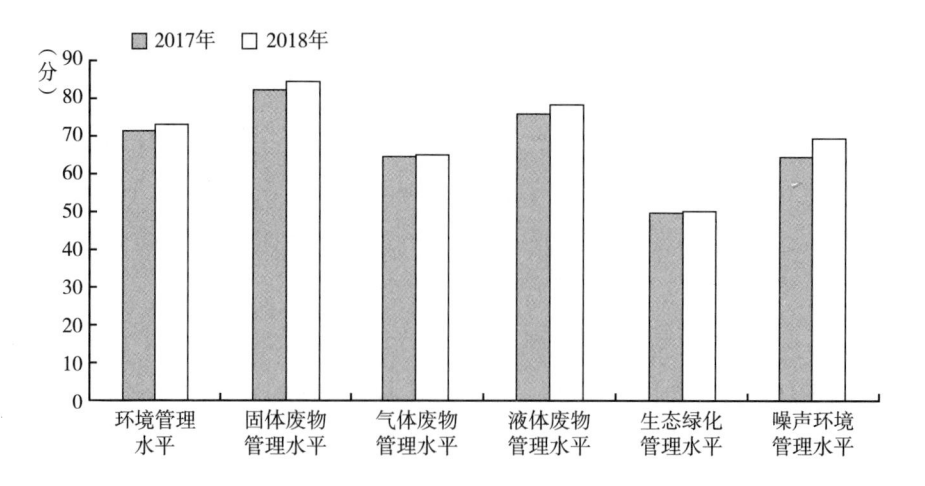

图14 2017~2018年中国36个重点城市环境管理水平和各分项指标平均得分

从表14和图14可以看出，2017~2018年中国36个重点城市环境管理水平的平均得分在不断提高，总体呈上升趋势，这说明城市环境管理水平普遍在提升。对于各分项指标，平均得分都在上升，不同之处在于上升的幅度。与2017年相比，2018年在固体废物管理水平和液体废物管理水平的平均得分增加较大，分别为2.28分和2.5分，特别是在噪声环境管理方面，平均得分增加5.12分；在气体废物管理水平和生态绿化管理水平方面平均得分小幅增加，分别为0.26分和0.43分。

（二）环境管理水平排名比较分析

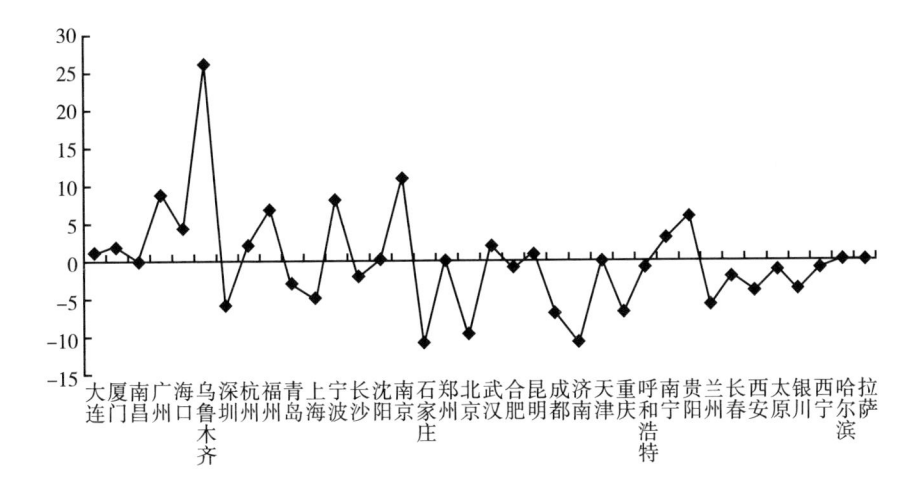

2017~2018年中国36个重点城市环境管理水平排名变化情况如图15所示。2017~2018年排名变化为2017年城市环境管理水平排名减去2018年的相应排名，用符号V表示。

图15 2017~2018年中国36个重点城市环境管理水平排名变化情况

通过计算，可以得到变量V的标准方差近似为6.88，这表明从整体上看，2017~2018年城市环境管理水平排名变化波动较大，离散程度较高。36个城市中，排名没有变化的城市（V=0）共计6个，排名上升1~5位的城市（1≤V≤5）有7个，排名上升至少6位（6≤V）的城市有6个，排名

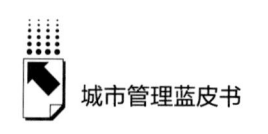

下降 1~5 位的城市（-5≤V≤-1）有 10 个，排名下降至少 6 位（V≤-6）的城市有 7 个。

2017~2018 年城市环境管理水平排名没有变化的 6 个城市为南昌、沈阳、郑州、天津、哈尔滨和拉萨，分别为第 3、14、17、24、35 和 36 名。

排名上升 1~5 位的 7 个城市为：昆明、大连、武汉、杭州、厦门、南宁和海口。昆明从第 22 名上升到第 21 名，上升 1 位；大连从第 2 名上升到第 1 名，上升 1 位；武汉从第 21 名上升到第 19 名，上升 2 位；杭州从第 10 名上升到第 8 名，上升 2 位；厦门从第 4 名上升到第 2 名，上升 2 位；南宁从第 30 名上升到第 27 名，上升 3 位；海口从第 9 名上升到第 5 名，上升 4 位。

排名上升至少 6 位的 6 个城市为贵阳、福州、宁波、广州、南京和乌鲁木齐。在这 6 个城市中，有 3 个城市进入排名前 10 的队列：福州从第 16 名上升到第 9 名，上升 7 位；广州从第 13 名上升到第 4 名，上升 9 位；乌鲁木齐上升名次最多，从第 32 名上升到第 6 名，上升 26 位。其余 3 个城市，贵阳从第 34 名上升到第 28 名，上升 6 位；宁波从第 20 名上升到第 12 名，上升 8 位；南京从第 26 名上升到第 15 名，上升 11 位。

排名下降 1~5 位的 10 个城市为合肥、呼和浩特、太原、西宁、长沙、长春、青岛、西安、银川和上海。合肥、呼和浩特、太原和西宁均下降 1 位；长沙和长春下降 2 位；青岛从第 7 名下降到第 10 名，下降 3 位；西安从第 27 名下降到第 31 名，下降 4 位；银川从第 29 名下降到第 33 名，下降 4 位；上海从第 6 名下降到第 11 名，下降 5 位。

排名下降至少 6 位的 7 个城市为深圳、兰州、成都、重庆、北京、石家庄和济南。其中有的退出前 10 名的队列，石家庄从第 5 名下降到第 16 名，下降 11 位；北京从第 8 名下降到第 18 名，下降 10 位。有的进入排名后 10 位的队列，兰州从第 23 名下降到第 29 名，下降 6 位。其余 4 个城市，深圳从第 1 名下降到第 7 名，下降 6 位；成都从第 15 名下降到第 22 名，下降 7 位；重庆从第 18 名下降到第 25 名，下降 7 位；济南从第 12 名下降到第 23 名，下降 11 位。

（三）环境管理水平前10位和后5位比较分析

2017~2018年中国36个重点城市环境管理水平排名前10的城市如表15所示，排名后5的城市如表16所示。

表15　2017~2018年中国36个重点城市环境管理水平排名前10的城市

排名	1	2	3	4	5	6	7	8	9	10
2017年	深圳	大连	南昌	厦门	石家庄	上海	青岛	北京	海口	杭州
2018年	大连	厦门	南昌	广州	海口	乌鲁木齐	深圳	杭州	福州	青岛

表16　2017~2018年中国36个重点城市环境管理水平排名后5的城市

排名	36	35	34	33	32
2017年	拉萨	哈尔滨	贵阳	西宁	乌鲁木齐
2018年	拉萨	哈尔滨	西宁	银川	太原

从表15可以看出，与2017年相比，2018年中国36个重点城市环境管理水平排名前10的城市，在名次上有较大变化，但所包含的城市变化不大。2017年和2018年连续两年城市环境管理水平都位于前10的城市共有7个：深圳、大连、南昌、厦门、青岛、海口和杭州。除了南昌连续两年位于第3名以外，深圳和青岛的名次均有所下降，深圳从2017年的第1位降到2018年的第7位，青岛从第7位降到第10位。其余4个城市的名次有所提升，大连从2017年的第2位提升到2018年的第1位，厦门从第4位提升到第2位，海口从第9位提升到第5位，杭州从第10位提升到第8位。2018年，有3个城市，即广州、乌鲁木齐和福州取代了2017年位于前10的城市石家庄、上海和北京，成为城市环境管理水平排名前10的城市。

从表16可以看出，与2017年相比，2018年城市环境管理水平排名后5的城市变化不大。拉萨、哈尔滨和西宁这3个城市连续两年城市环境管理水平排名后5。拉萨和哈尔滨的名次保持不变，两年均分别位于倒数第1和倒数第2，西宁从2017年的倒数第4到2018年的倒数第3。2018年，贵阳和

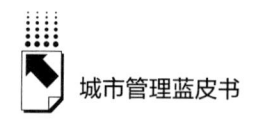

乌鲁木齐这两个城市提升了自身的环境管理水平，而太原和银川这两个城市取代了它们，分别降至城市环境管理水平排名的倒数第 5 和倒数第 4。

五　结论与建议

（一）结论分析

1. 城市环境管理水平整体呈上升趋势

与 2017 年相比，2018 年中国 36 个重点城市环境管理水平的平均得分增加了 1.74 分，这说明 2018 年城市环境管理水平总体呈上升趋势，城市环境管理水平普遍都在提升。2018 年是中国生态环境保护事业发展史上具有重要里程碑意义的一年。2018 年 2 月，党的十九届三中全会通过《深化党和国家机构改革方案》，决定组建生态环境部和生态环境保护综合执法队伍。2018 年 3 月，十三届全国人大一次会议表决通过宪法修正案，将新发展理念、生态文明和建设美丽中国的要求写入《宪法》。2018 年 5 月，全国生态环境保护大会在北京召开，习近平总书记出席会议并发表重要讲话，强调要自觉把经济社会发展同生态文明建设统筹起来，加大力度推进生态文明建设，推动我国生态文明建设迈上新台阶。2018 年 6 月，中共中央、国务院印发《关于全面加强生态环境保护坚决打好污染防治攻坚战的意见》，全面打响蓝天、碧水、净土三大保卫战。党中央、国务院对加强生态环境保护等做出的一系列重大决策部署，为城市环境管理提供了坚实的制度基础和组织保障。中国 36 个重点城市深入贯彻习近平生态文明思想和全国生态环境保护大会精神，按照党中央和国务院决策部署，在环境管理整体方面，取得了一定进展和成效。

2. 城市环境各分项管理水平均在提升

对于固体废物管理水平、气体废物管理水平、液体废物管理水平、生态绿化管理水平和噪声环境管理水平 5 个城市环境管理水平分项指标，它们的平均得分都在上升,不同之处在于上升的幅度。在噪声环境管理方面,2017年平均得分为64.58分,2018年为69.70分,平均得分增加5.12分,增幅最大。在液体废物管理方面,2017年平均得分为76.02分,2018年为78.52分,平均得分增加2.5分,增幅次之。在固体废物管理方面,2017年平均得分为82.21分,2018年为84.49分,平均得分增加2.28分,增幅排名第3。在生态绿化管理方面,2017年平均得分为50.07分,2018年为50.50分,平均得分增加0.43分,增幅排名第4。在气体废物管理方面,2017年平均得分为64.81分,2018年为65.07分,平均得分增加0.26分,增幅最小。

在生态环境管理中,工业污染治理是非常重要和关键的组成部分。自从2013年和2015年国务院先后印发实施《大气污染防治行动计划》和《水污染防治行动计划》以来,工业污染治理投资力度加大,工业污染治理投资保持高位。2014年、2015年、2016年工业污染治理投资分别为997.7亿元、773.7亿元、819.0亿元。近两年工业污染治理投资继续保持较高水平。2017年工业污染治理投资总额为681.6亿元,其中,工业废水治理项目投资76.4亿元,工业废气治理项目投资446.3亿元,工业固废治理项目投资12.7亿元,噪声治理项目投资1.3亿元,其他治理项目投资144.9亿元。2018年工业污染治理投资总额为621.2亿元,其中,工业废水治理项目投资64.0亿元,工业废气治理项目投资393.1亿元,工业固废治理项目投资18.4亿元,噪声治理项目投资1.5亿元,其他治理项目投资144.2亿元。[①]虽然工业污染治理投资逐年有所减少,但污染治理投资一直维持高位,由于环境污染治理具有滞后效应,促使2018年城市环境管理各个方面,固体废物管理水平、液体废物管理水平、气体废物管理水平、生态环境管理水平和噪声环境管理水平均得到提升,城市生态环境质量显著改善。

3. 部分城市环境管理水平排名波动较大

通过计算得到2017~2018年排名变化的标准方差近似为6.88,这表明

---

① 中华人民共和国生态环境部:《2016~2019全国生态环境统计公报》,http://www.mee.gov.cn/hjzl/sthjzk/sthjtjnb/,最后访问日期:2021年5月16日。

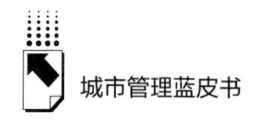

从整体上看，这两年城市环境管理水平排名变化波动较大，离散程度较高。部分城市环境管理水平排名变化较大，上升9名及以上的城市有乌鲁木齐、南京和广州；下降10名及以上的城市有北京和石家庄。

乌鲁木齐市从2017年的第32名上升到2018年的第6名，主要得益于城市固体废物管理水平、气体废物管理水平和液体废物管理水平的提升。在固体废物管理中，生活垃圾无害化处理率大幅提高，从2017年的93.12%提高到2018年的99.97%，从而使固体废物管理水平排名从第30名提升到第14名；在气体废物管理中，工业二氧化硫排放降低比率从6.68%提升到52.79%，工业烟尘排放降低比率从负值提升到26.59%，细颗粒物（PM2.5）年平均浓度从70微克/立方米降到54微克/立方米，从而使气体废物管理水平排名从第35名提升到第17名；在液体废物管理中，污水处理厂集中处理率从87.51%提升到98.73%，从而使液体废物管理水平排名从第29名提升到第3名。

2018年，乌鲁木齐强力推进控煤、控污、控尘、控车"四控"措施和区域联防联控。拆除分散燃煤设施2.1万台，拆除工业燃煤锅炉24台、淘汰燃煤火电小机组11个，减少燃煤58万吨。同时，对3217家"散乱污"企业依法关停整治；规范各类扬尘源污染防治要求，道路机械化清扫率达64%；严控机动车尾气污染，购置新能源公交车125辆，开展纯电动出租车试点工作。2018年，乌鲁木齐（未扣除沙尘天气影响）空气质量达标（优良）天数255天，达标率69.9%，同比提高3.9个百分点，与2017年相比，二氧化硫、PM2.5平均浓度分别下降了15.4%和21.4%；重污染天数减少17天。①

南京市从2017年的第26名上升到2018年的第15名，主要得益于液体废物管理水平和噪声环境管理水平的提升。在液体废物管理中，污水处理厂集中处理率从71%提升到79.3%，从而使液体废物管理水平排名从第36名

---

① 郭军鸽：《乌鲁木齐发布2018年环境质量状况公报》，《乌鲁木齐晚报》，https：//www.solidwaste.com.cn/news/292552.html，访问日期：2021年5月16日。

提升到第32名；在噪声环境管理中，城市噪声路段超标率从17.6%降到11.2%，等效声级从68.0dBA降到67.5dBA，从而使液体废物管理水平排名从第10名提升到第6名。

广州市从2017年的第13名上升到2018年的第4名，得益于城市管理各个分项指标的全面提升。在固体废物管理中，生活垃圾无害化处理率从96.5%提升到100%，从而使固体废物管理水平排名从第24名提升到第16名；在气体废物管理中，工业二氧化硫排放降低比率从26.25%提升到66.95%，工业烟尘排放降低比率也从3.76%提升到5.76%，从而使气体废物管理水平排名从第13名提升到第5名；液体废物管理中，工业废水排放量减少比率从负值提升到31.96%，从而使液体废物管理水平排名从第22名提升到第2名；在生态绿化管理中，建成区绿化覆盖率从42.4%提升到45.13%，从而使生态绿化管理水平排名从第11名提升到第3名。

2018年，广州市深入贯彻习近平生态文明思想以及习近平总书记关于广东"四个走在全国前列"等重要讲话精神，以"改善环境质量、保障环境安全"为核心，推进中央环保督察反馈意见整改，2018年中央环保督察"回头看"期间交办的1422件案件，已办结1414件，办结率99.44%。制定各项规章制度，组织实施《广州市城市环境总体规划（2014—2030年）》《广州市环境保护第十三个五年规划》《广州市环境空气质量达标规划》《广州市土壤污染治理与修复规划（2017—2020年）》《广州市重金属污染防治"十三五"规划》等。加大环境监管执法力度，2018年，广州市招聘2240名专职环保员，占计划配备数2747名的81.54%。2018年，广州市立案查处环境违法案件5946宗，同比增长16.5%；罚款总额2.88亿元，同比增长53.2%；累计适用新环保法配套办法691宗。①各项综合举措推动大气、水、土壤环境质量持续向好，环境管理各项工作取得积极进展。

北京市从2017年的第8名下降到2018年的第18名，主要由于气体废

---

① 数据来源：《2018年广州市环境质量状况公报》，广州市生态环境局网站，http://sthjj.gz.gov.cn/zwgk/hjgb/content/post_2808232.html，访问日期：2021年5月16日。

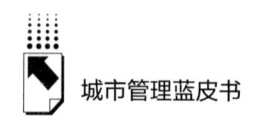

物管理水平下降。在气体废物管理中，工业二氧化硫排放降低比率从62.96%下降到59.09%，工业烟尘排放降低比率从45.62%降至负值，从而使气体废物管理水平排名从第12名下降到第36名。

石家庄市从2017年的第5名下降到2018年的第16名，主要由于固体废物管理水平、气体废物管理水平、生态绿化管理水平和噪声环境管理水平下降。固体废物管理中，工业固体废物利用率从92%下降到84%，从而使固体废物管理排名从第6名下降到第15名；在气体废物管理中，工业二氧化硫排放降低比率从57.31%减少到22.48%，工业烟尘排放降低比率从48.67%减少到负值，从而使气体废物管理水平排名从第29名下降到第35名；在生态绿化管理中，建成区绿化覆盖率从44.42%下降到41.16%，从而使生态绿化管理水平排名从第5名下降到第19名；在噪声环境管理中，城市噪声路段超标率从22.6%上升到28.2%，从而使噪声环境管理水平排名从第6名下降到第9名。

这些排名变化较大的城市，需要重点从薄弱处着手，提升其城市环境管理水平。

（二）建议

1. 加强顶层设计，制定实施生态环境联防联控机制

由于废气、废水等污染物具有扩散性和流动性的特点，它们造成的污染不局限在某一个城市或某一个省份，而是会出现区域化趋势，因此城市生态环境治理，不能局限于单一城市的管理，而要进行生态环境区域联防联控、综合治理，才能使城市生态环境管理取得较好效果。近年来，生态环境联防联控得到国家层面的重视，出台了《关于推进大气污染联防联控工作改善区域空气质量的指导意见》、《大气污染防治法》以及《打赢蓝天保卫战三年行动计划》等相关制度和法规。但这些制度和法规是面向全国制定的，不是针对某一个城市或某一区域制定的，普适性强但针对性弱。因此，在生态环境区域联防联控治理中，需要结合各区域的实际情况和特点，制定具有针对性的、切实可行的区域生态环境保护方面的规章制度，约束所属区域的

政府、企业、组织和个人等参与主体。

2. 优化产业结构，改善城市生态环境质量

产业结构不仅对经济发展水平有重大影响，也对生态环境质量有重要影响。优化和升级产业结构，可以兼顾生态环境与经济发展的双重目标。一方面，中国36个重点城市处于不同区域，人口、资源、生态环境和经济发展等各不相同，应根据城市的实际情况和特征制定合理的产业政策，大力发展高科技和环境友好型产业，约束、优化和转型发展高耗能、高排放、高污染产业。另一方面，鼓励企业进行技术创新，对生产工艺和流程进行优化和完善，加大对固体废物、气体废物和液体废物治理设备的研发力度，从源头上减少和控制资源消耗和污染物排放，提高企业污染治理的技术水平，从而改善城市生态环境质量。

3. 依托科技支撑，提升城市环境管理水平

习近平总书记提出，"要突破自身发展瓶颈、解决深层次矛盾和问题，根本出路就在于创新，关键要靠科技力量"。[①] 科技是解决环境问题的利器。对环境管理的科学决策和精准施策，需要依靠强大的科技支撑。因此，要积极响应创新驱动发展战略，推动技术创新。在城市环境管理中，对于生态环境监测和预警、生态环境应急管理、生态环境监管执法等方面的实际技术需求，引入"互联网+"、物联网、人工智能、大数据等先进信息技术，通过数据挖掘和数据分析，为城市环境管理决策提供依据和支撑，实现精细化和精准管理，从而提升生态环境管理和决策的科学化水平。

---

① 转引自慎海雄《习近平改革开放思想研究》，人民出版社，2018，第94页。

B.5
中国重点城市科技创新管理评价报告

汤文仙　侯净雯*

摘　要： "十四五"规划提出要打造具有国际竞争力的区域创新高地。搭建科技服务平台、提升企业创新能力成为各城市科技管理部门的重要工作内容。本报告从创新投入、创新潜力、创新载体、创新效率和创新产出5个方面构建城市科技创新管理评价指标体系，对36个重点城市的科技创新管理水平进行了评价，反映了这些城市的科技创新管理的总体状况。最后针对"十四五"期间城市科技创新管理工作的重点，分别从智慧城市建设、科技财政工具、科研组织模式和管理体制创新等方面提出有针对性的建议。

关键词： 科技创新　智慧城市　城市群

一　"十四五"科技创新和智慧城市建设

"十四五"规划指出科技创新有三个面向，即面向世界科技前沿、面向我国重大战略需求、面向经济社会发展主战场。加强基础研究和构建以国家实验室为引领的战略科技力量，以国家战略性需求为导向推进创新体系优化组合，实行"揭榜挂帅""赛马"等制度，打造一批具有国际竞争力的区域创新高地。

---

* 汤文仙，北京城市学院副教授，博士，研究方向为技术创新、城市治理、产业规划等；侯净雯，硕士，北京城市学院学报编辑，主要研究方向为编辑出版、经济与法学理论。

（一）"十四五"重点城市的科技创新定位

1. 京沪深等城市瞄准科技前沿，引领国家科技创新

"十四五"时期，国家大力支持北京、上海、粤港澳大湾区加快形成国际科技创新中心。例如未来五年，北京将开展重点领域关键核心技术研发工作，包括人工智能前沿基础理论和关键的共性基础研究，加快搭建自主的底层技术架构。到2035年，北京的国际科技创新中心将在创新力、竞争力、辐射力上全球领先。上海提出"十四五"期间强化科技创新策源功能，进一步提高张江综合性国家科学中心的集中度和显示度，力争在基础研究、应用基础研究和关键核心技术攻坚上取得一批重大成果。到2025年力争使基础研究经费支出占全社会研发经费支出比重达到12%。深圳市在"十四五"期间继续实施创新驱动发展主导战略，推动全球创新网络的融入进程，集聚高端创新资源，提升"基础研究+技术攻关+成果产业化+科技金融+人才支撑"全过程创新生态链能级，到2025年，研发投入强度、产业创新能力世界一流。

2. 区域中心城市加强协同，引领城市群科技创新

我国京津冀、长三角、粤港澳、成渝等19个城市群成为承载发展要素、引领高质量发展的主要空间载体，加快提高区域中心城市和城市群科技协同创新，成为"十四五"区域中心城市发展的重要任务。如武汉提出了要强化"一主引领"龙头作用，带动武汉城市圈升级发展，加强与长沙、合肥、南昌等城市协同合作，合力推动长江中游城市群一体化发展。南京市聚力建设"高质量发展的全球创新城市"，到"十四五"末高新技术产业比重达54.5%，研发强度达到4%，科技进步贡献率达70%。重庆市在"十四五"期间加快集聚战略科技力量，推动形成一城引领、多园支撑、点面结合、全域推进的创新格局，加快成为具有全国影响力的科技创新中心。郑州市"十四五"打造科技创新的国家中心城市核心功能，以中原科技城为引领，推动以人才为核心的创新要素集聚，打造国家极具活力的区域科技创新中心。西安市明确提出到2025年，"三中心二高地一枢纽"六维支撑体系更

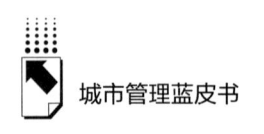

加稳固，形成推动高质量发展的区域增长极。

3. 其他城市继续创新驱动，推动产业优势新引擎

"十四五"发展主题是高质量发展，科技创新引领发展变革的战略支撑成为"十四五"各城市发展的第一推动力。如天津"十四五"将聚焦重点领域，实施一批前瞻性、战略性重大科技专项，形成一批占据世界科技前沿的优势技术。杭州市提出全面塑造创新驱动发展新优势，推进产业基础高级化、产业链现代化。大连市提出加快建设东北亚科技创新创业创投中心，推动产业链上中下游、大中小企业融通创新。南宁市着力以创新支撑产业高质量发展，突出区域性科技创新中心建设。成都市积极围绕产业链部署创新链，打通科学发现、技术发明、产业发展一体化路径。福州市以科技创新推动产业结构调整，深入推进国家自主创新示范区福州片区建设，推动形成"一区引领、多园共兴"的创新创造示范基地。宁波市加快构筑高能级创新平台，深入实施"246"万千亿级产业集群培育工程，培育一批产业链主导企业，打造标志性优势产业链。长沙市提出"十四五"要建设国家科技创新中心，构建具有国际水准的数字经济发展级，营造国内一流的科技创新生态。太原市"十四五"聚焦产业前沿和高端需求，突破核心技术，产业链和产业群并重，努力建设在全国有重要影响力的新型工业城市。

（二）"十四五"重点城市的智慧城市建设

城市治理一直以来都是智慧城市建设的重点领域，在智能化、数字化手段赋能后，城市治理水平将更加高效精准。当前，智慧城市成为国际城市化发展的热点之一，我国也在积极进行智慧城市试点，各地都在紧锣密鼓地布局智慧城市建设，"十四五"时期掀开智慧城市新篇章。从36个重点城市的"十四五"规划来看，呈现以下特点。

1. 新一代信息技术深度融合

通过多维感知、全面布局、实时决策、不断进化的方式，深度融合云计算、人工智能、大数据、区块链，助力城市在复杂局面下更快更优地做出决策。以大数据、人工智能、物联网、云计算为代表的新一代信息技术成为

"十四五"智慧城市建设的重要支撑。"十四五"期间,不断增强对城市大数据的收集、存储、共享、挖掘、保护和利用的能力,提高信息挖掘利用的集约性、准确性和完整性。在公共安全、环保、医疗、交通、地下管网、水务、教育等领域加大物联网应用力度,通过云平台,以超级计算机的强大信息处理能力为支撑,提高远程信息的快速分析处理能力。

2. 加快信息基础设施建设

"十四五"期间,智慧城市建设与新基建投入耦合度更强,从而带动智慧城市"云、数、网、端、安"的信息基础设施建设步伐,成为城市治理的关键支撑。例如,深圳提出要建设全球领先的数字基建。科学布局和构建覆盖"5G+千兆光网+智慧专网+物联网+卫星网"的数字城市网络基础设施,统筹推进城市运营管理的数据中心等新型基础设施建设,前瞻布局算力基础设施,构建多元协同、数智融合的算力体系,全面布局基于互联网协议第六版(IPv6)的下一代互联网,建设连接宽、覆盖广、低功耗窄带物联网,推动跨境通信网络建设。

3. 实现信息数据共享开放

建设智慧城市,要实现内部数据的共享和互相融合,在不涉及隐私泄露的情况下,要加快数据共享开放和创新应用,不断提升老百姓的获得感。"十四五"时期,36个城市均明确表示进一步完善城市水、气、电、路、桥、隧等基础信息大数据系统,建立统一的政府数据开放平台,加大数据资源开放共享力度,实行公共数据开放负面清单,与公共数据深度对接。同时,建立健全数据分级分类安全保护制度和全生命周期的数据资源安全保障体系。

4. 探索全场景城市治理

近年来,城市的神经网络正在加速形成,各个城市能看、能用、能思考的城市指挥中枢,既能连接起经济、生态、交通、公共安全、城市治理等信息数据,也能打通司法、安监、消防、环保等条状业务系统。"十四五"期间,重点城市将构建立体感知、全域协同、精确判断和持续进化的智能系统,为数字政府、城市治理、民生服务、经济发展带来全场景智慧体验。以

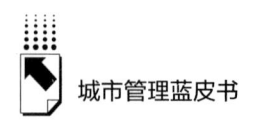

上海和杭州为例，上海提出将形成"一门户、多系统"的应用场景开发格局，持续提升态势全面感知、趋势智能预判、资源统筹调度、行动人机协同能力；杭州"十四五"将实现全面实时感知、全程实时分析、全域实时处置，不断推出群众有感、治理有效的数字驾驶舱和应用场景，加快形成城市治理现代化数字系统解决方案。

5. 提升社区智能化治理

"十四五"时期，新型智慧城市建设将进一步延伸政务网服务向智慧社区深化，更多满足城市居民的客观需求，实现"数据多跑路，群众少跑腿"的目标。公共属性强的政务服务中心，以及市场属性强的智能邻里、智能充电桩、智能车棚、智能社区花园都将加速建设。让城乡基层群众便捷获取普惠便捷公共服务，不断提升基层智能综合治理水平，加快网上便民服务体系向城乡基层延伸，围绕公安、市监、环卫、城管等领域，实行跨领域跨部门综合执法，完善网格化管理和服务，通过问题发现、事件跟踪、统一处置、闭环反馈等环节，推动党建引领、社会多元共治的基层智治共治，全面提升基层社区智能化治理能力。"十四五"期间，以提升社区、楼宇、园区等基层"治理微单元"的数字化治理能力为切入点，实现城市精细化治理。

二 城市科技创新管理评价体系的构建

（一）评价指标体系指向

城市治理是国家治理体系的重要组成部分，城市科技创新能力是城市政府治理能力的一个重要体现。建设创新型城市，实现建设创新型国家的终极目标，对增强自主创新能力和转变经济发展模式具有重大意义。城市间在创新能力方面存在较大差异，背后深层次的根源在于城市政府在推动城市科技创新的治理能力不同，这直接影响城市发展速度，进而影响到全国创新型城市的整体建设进程，对城市政府在科技创新管理上提出了挑战。由此可见，城市相关管理部门主导的创新环境以及相应的创新政策是本报告评价指标的核心指向，具体包括创新投入、创新潜力、创新载体、创新效率和创新产出等5个方面。

创新投入体现城市政府的财政资金配置，对城市创新能力的提高具有基础性作用。其中R&D经费投入强度衡量的是全社会科技创新的投入水平，而科研支出占财政支出比重则体现出城市政府将财政收入用于科研的投入，更大程度地表明地方政府对科技的重视程度。

创新潜力体现城市政府的教育投入，是持久创新能力的基础和前提，反映该城市对创新的重视程度及创新的可持续能力，对一个城市创新能力的形成有一定的滞后性，包括高等学校老师与学生人数、教育支出等。

创新载体体现在城市政府对促进城市创新活动的创新载体的支持上，分别从科学研究和技术服务业企业、规模以上工业企业和外商投资企业3个层面来评价一个城市的创新能力。

创新效率体现出技术创新必然促进现代经济效率的提升，反映了城市政府支持创新的产业效率和高新技术产业布局与创新能力。具体指标包含第二产业劳动生产率和第三产业劳动生产率等，以及拥有的高技术及高知识密集型的产业。

创新产出体现出科技创新的投入与城市创新活动的活跃程度，反映了城市政府通过创新的科技成果产出，包括新增专利授权量、高技术产品出口等，分别衡量一个城市知识经济的创新能力和全球竞争力的技术溢出效应。

（二）评价指标体系框架

参考已有国内外研究成果，同时依据前面分析的5个评价维度指向，即城市创新投入、创新潜力、创新载体、创新效率和创新产出等，在5个三级指标下设二级指标，建立了本研究的城市科技创新全方位评价指标体系，综合考量了科技创新管理水平的总体影响因素。在指标选取上，坚持所有指标必须具备可获得性，且这些指标与城市政府在推进创新工作的相关举措相关联，与创新关系最密切、最能体现关键工作过程的关键指标，建立的指标体系如表1。

表 1 城市科技创新管理水平评价指标体系

一级指标	二级指标	三级指标	指标单位
科技创新管理水平（C）	创新投入水平（C1）	R&D强度（C11）	％
		科研支出占财政支出比重（C12）	％
	创新潜力水平（C2）	每万人高等学校人数（C21）	人/万人
		每万人学生拥有的教育支出（C22）	亿元/万人
		每百人高校学生拥有专任教师人数（C23）	人/百人
	创新载体水平（C3）	每万人规模以上工业产值（C31）	亿元/万人
		科学研究和技术服务业从业人员占比（C32）	％
		每万人吸引外商投资额（C33）	亿元/万人
	创新效率水平（C4）	第二产业劳动生产率（C41）	％
		第三产业劳动生产率（C42）	％
	创新产出水平（C5）	新增人均发明专利申请量（C51）	件/人
		新增人均专利授权量（C52）	件/人
		高技术产品出口额占出口额的比重（C53）	％

以上各项指标的基础数据，样本统计口径基本一致，数据的可信度和质量较高。数据主要来源于36个城市国民经济和社会发展统计公报和政府工作报告、《中国城市统计年鉴》、《中国科技统计年鉴》、《中华人民共和国国家知识产权局专利统计年报》和部分省份的《科技统计年鉴》等，具体如表2所示。

表 2 数据来源

层面	涉及资料
国家层级	《中华人民共和国国家知识产权局专利统计年报》《中国科技统计年鉴》《中国城市创新报告》《中国城市统计年鉴》《高技术产业统计年鉴》《国家创新型试点城市发展监测报告》等
省级	各省国民经济发展统计公报、各省科技统计年鉴、各省科技统计数据公报、各省统计年鉴、各省科技统计简报等
市级	各市国民经济发展统计公报、各市科技发展报告、各市统计年鉴、市科技局官网信息发布等

(三)综合评估得分

由于各项指标数据具有不同量纲,需要对这些数据进行预处理,使其成为无量纲数据。

对于正向指标,数据预处理的计算公式如下。

$$y_i = 100 \times \frac{x_i - \min(x_i)}{\max(x_i) - \min(x_i)}$$

对于逆向指标,为了使其数据与正向指标数据有一样的表示(越大越好),其数据预处理的计算公式如下。

$$y_i = 100 \times \frac{\max(x_i) - x_i}{\max(x_i) - \min(x_i)}$$

其中,y_i为预处理后无量纲的数据,x_i为该指标的原始值,$\max(x_i)$为该指标的最大样本值,$\min(x_i)$为该指标的最小样本值。

城市创新管理水平综合指数的计算如下。

$$E_1(X) = \sum_{i=1}^{m} a_i x_i$$

其中$E_1(X)$是城市科技创新管理水平建设综合指标得分,a_i是指标权重,X_i是指标得分。

三 城市科技创新管理评价指标结果

本研究重在城市科技创新管理水平的评价,基于创新投入、创新潜力、创新载体、创新效率和创新产出5个维度对城市科技创新进行全方位评价,最终反映36个重点城市的城市创新管理及推进创新工作的总体状况。36个重点城市包括4个直辖市(北京、上海、天津、重庆)、27个省会城市(石家庄、太原、呼和浩特、沈阳、长春、哈尔滨、南京、杭州、合肥、福州、南昌、济南、郑州、武汉、长沙、广州、南宁、海口、成都、贵阳、昆明、

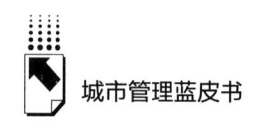

拉萨、西安、兰州、西宁、银川、乌鲁木齐）和5个计划单列市（大连、青岛、宁波、厦门、深圳），通过本研究构建的评价指标体系，对这些城市进行城市科技创新管理水平评价和排名。

（一）创新投入水平排名

36个重点城市创新投入水平分值和排名如表3和图1所示。

表3　36个重点城市创新投入水平分值和总排名

单位：分

排名	城市	分值	排名	城市	分值
1	深圳	80.02	19	太原	33.71
2	北京	76.14	20	沈阳	32.57
3	合肥	74.80	21	济南	31.88
4	杭州	55.97	22	南昌	31.01
5	西安	54.73	23	贵阳	29.78
6	上海	54.49	24	长沙	28.29
7	宁波	48.14	25	昆明	26.41
8	南京	46.08	26	银川	25.49
9	武汉	44.85	27	重庆	24.54
10	福州	44.34	28	兰州	24.15
11	广州	44.16	29	哈尔滨	21.04
12	成都	41.29	30	长春	17.59
13	厦门	39.21	31	南宁	14.63
14	青岛	36.21	32	呼和浩特	14.24
15	大连	36.19	33	海口	9.73
16	石家庄	36.02	34	乌鲁木齐	9.34
17	郑州	33.91	35	拉萨	0.74
18	天津	33.82	36	西宁	0.00

在36个重点城市创新投入水平指标上，平均得分为34.88分，与2017年相比，整体提升1.73分。位于前10的城市分别为深圳、北京、合肥、杭州、西安、上海、宁波、南京、武汉、福州。其中，宁波和福州属于新进前10的城市。前3名的城市深圳、北京、合肥优势明显，分

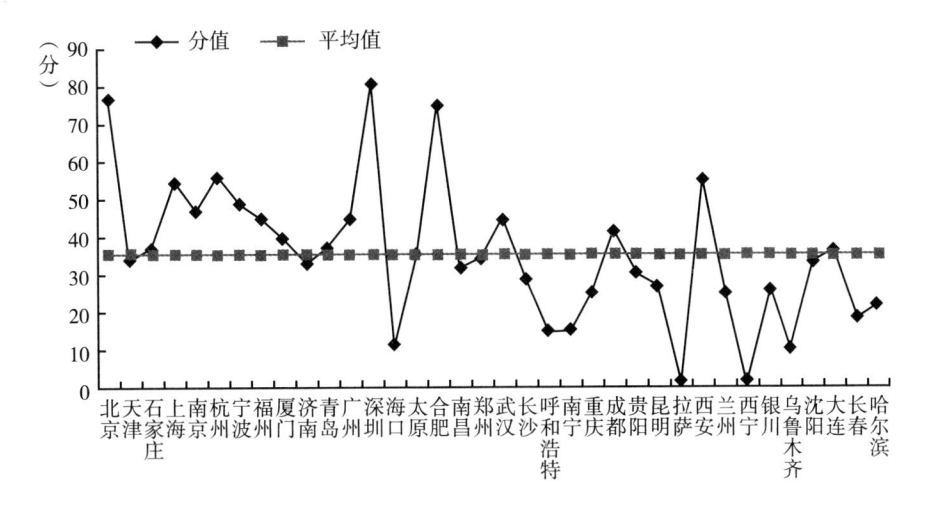

图1 36个重点城市创新投入水平分值和平均值

值均在70分之上，远远高于随后城市20分左右。尽管北京的投资强度高于深圳，但深圳的科研支出占财政支出比重远远高于北京，这是深圳创新投入水平位列第1的主要原因。位于后10的城市分别为重庆、兰州、哈尔滨、长春、南宁、呼和浩特、海口、乌鲁木齐、拉萨和西宁，基本属于中西部城市。与2017年的创新投入评价相比，福州、石家庄和郑州进步较大，而长沙、银川退步较大。

在过去5年，深圳全社会研发投入以市场为导向、以企业为主体的特点明显，研发投入占地区生产总值比重居全球领先水平，达到4.93%，"基础研究+技术转化+成果产业化+人才支撑+科技金融"的创新生态链初步形成，促使深圳在缺少大的科技基础平台的情况下取得良好成绩，国家级高新企业数量增居全国城市第2位，是"十二五"期末的3倍，高新技术产业发展迅猛。合肥在过去5年，科技创新和新兴产业集聚双头并进，大科学装置数量位居全国前列，成功获批建设综合性国家科学中心，31项成果获国家科技奖。墨子传信、悟空探秘、热核聚变、铁基超导等一批具有国际领先水平的科技成果相继问世。新型显示、集成电路、人工智能入列首批国家战略新产业集群，成为新的产业地标。

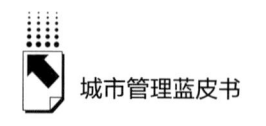

（二）创新潜力水平排名

36个重点城市创新潜力水平分值和排名如表4和图2所示。

表4　36个重点城市创新潜力水平分值和总排名

单位：分

排名	城市	分值	排名	城市	分值
1	北京	61.78	19	呼和浩特	23.89
2	上海	49.06	20	贵阳	23.79
3	石家庄	40.28	21	广州	23.53
4	拉萨	39.45	22	厦门	21.40
5	深圳	37.28	23	武汉	20.68
6	宁波	37.27	24	长春	20.11
7	郑州	35.33	25	济南	19.57
8	青岛	32.86	26	太原	19.24
9	长沙	31.30	27	大连	17.49
10	合肥	30.89	28	银川	17.23
11	福州	28.08	29	乌鲁木齐	16.42
12	杭州	28.02	30	成都	16.28
13	南昌	25.90	31	哈尔滨	16.17
14	南京	25.82	32	重庆	15.42
15	西宁	25.74	33	南宁	15.00
16	天津	25.65	34	西安	14.71
17	昆明	24.19	35	沈阳	14.14
18	兰州	24.15	36	海口	8.36

在36个重点城市创新潜力水平指标上，平均得分为25.74分。排名前10的城市为北京、上海、石家庄、拉萨、深圳、宁波、郑州、青岛、长沙和合肥，与2017年相比，天津、杭州跌出前10。北京、上海等教育资源大市，在创新潜力评价中排名一直稳居前列。排名后10的城市有大连、银川、乌鲁木齐、成都、哈尔滨、重庆、南宁、西安、沈阳和海口。与2017年的

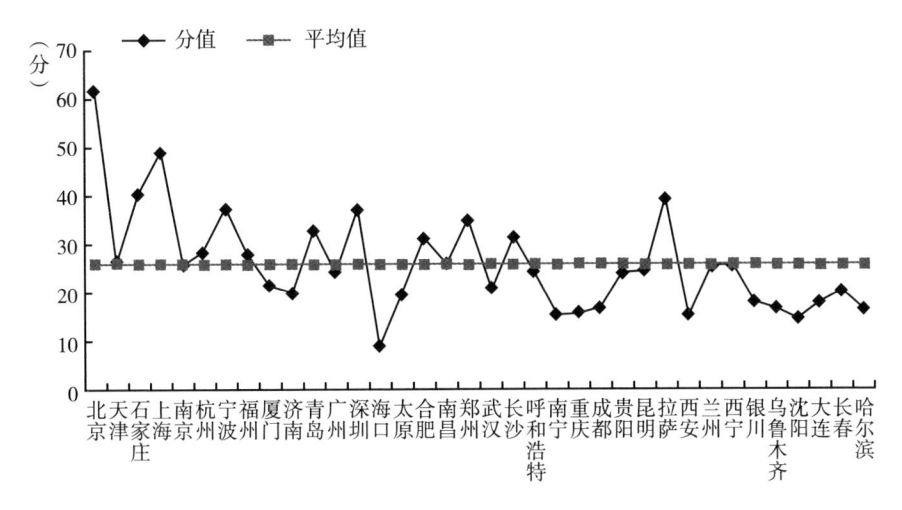

图 2　36 个重点城市创新潜力水平分值和平均值

创新潜力评价相比，排名前进较明显的有石家庄、西宁、宁波等城市。我们发现，拉萨等边疆城市实施教育事业优先发展，资助家庭经济困难学生的政策，大大提升了高中升学率和本科上线率。因此，拉萨市在创新潜力水平上获得不错的排名。深圳等新兴城市，也加大了高等教育投入，实现高等教育的优质化发展。

石家庄市"十三五"期间累计投入 2600 余万元，从幼儿园到高校，全市教育经费投入连年增长，从 2015 年的 146.41 亿元增至 2019 年的 252.84 亿元，拨款年均增长率达到 14.64%。城乡学校条件差距不断缩小，为经济困难学生累计安排生活补助和交通补助资金 1.12 亿元，惠及学生 13.5 万人。宁波市"十三五"期间标准化学校达标比例超过 98%，浙大宁波校区启动建设，宁波大学"双一流"建设加快，成为国家产教融合型试点城市。郑州市"十三五"期间新建、改扩建中小学校 179 所，新增学位 27.6 万个，新增普通高中 17 所，新增普通高中学位 2.96 万个；与哈尔滨工业大学签订合作协议，优质高等教育资源引进实现突破。

（三）创新载体水平排名

36 个重点城市创新载体水平分值和排名如表 5 和图 3 所示。

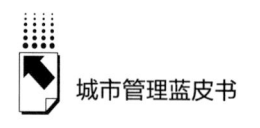

表5 36个重点城市创新载体水平分值和总排名

单位：分

排名	城市	分值	排名	城市	分值
1	深圳	72.75	19	厦门	23.69
2	北京	59.80	20	济南	23.61
3	长沙	49.43	21	兰州	23.47
4	武汉	44.94	22	昆明	21.29
5	上海	41.85	23	大连	20.99
6	成都	41.50	24	贵阳	20.43
7	西安	40.10	25	长春	20.26
8	青岛	38.35	26	太原	17.89
9	杭州	34.97	27	西宁	17.65
10	合肥	34.58	28	哈尔滨	17.54
11	广州	33.48	29	福州	16.66
12	宁波	32.52	30	沈阳	16.61
13	郑州	32.15	31	乌鲁木齐	14.27
14	南昌	29.43	32	重庆	12.67
15	天津	29.06	33	南宁	11.41
16	南京	28.14	34	银川	10.81
17	石家庄	25.74	35	拉萨	8.77
18	呼和浩特	24.02	36	海口	8.04

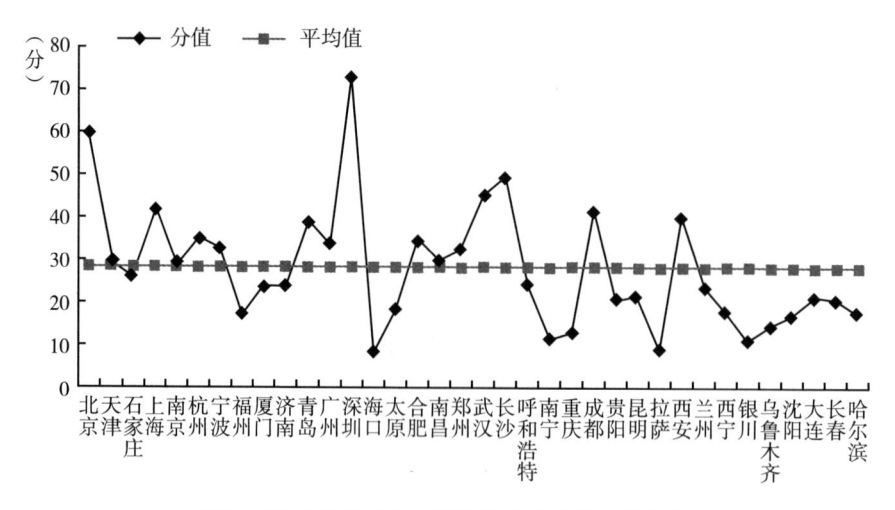

图3 36个重点城市创新载体水平分值和平均值

在36个重点城市创新载体水平指标上,平均得分为27.75分,与2017年相比,整体降低了0.39分。合肥成为新进入排名前10的城市,位于前10的城市有深圳、北京、长沙、武汉、上海、成都、西安、青岛、杭州和合肥。位于后10的城市有西宁、哈尔滨、福州、沈阳、乌鲁木齐、重庆、南宁、银川、拉萨和海口。

贵阳、济南与2017年的排名相比,分别前进了6名和5名,进步幅度较大。"十三五"期间,科技创新为贵阳高质量发展注入了强劲动力,大数据成为城市产业发展新的增长极,大数据已经成为引领创新发展的强大引擎,引进了一批国内外知名大数据企业和培育了一批本地优强企业;建成省级以上各类科研机构161个,高新技术企业达到1210个,科技进步贡献率超过65%。济南科技创新能力持续提升,实现技术合同成交额350亿元,新增省级技术创新中心12家,新备案省级新型研发机构48家。

(四)创新效率水平排名

36个重点城市创新效率水平分值和排名如表6和图4所示。

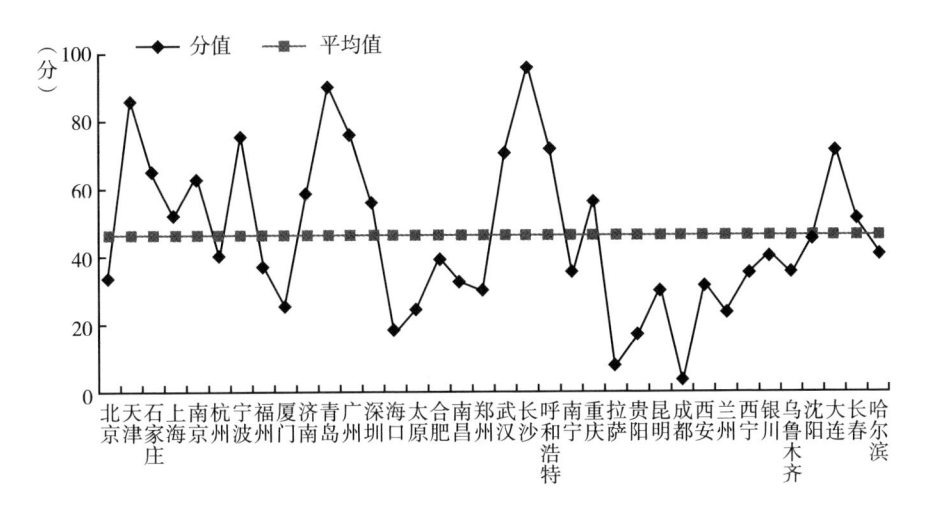

图4 36个重点城市创新效率水平分值和平均值

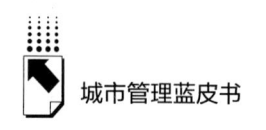

表6　36个重点城市创新效率水平分值和总排名

单位：分

排名	城市	分值	排名	城市	分值
1	长沙	98.75	19	乌鲁木齐	39.51
2	青岛	94.90	20	哈尔滨	39.14
3	天津	87.94	21	西安	35.14
4	武汉	82.67	22	南昌	34.41
5	宁波	77.62	23	福州	33.69
6	大连	77.61	24	北京	33.33
7	广州	71.69	25	郑州	32.97
8	呼和浩特	66.03	26	合肥	31.21
9	济南	60.50	27	昆明	29.96
10	南京	60.25	28	太原	26.95
11	长春	59.34	29	西宁	26.84
12	上海	51.83	30	兰州	24.15
13	石家庄	51.78	31	南宁	22.41
14	沈阳	49.97	32	厦门	22.41
15	深圳	49.82	33	海口	18.34
16	重庆	47.98	34	贵阳	16.00
17	杭州	41.32	35	拉萨	10.91
18	银川	39.95	36	成都	5.92

在36个重点城市创新效率水平指标上，平均得分为45.92分，与2017年相比，整体提升0.30分。济南成为新进入前10位的城市，位于前10名的城市有长沙、青岛、天津、武汉、宁波、大连、广州、呼和浩特、济南和南京。位于后10名的城市有昆明、太原、西宁、兰州、南宁、厦门、海口、贵阳、拉萨和成都。与2017年的创新效率评价相比，按照排名进步的位数排序，依次是西安、乌鲁木齐、南昌、郑州、长春、太原等城市。

青岛市在"十三五"期间人均生产总值接近1.9万美元，"四新"经济增加值占生产总值比重达到32.6%，战略性新兴产业增加值年均增长8%左右。节能环保、轨道交通等产业入选国家战略性新兴产业集群。天津市大力实施航空航天、装备制造、石油化工、汽车工业等优势产业的转型升级，"十三五"战略性新兴产业占规模以上工业增加值比重达到26.1%，高技术产业（制造业）占规模以上工业增加值比重达到 15.4%。武汉市从体制机制、政策、资金、人才等方面大力推进新兴产业，把推进战略性新兴产业发展作为高质量发展的重要抓手，"十三五"期间高新技术产业增加值占比为 25% 左右，特别突出了规划和政策的引领作用。

（五）创新产出水平排名

36 个重点城市创新产出水平分值和排名如表 7 和图 5 所示。

表 7　36 个重点城市创新产出水平分值和总排名

单位：分

排名	城市	分值	排名	城市	分值
1	深圳	90.27	19	贵阳	20.07
2	郑州	46.34	20	昆明	17.64
3	宁波	42.01	21	大连	17.55
4	成都	41.75	22	南昌	16.91
5	合肥	40.92	23	济南	16.23
6	广州	36.45	24	南宁	16.18
7	北京	36.41	25	银川	12.88
8	杭州	33.51	26	沈阳	12.01
9	上海	33.27	27	长春	12.00
10	南京	30.66	28	兰州	11.27
11	厦门	28.88	29	太原	11.23
12	西安	27.06	30	哈尔滨	10.48
13	重庆	26.00	31	石家庄	10.07
14	天津	25.26	32	海口	9.53
15	福州	24.07	33	呼和浩特	8.22
16	长沙	21.71	34	乌鲁木齐	6.76
17	青岛	21.64	35	西宁	6.15
18	武汉	21.54	36	拉萨	0.00

在 36 个重点城市创新产出水平指标上，平均得分为 23.41 分，较 2017 年整体提升 1.27 分。排名前 10 的城市有深圳、郑州、宁波、成都、合肥、广州、北京、杭州、上海和南京，天津、西安、青岛跌出前 10。排名后 10

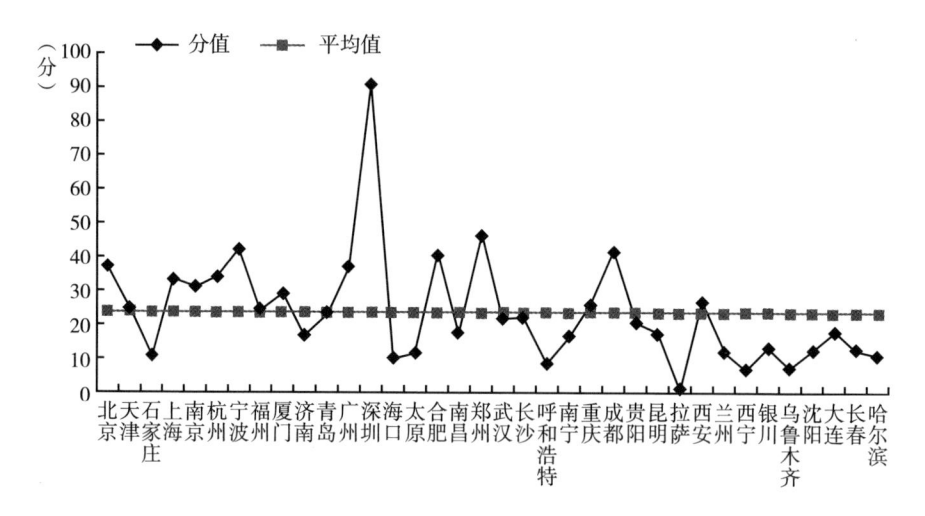

图5 36个重点城市创新产出水平分值和平均值

的城市有长春、兰州、太原、哈尔滨、石家庄、海口、呼和浩特、乌鲁木齐、西宁和拉萨。与2017年的创新产出评价相比，其中大连、广州、杭州、福州、沈阳等城市排名进步比较大，反映了这些城市加大了知识产权创造激励力度，纷纷实施知识产权示范企业培育工程。

"十三五"期间，成都市科技产出加速转化，2019年技术交易额突破1150亿元，较"十二五"末增长超过183%；校院企地协同创新方面，推动企业与高校达成成果转化、技术开发合作项目金额超过20亿元；2019年全市R&D经费452.5亿元，比"十二五"末增长75.6%，连续四年保持两位数增长，年均增速为15.13%，在副省级城市中处于前列。广州市"十三五"科技创新策源功能明显增强。国家、省重点实验室分别达21家和241家，分别占全省的70%和61%；专利、发明专利授权量比2015年分别增长2.9倍和1.3倍，共获国家级科技奖励104项；技术合同成交额突破2000亿元，是2015年的8倍。南京市"十三五"时期创新成果不断显现，每万人发明专利拥有量达到82.86件，高新技术产业占规模以上工业总产值比重达到53.4%，研发经费强度和科技进步贡献率分别达到3.38%、66%。

（六）城市科技创新管理水平排名

36个重点城市科技创新管理水平分值和排名如表8和图6所示。

表8　36个重点城市科技创新管理水平分值和总排名

单位：分

排名	城市	分值	排名	城市	分值
1	深圳	65.69	19	福州	27.96
2	北京	53.69	20	南昌	26.88
3	上海	44.98	21	厦门	26.26
4	宁波	43.95	22	呼和浩特	25.26
5	长沙	42.68	23	长春	24.23
6	合肥	41.94	24	重庆	24.05
7	青岛	41.06	25	昆明	23.64
8	武汉	40.81	26	沈阳	23.26
9	广州	39.82	27	贵阳	22.22
10	杭州	37.66	28	太原	21.68
11	天津	37.33	29	兰州	21.24
12	南京	36.60	30	银川	20.07
13	郑州	36.53	31	哈尔滨	19.65
14	西安	34.34	32	乌鲁木齐	16.14
15	石家庄	31.97	33	南宁	15.75
16	成都	31.18	34	西宁	14.86
17	大连	31.10	35	拉萨	11.85
18	济南	28.05	36	海口	10.45

在36个重点城市的科技创新管理水平上，平均得分为30.41分，与2017年相比，提升0.06分。进入前10名的城市有深圳、北京、上海、宁波、长沙、合肥、青岛、武汉、广州和杭州，前3名与2017年一致，为深圳、北京和上海。青岛首次进入前10，天津则退出前10。位于后10的城市有贵阳、太原、兰州、银川、哈尔滨、乌鲁木齐、南宁、西宁、拉萨和海口。

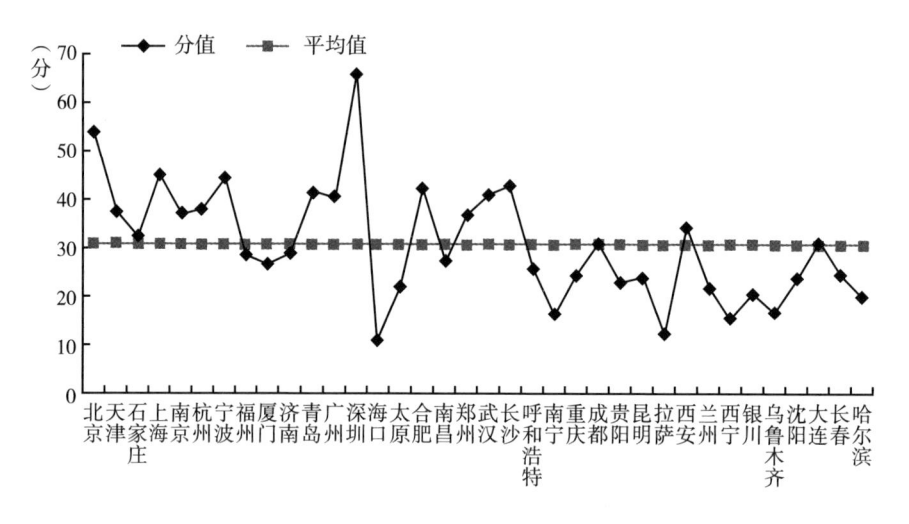

图6 36个重点城市的科技创新管理水平分值和平均值

四 城市科技创新管理水平总体评价变化与分析

(一)总体评价变化与分析

从总体排名看,深圳、北京和上海继续保持前3的地位,没有发生变化。与上一年相比,2018年城市科技创新管理水平前10名的城市中,除了1个城市发生变化,即杭州市进入前10名,天津市退出前10名之外,其他城市只是在排位顺序上有所变化,基本保持稳定。

从城市变动看,与上一年相比,2018年城市科技创新管理水平变动比较大的城市有石家庄、宁波和长沙,分别上升7位、6位和4位;杭州、福州、长春和贵阳均提升3位;太原和厦门分别下降8位和5位,青岛、广州、西安、呼和浩特和银川均降低3位。

(二)区域评价变化与分析

国家统计局将我国的经济区域划分为东部、中部、西部和东北四大地区。本节以东北地区、东部地区、中部地区和西部地区等不同区域的城市科技创新管理水平进行比较分析，从而反映区域视角下的城市创新管理水平及其差异性。36个重点城市科技创新发展的空间格局总体呈现以下区域特征。

表9　2017~2018年城市科技创新管理水平的排名比较

城市	2018排名	2017排名	排名变化	城市	2018排名	2017排名	排名变化
深圳	1	1	0	福州	19	23	+3
北京	2	2	0	南昌	20	21	+1
上海	3	3	0	厦门	21	16	-5
宁波	4	10	+6	呼和浩特	22	18	-3
长沙	5	9	+4	长春	23	26	+3
合肥	6	8	+2	重庆	24	24	0
青岛	7	4	-3	昆明	25	25	0
武汉	8	7	-1	沈阳	26	28	+2
广州	9	6	-3	贵阳	27	30	+3
杭州	10	13	+3	太原	28	20	-8
天津	11	5	-6	兰州	29	29	0
南京	12	12	0	银川	30	27	-3
郑州	13	14	+1	哈尔滨	31	31	0
西安	14	11	-3	乌鲁木齐	32	33	+1
石家庄	15	22	+7	南宁	33	32	-1
成都	16	15	-1	西宁	34	35	+1
大连	17	17	0	拉萨	35	34	-1
济南	18	19	+1	海口	36	36	0

表10　我国经济区域的划分

区域	省份
东部	北京市、天津市、河北省、上海市、江苏省、浙江省、福建省、山东省、广东省、海南省、台湾地区、香港特别行政区、澳门特别行政区
中部	山西省、安徽省、江西省、河南省、湖北省、湖南省
西部	内蒙古自治区、广西壮族自治区、重庆市、四川省、贵州省、云南省、西藏自治区、陕西省、甘肃省、青海省、宁夏回族自治区、新疆维吾尔自治区
东北	辽宁省、吉林省、黑龙江省

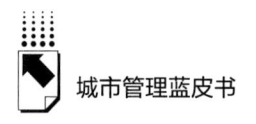

1. 总体保持与经济发展一致的格局

长三角、京津冀、珠三角三大城市群占全国经济总量份额超过40%,东部城市处于这三大城市群,其经济水平最强,其次中部城市,城市群对整个东部、中部的城市科技创新能力具有直接的提升作用。从2016~2018年36个重点城市的综合得分来看,各区域变化不大,也反映出城市科技创新管理水平的强弱格局与经济发展水平相一致,即东部城市最强、中部城市次强、西部城市较弱和东北城市垫底。而且深圳、北京、上海等城市的科技引领发展的地位愈加凸显,2016~2018年均保持在前3的位置。

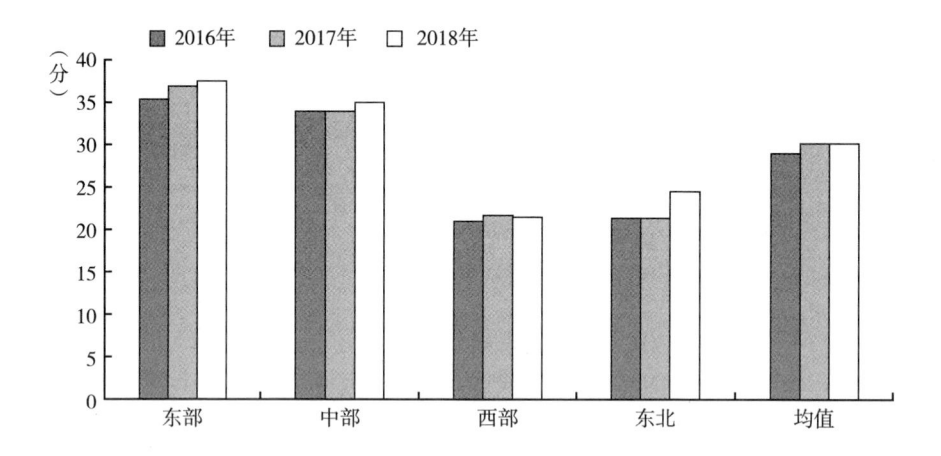

图7 2016~2018年36个重点城市分区域的城市科技创新管理水平分值和平均值

2. 东中部城市明显强于东北城市、西部城市

36个重点城市处于不同区域,受自然禀赋、历史发展、经济政策、地方治理能力等多方面因素的影响,在科技创新管理水平上存在一定的差距。东中部城市明显处于稳居高位的水平,排名前10的城市全部由东中部城市占领,且高于全国的平均值,科技创新管理能力明显高于西部城市和东北城市。2016~2018年,东部城市分别高于全国的平均值约6.58分、6.60分和7.12分,中部城市分别高于全国的平均值约5.18分、3.77分和4.68分,而西部城市分别低于全国的平均值约7.77分、8.47分和8.70分,东北城市分别低于全国的平均值约7.50分、8.81分和5.85分。

3. 部分中西部城市创新驱动效果明显

《关于建立更加有效的区域协调发展新机制的意见》提出，以重庆、成都、武汉、郑州、西安等为中心，引领成渝、长江中游、中原、关中平原等城市群的发展。郑州、长沙和合肥，地处京津冀、长三角、珠三角三大城市群的周边。这些城市肩负着区域中心城市的角色，成为引领区域发展、参与国家竞争的现代化大都市。伴随着中国产业升级转型，合肥、武汉、成都、西安、长沙、郑州等一批成功把握机会的中西部城市乘势而起，在创新资源投入和科技成果转化上呈现加速发展的态势，迅速崛起为区域创新的新亮点，在创新引领发展中表现尤为突出，值得重点关注。2016~2018年，武汉、合肥3次进入前10名，长沙2次进入前10名，西安1次进入前10名，以上中西部区域中心城市在总体评价中均进入前15名。特别是，这些城市的创新发展促进了东部城市由一枝独秀向东中西协同发展的转变，中部城市的科技创新管理水平与东部城市差距在缩小，从2.84分缩小到2.45分。

（三）分项指标评价变化与分析

2016~2018年，分项指标创新投入水平的评分值连续3年呈现增长态势，分别为30.93分、33.15分和34.88分，表明36个重点城市中越来越多的城市意识到要摆脱资源和要素驱动，更多地依赖创新驱动，为此在研发上不断加大投入力度，政府预算向科研经费倾斜，进一步提高各城市经济增长的质量和效益。

分项指标创新潜力水平的评分值连续3年呈现递减态势，分别为29.57分、26.94分和25.74分，数值上的波动与不同城市在校学生的数量波动而教育经费投入没有及时调整有关。

分项指标创新载体水平的评分值连续3年呈现先增后降态势，分别为26.21分、28.13分和27.75分，数值上发生变化的原因主要有两个，一是一些城市在产业调整过程中，新兴产业还没有快速形成产能；二是一些城市受全球经济影响，外商直接投资出现下滑。

分项指标创新效率水平的评分值连续3年呈现递增态势，分别为44.98

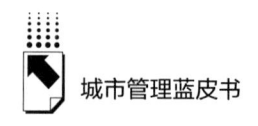

分、45.61分和45.92分，创新效率的提高主要与科技进步高度相关，比如自动化生产线、工业机器人、信息技术等。

分项指标创新产出水平的评分值连续三年呈现递增态势，分别为20.88分、22.14分和23.41分，明显体现出各地实施创新战略和知识产权战略所取得的成绩。一方面各城市大力依靠科技、知识、人力、文化、体制等创新要素，直接促进了专利等知识产权创造水平的提高。另一方面随着各城市知识产权战略的实施不断深入，在创新型城市建设过程中知识产权的保护运用力度加大和知识产权的公共服务供给增加，提升了知识产权创造质量，鼓励创新成果取得专利权，加强对关键领域和核心技术的创新激励，创新主体申请专利、实用新型等知识产权的动力大大增强，涌现出了一大批优秀发明专利。

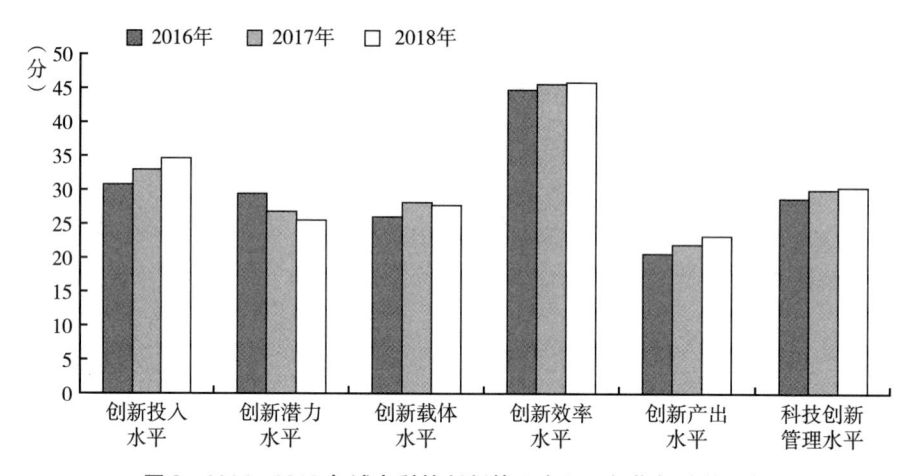

图8 2016~2018年城市科技创新管理水平二级指标分值比较

（四）水平梯度变化与分析

2018年36个重点城市的科技创新管理水平均值为30.35分，2016年为28.05分。本报告与2017年的梯度划分标准一致。36个重点城市的科技创新管理水平可分为三个梯队，第一梯队为分值在40分以上的城市，第二梯队为分值在25~40分的城市，25分以下的城市为第三梯队。

2018年，第一梯队有深圳、北京、上海、宁波、长沙、合肥、青岛和武汉等8个城市，比2017年减少1个城市；第二梯队包括广州、杭州、天津、南京、郑州、西安、石家庄、成都、大连、济南、福州、南昌、厦门、呼和浩特等14个城市，比2017年增加4个城市；第三梯队有长春、重庆、昆明、沈阳、贵阳、太原、兰州、银川、哈尔滨、乌鲁木齐、南宁、西宁、拉萨和海口等14个城市（见图9）。

2017年，第一梯队有深圳、北京、上海、青岛、天津、广州、武汉、合肥和长沙等9个城市，比2016年增加1个城市；第二梯队包括宁波、西安、南京、杭州、郑州、成都、厦门、大连、呼和浩特、济南等10个城市，比2016年减少2个城市；第三梯队有太原、南昌、石家庄、福州、重庆、昆明、长春、银川、沈阳、兰州、贵阳、哈尔滨、南宁、乌鲁木齐、拉萨、西宁和海口等17个城市。

由此可见，与2017年相比，2018年城市科技创新管理水平梯度变化有如下特点：第一梯队数量基本保持稳定，但梯队内的个别城市并不稳定；第二梯队呈现扩大的态势，这也反映出处于第三梯队的前列城市加大创新力度的决心，经过努力成功地进入第二梯队；第三梯队的阵营有所缩小，处于第三梯队的后列城市创新能力还不稳定，时刻处于不进则退的境地，有很大的危机感。

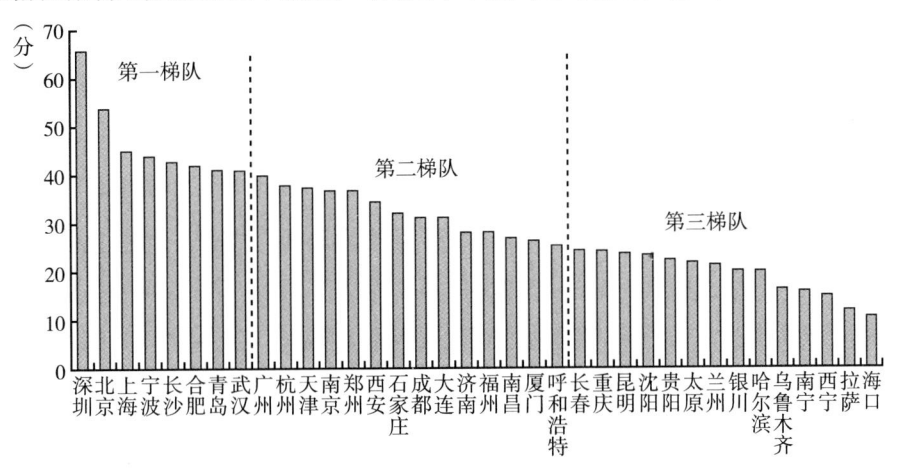

图9 2018年36个重点城市在三个梯队的归类

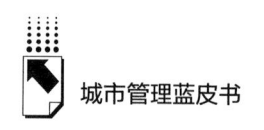

五 科技赋能城市治理典型城市与创新案例

重视依靠科技赋能,提升城市治理水平。习近平总书记指出:"一流城市要有一流治理。提高城市管理水平,要在科学化、精细化、智能化上下功夫。"① 同时他还指出,运用大数据、云计算、区块链、人工智能等前沿技术推动城市管理手段、管理模式、管理理念创新,是推动城市治理体系和治理能力现代化的必由之路。

(一)北京

海淀"城市大脑"新型城市治理平台。通过政府主导、多元参与、共建共享的机制创新,以物联网、云计算、大数据、人工智能等信息技术作为支撑,以遍布海淀全域的城市感知网络所产生的城市大数据为分析对象,对海淀全域进行全感知、全互联、全分析、全响应、全应用的城市治理,全面提升了海淀区城市治理能力的现代化、智能化和精细化水平。2021年已初步建成"1+1+2+N"的总体架构(即1张感知网、1个智能云平台、2个大数据和AI计算处理中心、N个创新应用)。在城市管理、城市交通、生态环保、公共安全等领域取得显著效果,预计到2022年底,海淀"城市大脑"将全面深化应用。

副中心的"数字孪生城市"。对空间、建筑、人、物、事件、信息等现实物理空间进行数字化再造,打造一个与物理空间精准对应的数字空间,形成物理维度上的实体空间和数字化的孪生空间。截止到2020年底,已对总长度达9175公里的地下管线布局图用AR增强现实的方式全部实现三维立体化。"十四五"时期,城市副中心将加快打造数字孪生城市运行底座,融合基础地理、建筑信息等数据开展三维城市建模,并进行数字孪生城市应用

---

① 新华网:《习近平在上海考察》,http://www.xinhuanet.com/2018-11/07/c_1123679389.htm,最后访问日期:2021年8月25日。

试点。城市副中心将在城市管理、市政交通、公共安全等领域统筹布局感知设备,打造城市治理的"神经元",实现多种设备和传感器"一杆多感"的综合承载,构建一体化的泛在感知网络,建设智慧杆塔,提高城市精细化管理和数字治理能力。

朝阳"城市码"精细化管理平台。朝阳区通过二维码为公共设施和商户发放"城市身份证",对公共设施和商户分别建立一物一码、一户一码的专属信息,构建城市基础数据台账;以数据采集和更新为机制,以共治共建共享为理念,引导社会力量多方参与城市管理,市民、巡查、产权单位根据自身权限扫码查看和获取相关设施信息,通过网上吹哨、自动流转、数据分析等信息化手段,可以快速准确上报问题、日常巡检、处理案件等,实现智能采集、准确发现、多维反馈、快速处置和准确研判等功能,达到"未诉先办"的治理效果,实现"一码共治"城市精细化管理。

(二)上海

城市网格化管理的"神经元系统"。上海在现有城市网格化管理系统的基础上,综合运用云计算、大数据和人工智能技术,统筹城市管理"神经元"的布局,升级建设"城市大脑",形成"1+16+214+5902"的城市综合管理非紧急类监督指挥体系,即1个市级数字化管理中心、16个区级网格化中心、214个街镇级网格化管理中心和5902个居村工作站,从公共空间上实现城市管理全覆盖,实现智能发现、自动指令、快速处置、实时回馈的全流程精细化管理。

城市运行的"一网统管"。以"二级建云、三级平台、五级应用"为迭代抓手,运用前沿技术推动奠定"一网统管"的技术基础,整合各部门信息资源,提高存储、算力等基础资源的保障能力,实现城市运行系统"一网统管"从1.0版升级到2.0版。结合"新基建"建设,创新城市管理模式,使城市治理从数字化到智能化再到智慧化,智慧触角延伸到城市治理最末端,不仅在市、区、街镇三级提供基础赋能工具,搭建城运系统应用平台;更在市、区、街镇、网格、社区(楼宇、单位)这5级都启用治理职

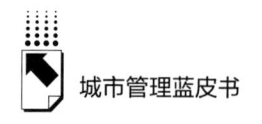

能，为部门和基层全方位赋能，打造上海城市大脑的支撑体系。

徐汇区的"城市云脑"。徐汇区城市网格化综合管理中心的"城市云脑"实时显示网格管理、行政服务、市场监管、城市运行、平安综治、民生保障几大领域的数据。依托"城市云脑"和城市管理物联感知网，推动网格管理、"12345"市民服务热线、交通出行、气象预警、市场监管、产业经济、应急处置等多领域城市运行数据的协同整合及可视化应用。应急状态期间，网格智慧大厅将撤离日常工作人员，进驻应急指挥团队，转换为应急指挥协调平台，实现统一部署、快速反应、妥善处置，以及实体处置力量的联勤联动。

（三）深圳

新型智慧城市标杆。利用生物识别、人工智能、大数据、区块链及云技术，在智慧政务、智慧财政、智慧交通、智慧生活、智慧医疗、智慧口岸、智慧安防、智慧房产和智慧教育等方面提升政府的城市管理和服务能力，力争树立国家新型智慧城市标杆。"一图全面感知"，即能够使用信息化手段感知物理空间和虚拟空间的运行状况，建成城市安全、环境、交通的全面感知系统。"一号走遍深圳"，即个人能够通过身份证号或生物识别，企业能够通过社会信用代码或数字证书，完成各类公共服务等事项的办理。"一键可知全局"，即能够通过远端操作，获取不同部门和系统的基于大数据、信息共享和人工智能的数据，为城市提供决策支撑报告。"一体运行联动"，即在公共安全、城市运行等领域建成能够快速反应、预测研判的一体化运行管理系统，实现市区、部门和军地之间的联动。"一站创新创业"，即通过数据开放平台和大数据交易平台，激发数字化产业经济活力，提供基于开源数据的创新创业服务。"一屏智享生活"，即提供与市民生活相关的各类数据信息和服务，市民通过移动终端可获得快捷方便的高品质生活服务。

智慧城管系统。早期主要定位于城市交通管理，依托信息技术，将涉及的人、车辆等城市交通管理实现互联，实时在线监管和调度。随后，该系统进行扩充，增加了城管业务应用和指挥调度平台，包括市容管理、执法、环卫、文明养犬等19个应用系统。其中，环卫监管系统实现了对每一台环卫车辆从收集垃圾到转运至垃圾处理末端设施全过程的智能化管理。城管综合执法系统实现对一线执法队员执法过程进行实时在线的点对点扁平化指挥，以及对市、区两级案件实现网上监管。对外则整合政务与科普等服务资源，搭建了公众互动服务平台。

（四）杭州

"移动办事之城。"杭州市在深化"最多跑一次"改革的基础上，依靠互联网和大数据，在全国率先提出打造"审批事项最少、办事效率最高，政府环境最优，老百姓获得感最强"的"移动办事之城"。高标准、高起点建设政务数据共享体系，实现全市68个单位的数据汇聚，建成办事材料共享库等六大数据库，建设多级互联、统一的政务数据共享体系。杭州以群众为中心促进行政服务大厅的"去中心化"，实现数据实时与"大厅""网上""掌上""链上"相连。接下来，杭州将尝试引入社会资本大规模部署综合自助机，补齐"异地通办"服务短板，实现长三角区域数据一体化，成为服务长三角的"移动办事之城"。

城市大脑运营指挥中心。该中心始建于2016年4月，主要聚焦交通领域，开启了利用大数据改善城市交通的探索。近年来，城市大脑的应用场景不断扩展，已建成11大系统、148个数字驾驶舱和48个应用场景，基本构建"中枢系统+部门（区、县、市）平台+数字驾驶舱+应用场景"的城市大脑核心架构。2020年，杭州继续拓展城市大脑应用场景，开发了健康码、"亲清在线"等应用，而且将应急治理固化为常态治理机制。2020年3月31日，习近平总书记在杭州城市大脑运营指挥中心指出，城市大脑是建设"数字杭州"的重要举措。通过大数据、云计算、人工智能等手段推动城市治理现代化建设，大城市也可以变得更"聪明"。①

城市基层的"城市眼云共治"。城市街道基层治理中引入AI视频智能

---

① 转引自江南《让智慧城市更聪明更暖心》，《人民日报》2020年6月17日，第01版。

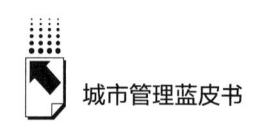

识别技术，探索建立"城市眼云共治"模式。"眼"指智能设备的实时监控，"云"指 AI 物体识别、行为识别和大数据分析技术，"共治"指实现线上线下多方主体参与的治理。目前，"城市眼云共治"可以识别城市治理中的游商经营、垃圾混投、车辆违停、违规宣传、沿街晾晒、出店经营、非机动车违停、人员聚集等行为，准确率超过 90%。

六 城市政府推动科技创新的政策建议

（一）智慧城市建设："下沉"城市基层治理

新冠肺炎疫情对全国"智慧城市"建设是一场考验。可以看到，有些城市的"智慧城市"建设发挥了很大的作用。依托智慧城市建设良好基础，36 个重点城市均能利用移动互联网、大数据、云计算、5G 和人工智能等信息技术手段开展疫情防控，科技应用创新赋能城市治理取得了良好成效。数字政务、线上教育、远程医疗等智慧应用，使这些城市的市民足不出户享受便捷智慧服务。特别是交通出行大数据使在全国范围内的人员流动得以监控，大数据挖掘技术有效支撑了疫情防控的精准施策。尽管如此，一些城市的智慧系统表现仍不如人意，从而产生对一些城市的巨额投资与智慧城市的实际效用是否匹配的质疑。现在反思看来，当初一些城市争先恐后建设的智慧城市项目，只是将其作为政绩工程、形象工程，导致智慧城市建设与市民的实际需求脱节。从目前情况来看，智慧城市建设主要还是集中在政务服务和商业领域，而与民生息息相关的公共应急管理、公共卫生健康等领域则暴露出较大的短板。疫情防控期间，车辆排查、人员登记、信息上报等防控工作还是靠人工来实现，与市民关系最为紧密的社区智能治理水平仍较低。

为此，智慧城市应尽快补齐短板，如何让智慧城市建设成果"下沉"成为未来一个时期亟待解决的问题。首先，智慧城市建设在理念上要关注城市智慧系统的"下沉"，将城市智慧系统融入社区治理的方方面面，同时为居民提供更多便捷有效的智慧服务；其次，要尽快搭建和完善市－区－街道三级城市网格化综合的智慧治理平台，实现数据瞬时对接、信息分级共享、部门及时协调、应急迅速到位，为城市应急部署提供有力的技术支撑；再次，各城市要借鉴北京、深圳等在政府网站开放可机读的数据集经验，提供元数据、关联信息、数据项、可视化分析等数据信息，破除基层"信息烟囱"，为城市治理的数据智能分析和应用提供数据基础；最后，要深度研究科技创新赋能社区治理的应用场景，进一步提高大数据、区块链和人工智能等技术在社区治理中的支撑作用，让更多的城市居民共享城市智慧化成果。

（二）政策工具完善："创新券"扩大到城市群

创新券是为了应对中小企业自主创新能力不足而出台的一个财政政策工具，很多城市目前还处于探索和试点阶段。这一政策工具有利于激发中小企业自主研发创新和实现科研机构的研究成果快速产业化，激励高校、科研院所等创新载体开放共享科技资源、提高创新服务能力，对加快推进高质量创新型城市建设具有重要意义。目前，主要由各地城市政府独立开展实施，受地方财政资金异地使用限制以及地方保护主义思想的影响，仅限于本地的科技服务机构使用，基本上无法异地流通使用，创新券政策使用范围的局限性限制了企业获取科技服务的范围。而国内科技资源分布及不均衡，普遍存在省会城市的科技服务机构服务能力强于非省会城市、区域中心城市的科技服务机构服务能力强于周边城市、东部城市科技服务机构服务能力强于中西部城市的现象。因此，一些城市虽然发行了创新券，由于本地科技服务机构服务能力有限，即使企业申请获得了创新券，也可能找不到合适机构购买技术服务。可见，创新券不能跨地区使用，严重限制了创新券政策的效力发挥。

随着区域协同创新的深入开展，科技资源匮乏的企业对优质创新资源的需求愈发明显，要求跨区域联合实施创新券制度。因此，围绕城市群搭建跨区域的统一创新券管理平台成为完善政策工具的一个方向。应该在长三角、珠三角、京津冀等城市群内探索科技创新券通用通兑模式，企业使用创新券采购异地机构服务，也能够获得本地财政补贴支持，实现以优质

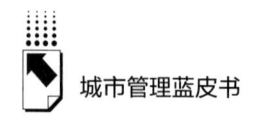

科技服务助力城市群企业技术创新的目的。在各地创新券政策体系中，应鼓励基于服务效果给予实验人员和管理人员适当比例的绩效激励，进一步制定对服务机构提供跨区域科技资源服务的鼓励措施，从而提高其开放共享的跨区积极性。

（三）组织模式改革：科技攻关"揭榜挂帅"

"揭榜挂帅"是一种技术攻关新型组织实施模式，是深化科研项目管理改革的探索，突出以需求为导向的科技创新。以受制于国外的核心技术或者产业发展的关键技术为重点，调动社会各界创新能力，引导创新要素向有创新实力的高校、科研院所和企业等创新主体集聚；集成科技、金融、人才等政策扶持推动成果落地，精准支持"揭榜挂帅"科技攻关创新主体，实现关键核心技术的突破创新，充分激发创新主体的积极性，提高创新链整体效能。近两三年来，"揭榜挂帅"已经逐渐写入一些地方政府的政策文件。如武汉在全国首创面向全球招标，推进"资智回汉"计划，寻找能实现技术攻关的项目成果。深圳主办国际性"深圳科技悬赏赛"，发现并吸引尖端技术和产业技术人才，有效解决全市企业在自身研发过程中遇到的各种技术困难和技术需求。

各城市"揭榜挂帅"科技攻关创新应强化问题导向，从自身城市的产业需求出发，提倡各城市的揭榜对象应面向国内外具备技术攻关能力的高校、科研院所、企业或创新团队，而不是仅仅面向本地的科研团队。在管理体系方面以"清单式"管理为核心，每年摸排、遴选和发布一批关键核心技术需求清单，开展重点项目攻关；在责任体系方面应以"军令状"制度为核心，调动项目主体和人才团队积极性，确保按时完成目标；在政策体系方面应以激发创新主体活力为核心，鼓励揭榜人才和团队大胆创新，突破体制机制束缚，建立容错机制，立足颠覆性技术创新激发创新活力。"揭榜挂帅"重点项目攻关应纳入科技项目管理体系和人才评价体系，完善专项项目管理办法和评审流程，着力提升项目实施绩效，突破制约本地产业发展的关键技术和短缺技术。

（四）管理体制创新：大力发展新型研发机构

新型研发机构萌芽于深圳、广州等城市，进而逐渐在北京、上海、苏州、武汉等城市形成创新浓度。目前大部分东部城市以及部分中西部城市已经相继出台发展新型研发机构的相关政策，新型研发机构正逐渐成为我国城市创新驱动发展的生力军和新引擎，是国家重点支持发展的创新载体。在管理体制上，新型研发机构主要是从事科学研究、技术创新和研发服务的产学研紧密结合的新型法人组织，具有投资主体多元化、管理制度现代化、运行机制市场化、用人机制灵活的特征。具体而言，鼓励社会资本参与建设和发展新型研发机构，强调通过财政奖补、项目支持、用地优先、风投补贴、政府采购等方式，引导和撬动民间资金和社会资本积极投入科技创新领域。

对于一些还没有大力发展新型研发机构的城市，应遵循"政府主导、市场主体、应用导向"的原则，按照引进共建、优化提升、整合组建、重点打造等方式，尽快打造一批既能解决应用研究中的核心问题，又能为本地产业创新提供科技支撑的新型研发机构。支持本地的高校、科研机构等向新型研发机构转型。推动本地重点企业研究院、重点实验室、工程研究中心、产业创新服务综合体等向高水平新型研发机构转变。对于在发展新型研发机构方面有着较好的基础和创新能力较强的城市，对新型科研机构的定位应提升到国家创新体系上，遴选一批新型研发机构开展世界一流新型研发机构建设试点，充分调动整合人事、科技、民政、财政、税务等部门，联合制定出台建设世界一流新型研发机构的配套政策，充分发挥新型科研机构的前瞻性和前沿带动作用。

B.6
中国重点城市基础设施管理评价报告

周秀玲 尚晋钢*

摘 要： 城市基础设施管理对城市居民的生活水平有非常重要的影响。2018年的城市基础设施管理评价是2017年城市基础设施管理评价工作的延续。本报告在2015~2018年城市基础设施管理评价结果的基础上，对中国36个重点城市基础设施管理水平进行了对比分析。比较结果显示，2015~2018年城市基础设施管理水平的平均得分在逐年增加，总体呈上升趋势，城市基础设施管理水平普遍提升；2015~2018年城市基础设施管理水平排名变化总体平稳，离散程度不是特别大；部分城市基础设施管理水平稳定提升，2015~2018年深圳连续四年基础设施管理水平稳居第一，呼和浩特和长沙等城市连续四年基础设施管理水平排名不断上升。

关键词： 城市管理 基础设施管理 综合评价

一 城市基础设施管理水平指标体系构建

（一）城市基础设施管理水平指标体系和计算方法

城市基础设施管理，是指对以保障城市安全高效运行为目的而规划建设

---

* 周秀玲，北京城市学院教授，理学博士，研究方向为城市信息；尚晋钢，北京城市学院，工学硕士，研究方向为城市信息。

的各种工程及相关配套设施的管理,在本研究中具体包括对水电气设施、道路交通设施、邮电通信设施的管理。这里采用各类基础设施的人均供有量反映城市基础设施管理水平。考虑到数据的可获得性和指标测度的全面性,选取人均供水总量、人均供气总量、人均用电总量合成水电气设施管理水平指标;选取人均城市道路面积、万人拥有公共汽车数和万人拥有出租汽车数合成道路交通设施管理水平指标;选取人均拥有移动电话用户数和人均拥有互联网用户数合成邮电通信设施管理水平指标,综合体现城市基础设施管理水平。城市基础设施管理水平指标体系和计算方法如表1所示。各层级指标的权重参照2017年,仍然采用层次分析法来确定。

表1 城市基础设施管理水平指标体系和计算方法

一级指标	二级指标	三级指标	计算公式
基础设施管理水平(S)	水电气设施管理水平(S1)	人均供水总量(S11)	供水总量/总人口
		人均供气总量(S12)	供气总量/总人口
		人均用电总量(S13)	用电总量/总人口
	道路交通设施管理水平(S2)	人均城市道路面积(S21)	城市道路面积/总人口
		万人拥有公共汽车数(S22)	公共汽车总数/总人口(以万为单位)
		万人拥有出租汽车数(S23)	出租汽车总数/总人口(以万为单位)
	邮电通信设施管理水平(S3)	人均拥有移动电话用户数(S31)	移动电话用户总数/总人口
		人均拥有互联网用户数(S32)	互联网用户总数/总人口

(二)数据来源

2018年的城市基础设施管理水平评价的原始数据主要来自2016~2019年《中国统计年鉴》、2016~2019年《中国城市统计年鉴》、2015~2017年《中国城市建设统计年鉴》、各城市统计年鉴(2016~2019)以及各城市2015~2018年国民经济和社会发展统计公报,采用的数据主要为各城市的2015年、2016年、2017年和2018年的数据。对于极个别的缺失数据,采用类似数据或相邻年份数据进行估算。

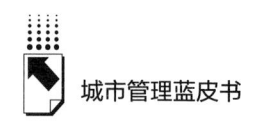

二 重点城市基础设施管理水平得分与排名

（一）城市选择

本研究选择评价的36个重点城市如表2所示，包括4个直辖市、27个省会（首府）和5个计划单列市。

表2 36个重点城市

单位：个

分类	数量	城市名
直辖市	4	北京、上海、天津、重庆
省会（首府）	27	石家庄、太原、呼和浩特、沈阳、长春、哈尔滨、南京、杭州、合肥、福州、南昌、济南、郑州、武汉、长沙、广州、南宁、海口、成都、贵阳、昆明、拉萨、西安、兰州、西宁、银川、乌鲁木齐
计划单列市	5	大连、青岛、宁波、厦门、深圳

（二）重点城市基础设施管理水平总体得分与排名

2015~2018年中国36个重点城市基础设施管理水平得分和排名如表3所示。

表3 2015~2018年中国36个重点城市基础设施管理水平得分和排名

单位：分

城市	2018年		2017年		2016年		2015年	
	得分	排名	得分	排名	得分	排名	得分	排名
深圳	86.21	1	86.98	1	90.62	1	90.54	1
乌鲁木齐	56.60	2	50.69	2	38.22	3	33.95	4
银川	50.50	3	48.51	3	34.11	7	31.52	8
西宁	45.76	4	45.22	4	22.38	13	23.55	12
呼和浩特	40.75	5	27.53	14	17.75	18	15.14	19
厦门	40.59	6	41.52	6	36.19	4	33.31	5
广州	40.13	7	35.61	7	35.40	6	32.59	6
拉萨	36.38	8	42.53	5	35.82	5	35.43	3

续表

城市	2018年		2017年		2016年		2015年	
	得分	排名	得分	排名	得分	排名	得分	排名
北京	36.35	9	34.13	8	39.21	2	36.88	2
宁波	33.73	10	33.66	9	23.95	11	19.47	13
兰州	32.88	11	30.19	12	18.92	16	15.96	16
上海	32.24	12	30.39	11	33.01	8	31.89	7
合肥	30.85	13	31.15	10	17.95	17	14.24	21
南京	29.76	14	29.12	13	30.40	9	24.57	10
太原	28.00	15	25.91	16	21.61	14	19.12	15
杭州	27.74	16	27.44	15	23.43	12	19.12	14
长沙	23.15	17	21.47	19	14.11	26	12.62	28
郑州	22.95	18	21.69	18	15.34	23	13.67	23
武汉	22.42	19	21.02	20	28.16	10	24.29	11
天津	21.53	20	19.54	23	20.11	15	28.54	9
昆明	20.94	21	19.94	22	16.66	21	11.91	29
成都	20.55	22	20.89	21	15.18	24	13.82	22
青岛	20.01	23	22.76	17	17.48	19	14.79	20
贵阳	19.05	24	18.93	24	13.88	27	12.95	26
福州	18.82	25	17.05	26	13.10	29	10.73	30
大连	17.10	26	16.85	27	11.64	31	12.75	27
济南	16.48	27	17.76	25	16.82	20	15.77	17
西安	16.16	28	14.99	29	16.57	22	15.17	18
海口	15.75	29	16.47	28	14.95	25	13.41	24
沈阳	15.00	30	13.41	31	13.39	28	13.36	25
南昌	14.30	31	12.12	32	9.07	33	7.53	33
长春	13.26	32	11.61	33	11.86	30	9.13	31
南宁	11.51	33	10.80	34	7.72	34	7.70	32
石家庄	10.05	34	13.90	30	9.12	32	7.33	34
哈尔滨	8.49	35	7.12	35	7.27	35	5.68	35
重庆	5.07	36	3.69	36	3.65	36	2.99	36

（三）重点城市基础设施管理水平分项得分与排名

1. 水电气设施管理水平得分与排名

2015～2018年中国36个重点城市水电气设施管理水平得分和排名如表4所示。

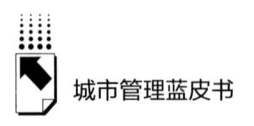

表4 2015~2018年中国36个重点城市水电气设施管理水平得分和排名

单位：分

城市	2018年		2017年		2016年		2015年	
	得分	排名	得分	排名	得分	排名	得分	排名
深圳	80.85	1	84.67	1	90.48	1	94.46	1
乌鲁木齐	65.86	2	63.03	3	48.44	3	45.77	3
西宁	65.05	3	65.89	2	21.92	10	26.62	8
银川	62.83	4	62.12	4	33.11	6	37.19	5
北京	46.03	5	41.69	5	49.39	2	49.42	2
上海	40.82	6	40.32	6	43.67	4	41.93	4
宁波	39.34	7	38.09	8	17.10	15	14.40	16
广州	36.42	8	36.33	9	37.07	5	34.75	6
兰州	36.19	9	35.48	10	16.29	16	19.07	13
厦门	31.24	10	33.93	11	30.32	7	29.25	7
呼和浩特	29.83	11	24.84	13	9.39	21	9.72	19
拉萨	27.48	12	38.38	7	20.50	12	19.91	11
杭州	25.74	13	24.63	14	17.27	14	16.88	15
合肥	24.92	14	22.94	16	5.68	29	4.39	31
长沙	24.63	15	21.41	17	7.79	25	8.58	22
太原	24.15	16	25.74	12	18.19	13	17.89	14
南京	24.06	17	23.57	15	27.99	8	25.81	9
天津	22.00	18	20.84	20	21.99	9	22.11	10
武汉	21.48	19	21.15	18	21.07	11	19.57	12
成都	19.54	20	21.05	19	9.80	20	9.43	20
郑州	19.47	21	19.81	21	8.34	24	9.26	21
福州	16.59	22	15.92	24	3.01	35	3.36	33
大连	16.40	23	17.41	22	7.56	26	8.44	23
贵阳	16.23	24	16.60	23	8.65	22	7.79	25
西安	15.98	25	10.95	30	11.45	18	11.58	18
青岛	13.77	26	15.46	25	5.84	28	6.27	27
南昌	13.32	27	12.38	27	6.38	27	5.70	28
昆明	13.01	28	13.02	26	4.60	31	4.71	29
沈阳	12.29	29	10.58	31	10.50	19	7.93	24
海口	11.48	30	11.82	29	13.67	17	12.33	17
南宁	10.22	31	9.77	33	3.49	33	2.88	35
济南	7.73	32	10.20	32	8.42	23	6.39	26
重庆	6.03	33	5.89	34	3.91	32	3.97	32
长春	5.81	34	5.19	35	3.15	34	3.25	34
石家庄	4.45	35	11.87	28	4.99	30	4.59	30
哈尔滨	3.76	36	2.70	36	1.58	36	2.33	36

2. 道路交通设施管理水平得分与排名

2015～2018年中国36个重点城市道路交通设施管理水平得分和排名如表5所示。

表5 2015～2018年中国36个重点城市道路交通设施管理水平得分和排名

单位：分

城市	2018年		2017年		2016年		2015年	
	得分	排名	得分	排名	得分	排名	得分	排名
深圳	83.13	1	78.59	1	81.52	1	73.22	2
拉萨	75.97	2	72.95	2	79.97	2	80.62	1
合肥	62.19	3	68.83	3	48.79	3	38.75	3
呼和浩特	53.23	4	52.38	4	44.66	5	33.87	4
银川	53.17	5	49.36	5	46.52	4	31.97	5
乌鲁木齐	47.00	6	42.54	6	30.69	13	24.54	14
厦门	43.78	7	42.07	7	32.38	11	28.45	9
南京	41.16	8	35.87	10	33.40	10	26.98	10
太原	40.33	9	32.18	12	27.69	16	19.36	20
广州	38.97	10	24.43	21	21.04	24	17.70	23
长春	38.58	11	30.86	13	31.16	12	25.38	12
西宁	37.76	12	38.52	9	35.12	9	31.92	6
昆明	37.72	13	35.48	11	38.14	6	25.32	13
兰州	35.55	14	29.46	16	25.49	20	15.97	27
青岛	35.06	15	39.50	8	35.82	7	29.59	8
郑州	31.99	16	29.47	15	26.01	18	20.75	18
济南	30.63	17	30.72	14	26.57	17	29.93	7
大连	29.21	18	23.58	22	19.75	25	24.22	15
天津	26.44	19	24.90	20	23.23	22	18.73	22
长沙	26.42	20	25.46	18	23.88	21	19.83	19
沈阳	25.77	21	22.09	24	16.61	28	23.82	16
福州	25.09	22	21.60	26	29.80	14	22.74	17
北京	24.80	23	24.99	19	27.99	15	18.90	21
杭州	24.75	24	20.68	27	18.75	26	15.29	28
贵阳	24.50	25	25.68	17	21.08	23	16.80	25
哈尔滨	24.24	26	18.90	28	18.00	27	12.46	33
成都	23.53	27	17.64	30	16.38	30	14.66	30
武汉	21.72	28	16.00	31	35.76	8	25.45	11

续表

城市	2018年		2017年		2016年		2015年	
	得分	排名	得分	排名	得分	排名	得分	排名
宁波	21.41	29	22.87	23	25.89	19	17.27	24
石家庄	21.32	30	22.01	25	16.07	31	13.52	31
南宁	18.16	31	15.70	32	14.49	33	16.46	26
南昌	17.47	32	13.64	33	12.36	34	9.97	34
西安	17.27	33	17.74	29	16.41	29	14.81	29
上海	14.09	34	13.46	34	15.33	32	12.97	32
海口	13.63	35	13.10	35	8.14	35	8.80	35
重庆	1.61	36	0.50	36	0.00	36	0.16	36

3. 邮电通信设施管理水平得分与排名

2015~2018年中国36个重点城市邮电通信设施管理水平得分和排名如表6所示。

表6 2015~2018年中国36个重点城市邮电通信设施管理水平得分和排名

单位：分

城市	2018年		2017年		2016年		2015年	
	得分	排名	得分	排名	得分	排名	得分	排名
深圳	100.00	1	100.00	1	100.00	1	100.00	1
厦门	56.12	2	56.16	2	51.76	2	46.28	3
呼和浩特	50.11	3	8.05	32	7.58	35	7.23	32
广州	48.72	4	45.35	3	46.44	3	43.20	4
乌鲁木齐	47.69	5	34.17	6	25.31	11	19.72	17
宁波	34.83	6	35.60	5	35.71	5	31.81	6
杭州	34.72	7	39.82	4	40.44	4	27.44	9
上海	33.24	8	27.47	10	29.37	9	30.76	7
南京	29.75	9	33.47	7	32.23	7	19.69	18
北京	28.54	10	28.15	9	30.06	8	29.76	8
海口	26.41	11	29.13	8	24.32	13	20.18	15
武汉	24.99	12	25.77	11	34.74	6	32.58	5
兰州	23.58	13	20.34	16	17.54	21	9.73	27
太原	23.37	14	19.97	18	22.38	17	21.32	12
银川	23.17	15	20.41	14	23.67	15	19.73	16
郑州	20.88	16	17.68	21	18.69	20	15.40	21

续表

城市	2018年		2017年		2016年		2015年	
	得分	排名	得分	排名	得分	排名	得分	排名
昆明	20.01	17	18.23	20	19.29	19	12.92	25
济南	19.83	18	19.93	19	23.89	14	20.37	14
成都	19.58	19	23.83	12	24.73	12	21.76	11
贵阳	19.25	20	16.83	23	17.13	22	19.42	19
青岛	17.46	21	20.62	13	22.43	16	17.02	20
福州	17.01	22	14.75	24	16.57	24	13.47	24
长沙	16.92	23	17.59	22	16.95	23	13.49	23
天津	15.65	24	11.59	25	13.22	26	51.23	2
西安	15.39	25	20.34	17	26.96	10	22.72	10
西宁	15.17	26	10.58	26	10.55	30	9.03	29
拉萨	14.60	27	20.40	15	22.29	18	21.26	13
南昌	13.06	28	10.08	28	11.17	29	8.75	30
合肥	11.36	29	9.90	29	11.65	28	9.40	28
石家庄	9.98	30	9.85	30	10.41	31	6.63	33
沈阳	9.68	31	10.40	27	15.94	25	13.78	22
南宁	7.43	32	7.97	33	9.39	33	8.58	31
重庆	6.59	33	2.46	36	6.77	36	3.85	36
大连	6.39	34	8.99	31	11.70	27	9.90	26
长春	2.85	35	5.18	34	9.97	32	4.63	35
哈尔滨	2.21	36	4.18	35	7.93	34	5.60	34

三 重点城市基础设施管理水平横向比较分析

（一）基础设施管理水平整体和分项比较分析

1. 基础设施管理水平整体比较分析

2018年中国36个重点城市基础设施管理水平得分如图1所示。2018年中国36个重点城市基础设施管理水平得分前10名和后5名的排序参见图2。

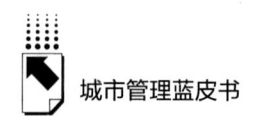

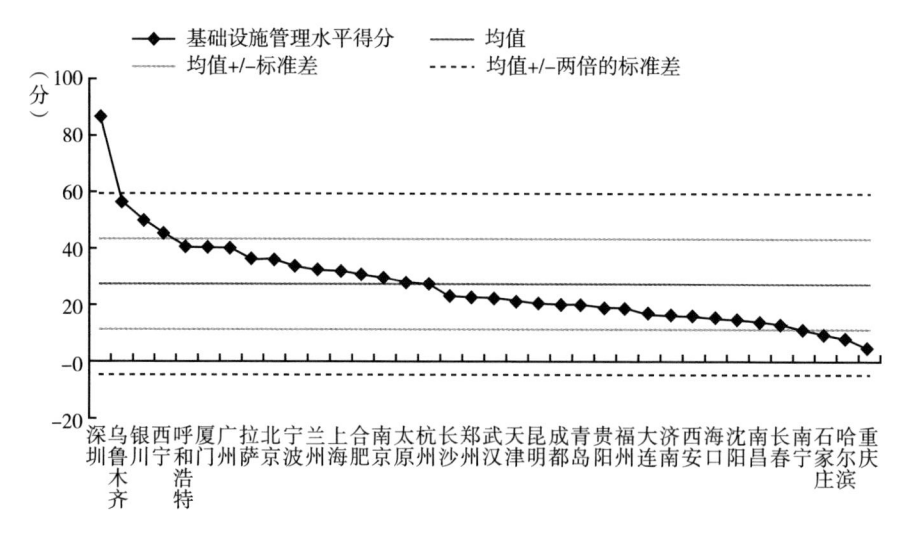

图1 2018年中国36个重点城市基础设施管理水平得分

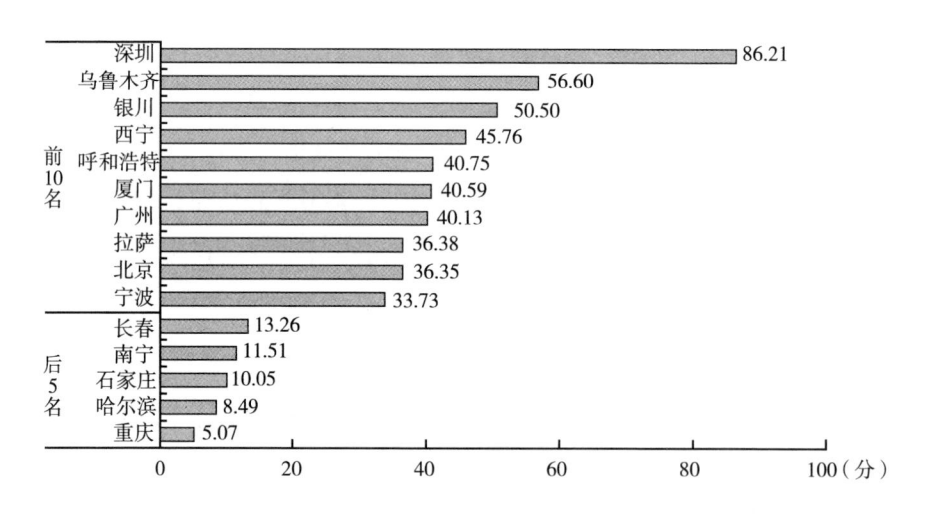

图2 2018年中国36个重点城市基础设施管理水平得分前10名和后5名排序

2018年中国36个重点城市的基础设施管理水平平均得分为27.25分，其中有16个城市得分高于平均分；标准差为15.83，36个城市中得分位于单倍标准差范围内的城市有29个，占比为80.56%；得分位于两倍标准差范围内的城市有35个，占比为97.22%。这表明36个重点城市基础设施管理水平得分分布比较集中。

得分排在前 10 名的城市分别为深圳（86.21 分）、乌鲁木齐（56.60 分）、银川（50.50 分）、西宁（45.76 分）、呼和浩特（40.75 分）、厦门（40.59 分）、广州（40.13 分）、拉萨（36.38 分）、北京（36.35 分）和宁波（33.73 分），得分后 5 名的城市分别为长春（13.26 分）、南宁（11.51 分）、石家庄（10.05 分）、哈尔滨（8.49 分）和重庆（5.07 分）。

从得分总体情况看，除了深圳外，剩余 35 个城市的分值均在 57 分以下。深圳得分远超其他城市，位于 36 个重点城市的首位，而重庆市位于 36 个重点城市的最后，两者之间得分差值为 81.14 分。南京（29.76 分）、太原（28.00 分）和杭州（27.74 分）与平均值接近。这说明深圳市基础设施管理水平最强，重庆市基础设施管理水平最弱，而南京、太原和杭州基础设施管理水平处于中等水平。

2. 水电气设施管理水平比较分析

2018 年中国 36 个重点城市水电气设施管理水平得分如图 3 所示。2018 年中国 36 个重点城市水电气设施管理水平得分前 5 名和后 5 名排序参见图 4。

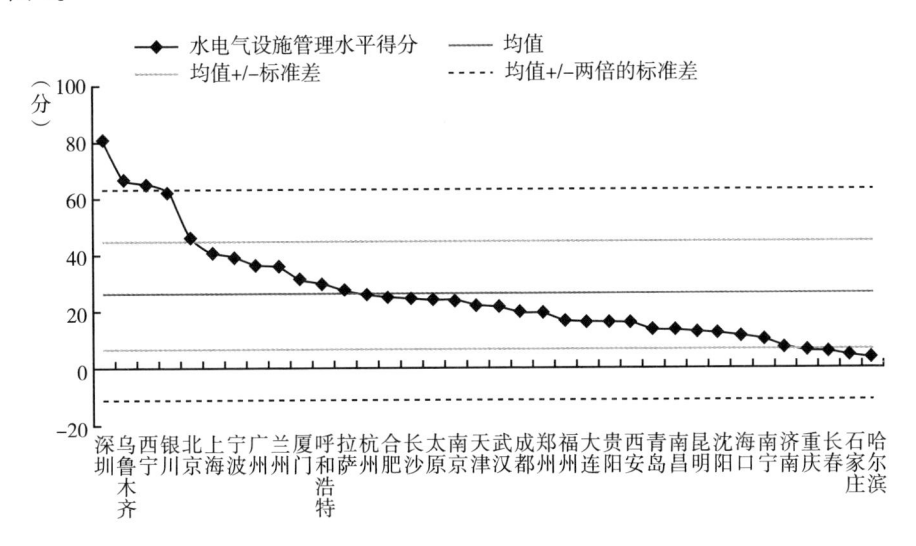

图 3　2018 年中国 36 个重点城市水电气设施管理水平得分

```
前    深圳           80.85
5   乌鲁木齐    65.86
名    西宁           65.05
      银川           62.83
      北京           46.03
后    济南      7.73
5     重庆      6.03
名    长春      5.81
      石家庄    4.45
      哈尔滨    3.76
      0  10  20  30  40  50  60  70  80  90（分）
```

图 4　2018 年中国 36 个重点城市水电气设施管理水平
得分前 5 名和后 5 名排序

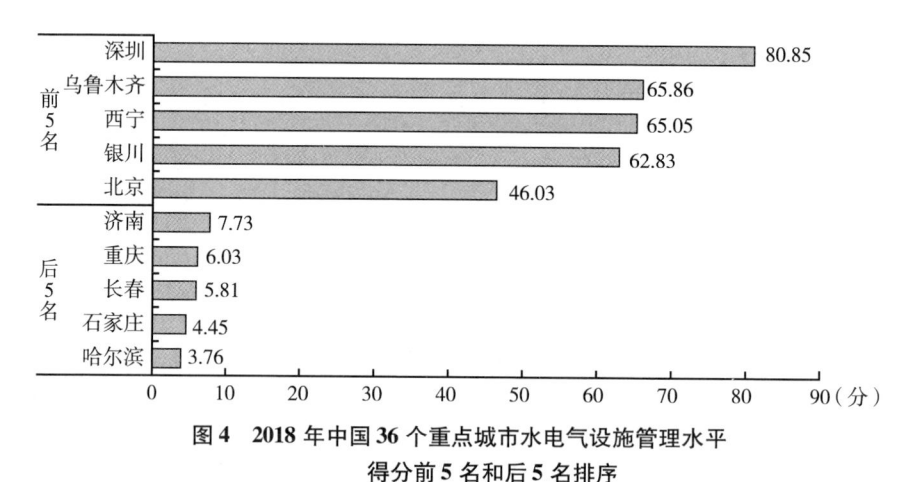

2018 年中国 36 个重点城市的水电气设施管理水平平均得分为 25.97 分，其中有 12 个城市的得分不低于平均分；标准差为 18.72，36 个城市中得分位于单倍标准差范围内的城市有 27 个，占比为 75%；得分位于两倍标准差范围内的城市有 33 个，占比为 91.67%。

得分前 5 名的城市分别为深圳（80.85 分）、乌鲁木齐（65.86 分）、西宁（65.05 分）、银川（62.83 分）和北京（46.03 分），得分后 5 名的城市分别为济南（7.73 分）、重庆（6.03 分）、长春（5.81 分）、石家庄（4.45 分）和哈尔滨（3.76 分）。

从水电气设施管理水平得分的总体情况看，除了深圳外，剩余 35 个城市的分值均在 66 分以下，第一名和最后一名城市之间得分差距较大。深圳位居 36 个重点城市之首，而哈尔滨位于 36 个重点城市的最后，两者之间得分差值为 77.09 分。杭州（25.74 分）、合肥（24.92 分）和长沙（24.63 分）与平均值接近。这说明深圳水电气设施管理水平最强，哈尔滨水电气设施管理水平最弱，而杭州、合肥和长沙水电气设施管理水平处于中等水平。

3. 道路交通设施管理水平比较分析

2018 年中国 36 个重点城市道路交通设施管理水平得分如图 5 所示。2018 年中国 36 个重点城市道路交通设施管理水平得分前 5 名和后 5 名排序参见图 6。

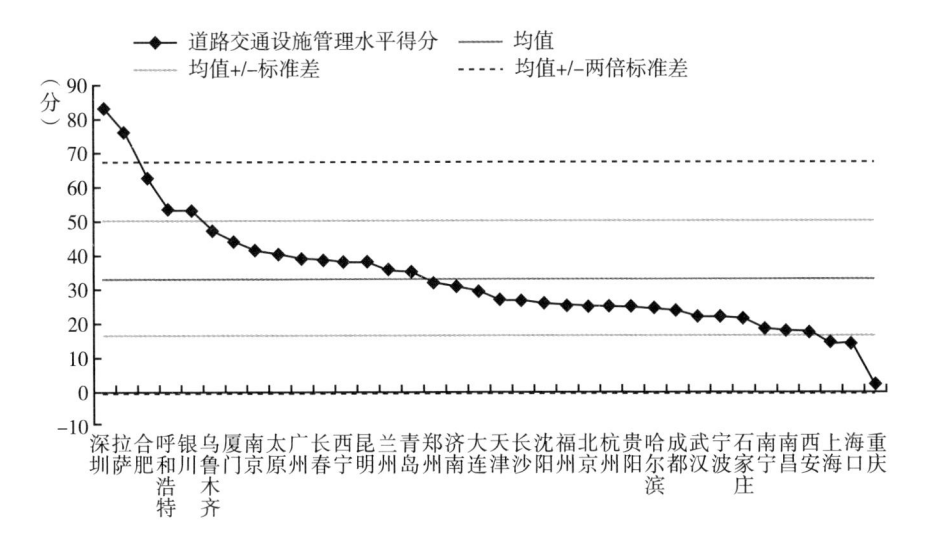

图5　2018年中国36个重点城市道路交通设施管理水平得分

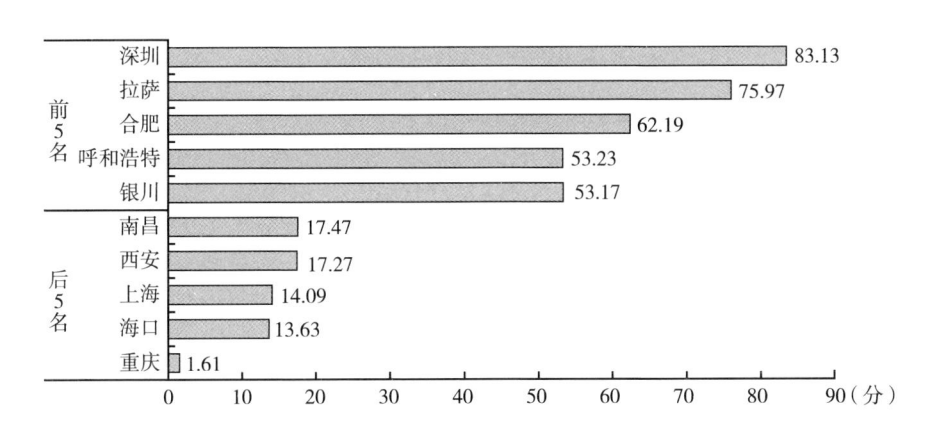

图6　2018年中国36个重点城市道路交通设施管理水平得分前5名和后5名排序

2018年中国36个重点城市的道路交通设施管理水平平均得分为32.99分，其中有15个城市的得分不低于平均分；标准差为16.08，36个城市中得分位于单倍标准差范围内的城市有28个，占比为77.78%；得分位于两倍标准差范围内的城市有34个，占比为94.44%。

得分前5名的城市分别为深圳（83.13分）、拉萨（75.97分）、合肥（62.19分）、呼和浩特（53.23分）和银川（53.17分），得分后5名的城

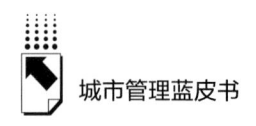

市分别为南昌（17.47分）、西安（17.27分）、上海（14.09分）、海口（13.63分）和重庆（1.61分）。

从道路交通设施管理水平得分的总体情况看，除了位于前3和最后的城市之外，剩余32个城市的分值均位于13~54分。第一名和最后一名城市间差距较大。深圳位于36个重点城市的首位，而重庆排在36个重点城市的最后，两者之间得分差值为81.52分。青岛（35.06分）、郑州（31.99分）和济南（30.63分）与平均值接近。这说明深圳市道路交通设施管理水平最强，重庆市道路交通设施管理水平最弱，而青岛、郑州和济南道路交通设施管理水平处于中等水平。

4. 邮电通信设施管理水平比较分析

2018年中国36个重点城市邮电通信设施管理水平得分如图7所示。2018年中国36个重点城市邮电通信设施管理水平得分前5名和后5名排序参见图8。

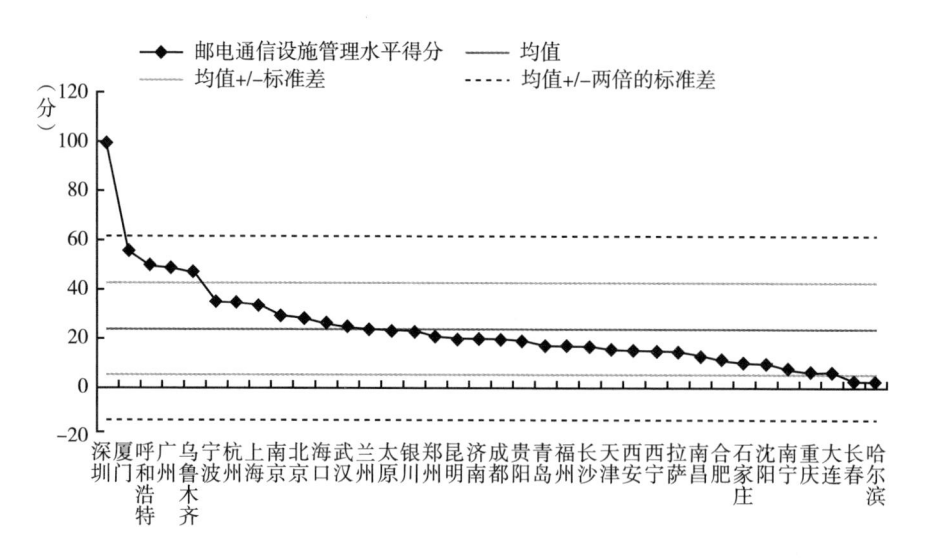

图7 2018年中国36个重点城市邮电通信设施管理水平得分

2018年中国36个重点城市的邮电通信设施管理水平平均得分为24.07分，其中有12个城市的得分不低于平均分；标准差为18.57，36个城市中

图8 2018年中国36个重点城市邮电通信设施管理水平
得分前5名和后5名排序

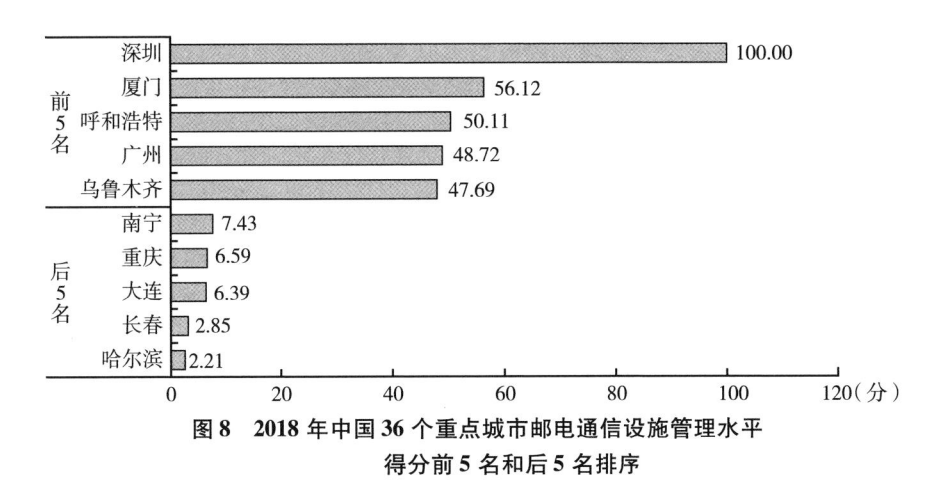

得分位于单倍标准差范围内的城市有29个，占比为80.56%；得分位于两倍标准差范围内的城市有35个，占比为97.22%。36个重点城市邮电通信基础设施管理水平得分分布比较集中。

得分前5名的城市分别为深圳（100分）、厦门（56.12分）、呼和浩特（50.11分）、广州（48.72分）和乌鲁木齐（47.69分），得分后5名的城市分别为南宁（7.43分）、重庆（6.59分）、大连（6.39分）、长春（2.85分）和哈尔滨（2.21分）。

从邮电通信设施管理水平得分的总体情况看，除了深圳外，剩余35个城市的分值都在57分以下。第一名和最后一名城市之间的得分差距较大。深圳居36个重点城市首位，哈尔滨排在36个重点城市的最后，两者之间得分差值为97.79分。武汉（24.99分）、兰州（23.58分）和太原（23.37分）与平均值接近。这说明深圳邮电通信设施管理水平最强，哈尔滨邮电通信设施管理水平最弱，而武汉、兰州和太原邮电通信设施管理水平处于中等水平。

（二）基础设施管理水平短板因素分析

城市基础设施管理水平由水电气设施管理水平、道路交通设施管理水平和邮电通信设施管理水平加权平均得到，每项的得分和排名都对城市基础设

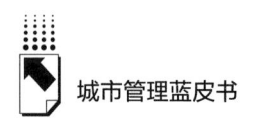

施管理水平有非常重要的影响。因此，水电气设施管理水平、道路交通设施管理水平和邮电通信设施管理水平是影响城市基础设施管理水平的重要因素。

2018年中国36个重点城市基础设施管理水平分项和整体排名如表7所示。在各分项排名中，排在后10名的分项为该城市的短板因素，表示在不考虑权重影响的情况下，相比于其他分项，该分项严重影响了该城市的整体基础设施管理水平，如果要提升其整体基础设施管理水平，可以先从该短板因素入手。

表7　2018年中国36个重点城市基础设施管理水平分项和整体排名

城市	水电气设施管理水平	道路交通设施管理水平	邮电通信设施管理水平	基础设施管理水平
深圳	1	1	1	1
乌鲁木齐	2	6	5	2
银川	4	5	15	3
西宁	3	12	26	4
呼和浩特	11	4	3	5
厦门	10	7	2	6
广州	8	10	4	7
拉萨	12	2	27	8
北京	5	23	10	9
宁波	7	29	6	10
兰州	9	14	13	11
上海	6	34	8	12
合肥	14	3	29	13
南京	17	8	9	14
太原	16	9	14	15
杭州	13	24	7	16
长沙	15	20	23	17
郑州	21	16	16	18
武汉	19	28	12	19
天津	18	19	24	20
昆明	28	13	17	21
成都	20	27	19	22
青岛	26	15	21	23

续表

城市	水电气设施管理水平	道路交通设施管理水平	邮电通信设施管理水平	基础设施管理水平
贵阳	24	25	20	24
福州	22	22	22	25
大连	23	18	34	26
济南	32	17	18	27
西安	25	33	25	28
海口	30	35	11	29
沈阳	29	21	31	30
南昌	27	32	28	31
长春	34	11	35	32
南宁	31	31	32	33
石家庄	35	30	30	34
哈尔滨	36	26	36	35
重庆	33	36	33	36

表8 2018年城市基础设施管理水平的短板因素

	短板因素	城市
单因素	水电气设施管理	昆明、济南
	道路交通设施管理	宁波、上海、武汉、成都、西安
	邮电通信设施管理	拉萨、合肥、大连
双因素	水电气设施管理 & 道路交通设施管理	海口
	水电气设施管理 & 邮电通信设施管理	沈阳、长春、哈尔滨
三因素	水电气设施管理 & 道路交通设施管理 & 邮电通信设施管理	南昌、南宁、石家庄、重庆
无	深圳、乌鲁木齐、银川、西宁、呼和浩特、厦门、广州、北京、兰州、南京、太原、杭州、长沙、郑州、天津、青岛、贵阳、福州	

根据表7，可以得到2018年城市基础设施管理水平的短板因素，如表8所示。整体排名越靠后的城市，短板因素越多。受限于2个或3个短板因素的城市，都是排名为后10的城市。存在2个短板因素的城市有4个：海口、沈阳、长春、哈尔滨。海口的短板因素是水电气设施管理和道路交通设施管理；沈阳、长春和哈尔滨的短板因素是水电气设施管理和邮电通信设施管理。存在水电气设施管理、道路交通设施管理和邮电通信设施管理3个短板

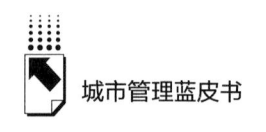

因素的城市有南昌、南宁、石家庄和重庆。其余城市受限于 1 个短板因素或没有短板因素限制。

四 重点城市基础设施管理水平纵向比较分析

(一)基础设施管理水平得分比较分析

2015～2018 年中国 36 个重点城市基础设施管理水平和各分项指标的平均得分如表 9 和图 9 所示。

表 9 2015～2018 年中国 36 个重点城市基础设施
管理水平和各分项指标的平均得分

单位:分

年份	基础设施管理水平	水电气设施管理水平	道路交通设施管理水平	邮电通信设施管理水平
2015	20.32	17.99	23.92	21.35
2016	22.08	18.14	28.47	23.59
2017	26.18	25.99	30.38	22.37
2018	27.25	25.97	32.99	24.07

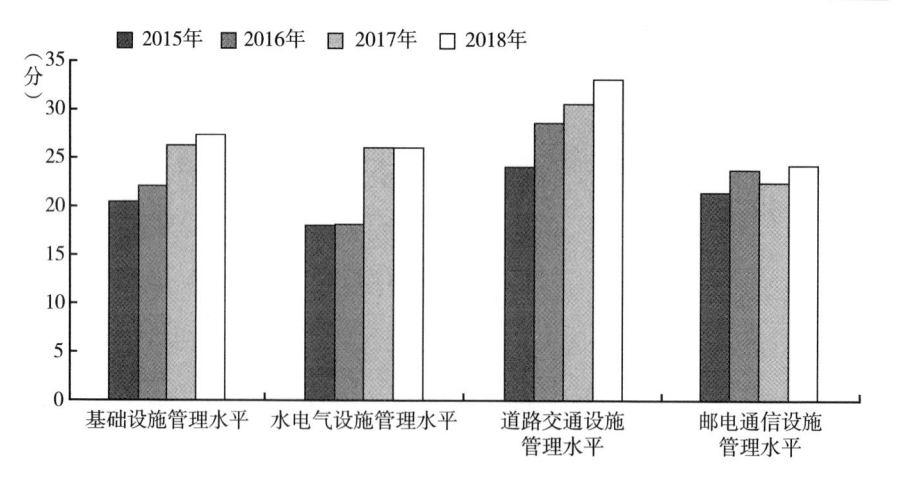

图 9 2015～2018 年中国 36 个重点城市基础设施管理水平和
各分项指标平均得分

从表9和图9可以看出，2015~2018年中国36个重点城市基础设施管理水平的平均得分在逐年增加，总体呈上升趋势，尤其是2016~2017年，增加了4.1分，增长幅度比较大，说明城市基础设施管理水平普遍提升。对于各分项指标，在水电气设施管理方面，平均得分逐年增加，2017年的进步尤其明显，增加了7.85分，总体呈上升趋势；在道路交通设施管理方面，平均得分逐年增加，2016年的进步尤其明显，增加了4.55分，总体呈上升趋势；在邮电通信设施管理方面，总体呈波动变化，除了2017年下降外，2016年和2018年均有上升。

（二）基础设施管理水平排名比较分析

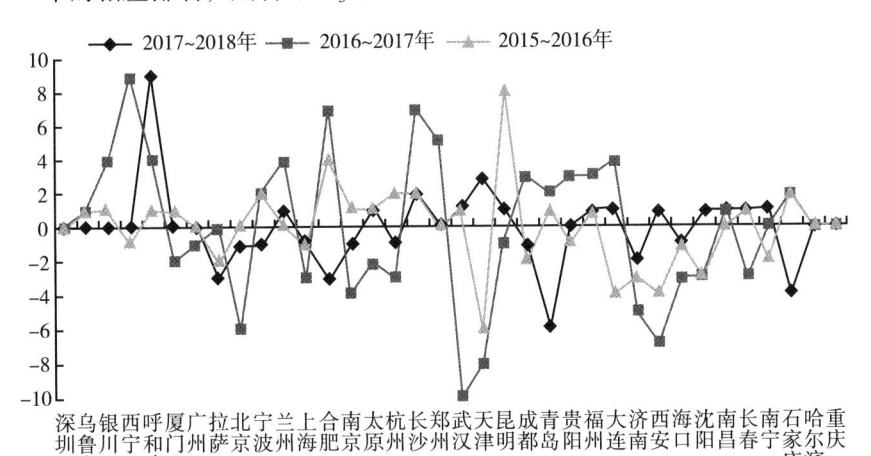

2015~2018年相邻年份中国36个重点城市基础设施管理水平排名变化情况如图10所示。2017~2018年排名变化为2017年城市基础设施管理水平排名减去2018年的相应排名，用符号V_1表示；2016~2017年排名变化为2016年城市基础设施管理水平排名减去2017年的相应排名，用符号V_2表示；2015~2016年排名变化为2015年城市基础设施管理水平排名减去2016年的相应排名，用符号V_3表示。

图10 2015~2018年相邻年份中国36个重点城市基础设施管理水平排名变化情况

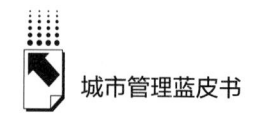

通过计算，可以得到变量V_1的标准方差近似为2.3，变量V_2的标准方差近似为4.3，变量V_3的标准方差近似为2.4。这表明从总体上看，2017~2018年和2015~2016年城市基础设施管理水平排名变化程度基本相当，而2016~2017年城市基础设施管理水平排名变化程度比2017~2018年和2015~2016年变化程度更加剧烈，波动更大，离散程度更强。

根据2015~2018年排名的变化情况，即变量V_1、V_2和V_3，我们可以把城市基础设施管理水平分为4个类型：①稳定型，连续4年排名保持不变；②上升型，4年排名在稳定上升；③下降型，4年排名在稳定下降；④波动型，4年排名在上下波动。

稳定型包含3个城市：深圳、重庆和哈尔滨。2015~2018年，深圳稳居第1位，而重庆和哈尔滨分别位于倒数第1和倒数第2。

上升型包含8个城市：乌鲁木齐、银川、呼和浩特、兰州、长沙、郑州、福州和南昌。2015~2018年，乌鲁木齐排名分别是第4、第3、第2、第2，银川排名分别是第8、第7、第3、第3，这两个城市连续4年都位于前10名之内且保持良好的上升趋势。呼和浩特2015~2018年的排名分别是第19、第18、第14、第5，从2015年的第19名上升到2018年的第5名，进入前10名，主要得益于邮电通信设施管理方面的提升。长沙2015~2018年的排名分别是第28、第26、第19、第17，从2015年的第28名上升到2018年的第17名；福州2015~2018年的排名分别是第30、第29、第26、第25，从2015年的第30名上升到2018年的第25名，长沙和福州都从后10名上升到中等名次，主要原因是城市在水电气设施管理方面的进一步加强。

下降型包含6个城市：广州、拉萨、北京、上海、济南和海口。2015~2018年，广州的排名分别是第6、第6、第7、第7，拉萨的排名分别是第3、第5、第5、第8，北京的排名分别是第2、第2、第8、第9，这3个城市连续4年都位于前10名，但都呈现下降趋势，其中下降最快的是北京，从2015年和2016年的第2名下降到2018年的第9名，原因是其在水电气设施管理水平和邮电通信设施管理水平方面都有所下降。上海2015~2018年的排名分别是第7、第8、第11、第12,从前10名下降到中等名次,这归因于其在水电气设施管理和道路交通设施管理方面的下降。2015~2018年,济南的排名分别是第17、第20、第25、第27,海口的排名分别是第24、第25、第28、第29,从中等名次下降到后10名,尤其是济南,从2015年的第17名下降到2018年的第27名,下降了10名,这主要是因为其在道路交通设施管理水平和邮电通信设施管理水平两个方面都有所下降。

波动型包含19个城市:西宁、厦门、宁波、合肥、南京、太原、杭州、武汉、天津、昆明、成都、青岛、贵阳、大连、西安、沈阳、南宁、石家庄和长春。2015~2018年,西宁的排名分别是第12、第13、第4、第4,天津的排名分别是第9、第15、第23、第20,贵阳的排名分别是第26、第27、第24、第24,南宁的排名分别是第32、第34、第34、第33,这4个城市都是先下降后上升进行波动,其中西宁从2015年的第12名提升到2017年和2018年的第4名,波动进入前10名;而天津从2015年的第9名滑落至2018年的第20名,从前10名波动到中等名次。2015~2018年,厦门的排名分别是第5、第4、第6、第6,宁波的排名分别是第13、第11、第9、第10,合肥的排名分别是第21、第17、第10、第13,南京的排名分别是第10、第9、第13、第14,杭州的排名分别是第14、第12、第15、第16,青岛的排名分别是第20、第19、第17、第23名,石家庄的排名分别是第34、第32、第30、第34,这7个城市都是先上升后下降进行波动,其中宁波从2015年的第13名提升到2018年的第10名,波动进入前10名;而南京从2015年的第10名滑落到2018年的第14名,从前10名波动到中等名次。

(三)基础设施管理水平前10名和后5名比较分析

2015~2018年中国36个重点城市基础设施管理水平排在前10位的城市如表10所示。排在后5位的城市如表11所示。

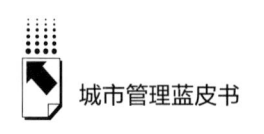

表10　2015~2018年中国36个重点城市基础设施管理水平排在前10位的城市

排名	1	2	3	4	5	6	7	8	9	10
2015年	深圳	北京	拉萨	乌鲁木齐	厦门	广州	上海	银川	天津	南京
2016年	深圳	北京	乌鲁木齐	厦门	拉萨	广州	银川	上海	南京	武汉
2017年	深圳	乌鲁木齐	银川	西宁	拉萨	厦门	广州	北京	宁波	合肥
2018年	深圳	乌鲁木齐	银川	西宁	呼和浩特	厦门	广州	拉萨	北京	宁波

表11　2015~2018年中国36个重点城市基础设施管理水平排在后5位的城市

排名	36	35	34	33	32
2015年	重庆	哈尔滨	石家庄	南昌	南宁
2016年	重庆	哈尔滨	南宁	南昌	石家庄
2017年	重庆	哈尔滨	南宁	长春	南昌
2018年	重庆	哈尔滨	石家庄	南宁	长春

从表10可以看出，2015~2018年中国36个重点城市基础设施管理水平排在前10位的城市中有7个固定不变，分别为深圳、乌鲁木齐、银川、厦门、广州、拉萨和北京，天津、南京、上海、武汉、西宁、合肥、宁波和呼和浩特8个城市竞争剩余的3个名次。与2015年相比，2016年除武汉取代了天津外，其他9个城市都没有变化。与2016年相比，2017年7个城市没有变化，新加入的3个城市为西宁、宁波和合肥，取代了上海、南京和武汉。与2017年相比，2018年9个城市没有变化，只有呼和浩特取代了合肥。连续4年均排在前10名的7个城市中，深圳稳居第1；乌鲁木齐呈上升趋势，2015~2018年的排名分别是第4、第3、第2、第2；2015~2018年，银川呈上升趋势，排名分别是第8、第7、第3、第3；厦门呈波动变化，排名分别是第5、第4、第6、第6；广州呈下降趋势，排名分别是第6、第6、第7、第7；拉萨呈下降趋势，排名分别是第3、第5、第5、第8；北京呈下降趋势，排名分别是第2、第2、第8、第9。

从表11可以看出，2015~2018年，中国36个重点城市基础设施管理水平排在后5位的城市变化基本不大。重庆、哈尔滨和南宁连续4年都排在后5名，南昌、石家庄和长春这3个城市在剩余的两个名次上相互替换。

2015年和2016年排在后5位的城市没有变化；2017年有4个城市保持原样，只有长春取代了石家庄；相比2017年，2018年有4个城市保持原样，石家庄取代了南昌。在名次上，重庆和哈尔滨2016~2018年的名次保持不变，分别是倒数第1和倒数第2；南宁呈波动趋势，2015~2018年排名分别为倒数第5、倒数第3、倒数第3、倒数第4；南昌呈上升趋势，2015~2018年排名分别为倒数第4、倒数第4、倒数第5、倒数第6；石家庄呈波动趋势，2015~2018年排名分别为倒数第3、倒数第5、倒数第7、倒数第3；长春呈波动趋势，2015~2018年排名分别为倒数第6、倒数第7、倒数第4、倒数第5。总体来说，2015~2018年排在后5位的城市在名次上变动不是很大。

五 结论与建议

（一）结论

1. 城市基础设施管理水平总体呈上升趋势

2015~2018年中国36个重点城市基础设施管理水平的平均得分逐年增长，从2015年的20.32分、2016年的22.08分、2017年的26.18分到2018年的27.25分，总体呈上升趋势，说明城市基础设施管理水平普遍提升。从分项指标看，水电气设施管理和道路交通设施管理方面，平均得分逐年提高，邮电通信设施管理方面呈波动变化，除了2017年出现下降外，2016年和2018年都在上升。2015~2018年全社会固定资产投资逐年增加。2015年全社会固定资产投资562000亿元，比2014年增长9.8%；按领域分，基础设施投资101271亿元，增长17.2%。2016年全社会固定资产投资606466亿元，比2015年增长7.9%；按领域分，基础设施投资118878亿元，同比增长17.4%。2017年全社会固定资产投资641238亿元，比2016年增长5.7%；按领域分，基础设施投资140005亿元，同比增长17.8%。2018年全社会固定资产投资645675亿元，比2017年增长0.7%；按领域分，基础

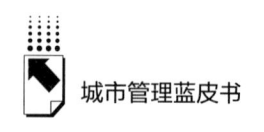

设施投资145325亿元，同比增长3.8%。① 基础设施建设投资的增长是城市基础设施管理水平整体逐年提升的原因和基本保障。

2. 城市基础设施管理水平排名变化总体平稳

2017～2018年、2016～2017年和2015～2016年城市基础设施管理水平排名变化的标准方差分别近似为2.3、4.3和2.4，虽然2016～2017年的排名变化的离散程度更大一些，但总体上还是比较稳定的。

2015～2018年中国36个重点城市基础设施管理水平排在前10位所包含的城市中有7个城市固定不变，分别是深圳、乌鲁木齐、银川、厦门、广州、拉萨和北京，其中东部地区城市有4个，分别是深圳、厦门、广州和北京；西部地区城市有3个，分别是乌鲁木齐、银川和拉萨。连续4年排在后5位的城市有3个，分别是重庆、哈尔滨和南宁，其中重庆和南宁位于西部地区，哈尔滨位于东北地区。东部地区的经济增长一直高于中西部和东北地区，每年的全社会固定资产投资都处于高位；近年来，随着"一带一路"建设，西部地区全社会固定资产投资也逐年增加；2015年和2016年东北地区全社会固定资产投资一直在减少，同比分别下降11.1%和23.5%，2017年和2018年呈现增加趋势，但增加幅度不大，分别为2.8%和1.0%。不同区域固定资产投资总额和增长率的不同，也是城市基础设施管理水平存在区域性差异的原因。

与2017年相比，2018年中国36个重点城市基础设施管理水平排名变化不大。在中国36个重点城市中，有10个城市排名没有变化，分别为深圳、乌鲁木齐、银川、西宁、厦门、广州、郑州、贵阳、哈尔滨和重庆；有18个城市变动了1个名次；剩余8个城市变动了2～9个名次。

3. 部分城市基础设施管理水平稳定提升

深圳市，2015～2018年连续4年城市基础设施管理稳居第1，在基础设施管理水平的各分项上，水电气设施管理水平、邮电通信设施管理水平

---

① 国家统计局：《国民经济和社会发展统计公报》（2015～2018），http：//www.stats.gov.cn/tjsj/tjgb/ndtjgb/，访问日期：2021年6月19日。

连续4年排名第1，道路交通设施管理水平除了2015年排名第2外，2016~2018年连续3年排名第1。深圳市在基础设施管理水平各分项指标上一直都表现非常优秀。深圳市作为我国最早设立的经济特区，在政治、经济、基础设施建设和人民生活水平等方面都取得了高速发展。为了进一步加大深圳市基础设施规划建设力度，加快推动现代化国际化创新型城市建设，2016年5月，深圳市发展和改革委员会印发了《深圳市城市基础设施建设五年行动计划（2016—2020年）》，以国际一流城市基础设施标准为标杆，创新运营管理模式，加快推进基础设施提升改造工作。深圳市在固定资产投资方面逐年增加。2015~2018年，深圳市全年完成固定资产投资额分别为3298.31亿元、4078.16亿元、5147.32亿元和6207.67亿元，相比上年增幅分别为21.4%、23.6%、26.2%和20.6%。在分行业固定资产投资方面，2015~2018年电力、燃气及水的生产和供应业增长速度分别为19.6%、-4.0%、45.3%和24.2%；交通运输、仓储和邮政业增长速度分别为14.9%、12%、13.5%和14.1%；水利、环境和公共设施管理业增长速度分别为41.5%、42.9%、42.1%和28.1%，基本上正向增长。①快速增长的固定资产投资保障了深圳市城市基础设施管理连续4年稳居全国第1。

呼和浩特市，2015~2018年城市基础设施管理排名在不断上升。从2015年的第19名，2016年的第18名，2017年的第14名到2018年的第5名，4年间前进了14个名次，从中间名次上升到前5名，城市基础设施管理水平取得了很大进步。在各分项指标上，道路交通设施管理水平方面，2015~2018年排名分别为第4、第5、第4、第4名，基本没有变化；水电气设施管理水平方面，2015~2018年排名为第19、第21、第13、第11名，2017年和2018年相比前两年有较大的提升，主要得益于用电总量的增长，2015~2018年用电总量分别为666875万千瓦时、698443万千瓦

---

① 深圳统计局：《深圳市国民经济和社会发展统计公报》（2015~2018），http://tjj.sz.gov.cn/zwgk/zfxxgkml/tjsj/tjgb/index_2.html，最后访问日期：2021年6月19日。

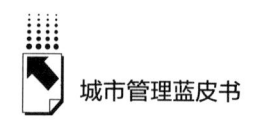

时、2178782万千瓦时和2574350万千瓦时；邮电通信设施管理水平方面，2015~2018年排名为第32、第35、第32、第3名，2015年、2016年和2017年都排在后5名之内，2018年从后5名提升到前5名，提升幅度较大，主要得益于互联网用户数大幅增加，从2015~2017年的45万、46万和52万，增加到2018年的240万。2018年，呼和浩特基础设施投资主要包括电力、热力、燃气及水的生产和供应业，交通运输、仓储和邮政业，信息传输、软件和信息技术服务业，水利、环境和公共设施管理业4个行业，投资额占全市投资比重为53.8%，引领全市投资。①

长沙市，2015~2018年城市基础设施管理排名不断提升。从2015年的第28名，2016年的第26名，2017年的第19名到2018年的第17名，4年前进了11个名次，从后10名上升到中间名次，城市基础设施管理水平取得了较大进步。在各分项指标上，邮电通信设施管理水平方面，2015~2018年排名分别为第23、第23、第22、第23名，基本没有变化；道路交通设施管理水平方面，2015~2018年排名为第19、第21、第18、第20名，变化也不大；水电气设施管理水平方面，2015~2018年排名为第22、第25、第17、第15名，2017年和2018年相比2015年和2016年有较大的提升，主要得益于用电总量的增长，2015~2018年用电总量分别为1501794万千瓦时、1759889万千瓦时、3129032万千瓦时和3636932万千瓦时，后两年用电总量是前两年用电总量的近两倍。2018年长沙市全市固定资产投资比上年增长11.5%。分行业来说，2018年电力、热力、燃气及水的生产和供应业固定资产投资同比增长187.8%，水利、环境和公共设施管理业固定资产投资同比增长20.2%。②

---

① 呼和浩特统计局：《投资降幅不断收窄 基础设施投资不断夯实——2018年呼和浩特市固定资产投资基本情况》，http：//www.huhhot.gov.cn/zfsj_330/201901/t20190131_407623.html，访问日期：2021年6月19日。

② 长沙市统计局：《长沙市2018年国民经济和社会发展统计公报》，http：//www.changsha.gov.cn/szf/ztzl/sjfb/tjgb/201904/t20190409_8252162.html，访问日期：2021年6月19日。

（二）建议

城市基础设施作为城市综合服务功能的工具和载体，对城市的形成和发展有非常重要的作用，也是衡量一个城市现代化水平的重要因素之一。城市基础设施管理水平的高低对城市居民的生活水平有非常重要的影响。因此，提升城市基础设施管理水平，需要做好以下几个方面的工作。

一是要实施城市更新行动，推进城市基础设施补短板。城市更新广义上是一种对城市中已经不适应现代化城市社会生活的地区做必要的、有计划的改建活动。党的十九届五中全会通过的《中共中央关于制定国民经济和社会发展第十四个五年规划和二〇三五年远景目标的建议》提出，加快转变城市发展方式，统筹城市规划建设管理，实施城市更新行动，推动城市空间结构优化和品质提升。各地方结合自己的实际情况，制定不同城市更新方案。2020年上海市印发了《关于加快推进我市旧区改造工作的若干意见》，2021年4月江西省印发《江西省城市功能与品质提升三年行动方案》，北京市正在研究制定《北京市城市更新行动计划（2021—2025年）》。通过城市更新行动，对老旧小区、老旧厂区以及老旧设施进行改造提升，对城市基础设施进行补短板，加快健全水电气设施、道路交通设施以及邮电通信设施等城市生命线系统，从而提高城市抵御和防范各类风险的能力，提升城市品质和居民生活质量。

二是要在城市基础设施更新中融合新基建建设。2018年12月中央经济工作会议上提出，加强人工智能、工业互联网、物联网等新型基础设施建设，这是新基建第一次被提及。2019年新基建被写入国务院政府工作报告，2020年国家发改委首次明确了新基建的范围。新基建本质上是信息数字化的基础设施，是支撑传统产业向网络化、数字化、智能化方向发展的信息基础设施。新基建主要包括七大领域：5G基建、特高压、城际高速铁路和城市轨道交通、新能源汽车充电桩、大数据中心、人工智能和工业互联网领域。"十四五"规划纲要将新型基础设施建设作为拓展投资空间的重点。在北京、天津、浙江等近20个省份出台的地方"十四五"规划纲要中，明确

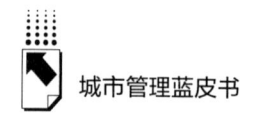

了未来五年5G建设目标,加速推进大数据中心、工业互联网等一批重大项目建设。在城市基础设施更新项目上,除了对水电气管网等设施进行升级改造外,还可以融合新基建的建设,老旧小区改造可以引入智慧设施向智慧社区发展,道路交通等改造可以融合物联网、人工智能和大数据技术,从而为智能交通构建载体,提高传统基础设施的智能化水平。

三是要借助新基建技术提升城市基础设施管理水平。新基建的发展和应用,特别是应用到城市基础设施管理中,可以提升城市基础设施管理水平,实现城市基础设施精细化管理。新基建也让东部地区、西部地区、中部地区和东北地区的各个城市处在新的相同起跑线上,这也是基础设施管理水平落后的城市奋起直追、变道超越的大好时机。在新基建背景下,在城市基础设施管理中引入"互联网+"、人工智能、大数据等先进信息技术,借助数据挖掘和数据分析,为城市基础设施管理决策提供依据和支撑,实现精细化管理。这种智能化的管理模式,可以扩大服务区域,提升管理效率,进一步推进城市基础设施管理的现代化。

借 鉴 篇
Reference

B.7
东京轨道交通的发展经验对北京市郊铁路建设的启示

刘国海 褚 旭*

摘 要： 交通一体化是发挥中心城市承载和辐射带动作用的重大战略，为了建设符合北京城市未来发展的市郊铁路，本文在已有文献的基础上，多方面分析了东京轨道交通体系及轨道交通对城市空间优化和产业链结构的作用。笔者认为北京大都市圈轨道交通的建设可借鉴东京的成功经验，以TOD模式强化引导轨道交通的规划建设与土地联合开发，做好换乘枢纽站设计及站点周边地区的土地综合规划和商业网点的建设。

关键词： 北京市郊铁路 轨道交通 TOD模式 东京

---

* 刘国海，首都城市环境建设研究基地高级工程师，民建北京经济委员会委员，中国物流学会理事，中国物流采购联合会特约研究员，研究方向为临空经济、智慧城市建设及产业园区规划、RFID技术；褚旭，北京城市学院助教，硕士，研究方向为城市社会学、社会文化学。

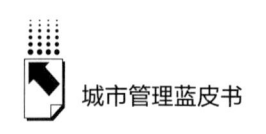

一 东京都市圈轨道交通概述

东京是亚洲最早兴建地铁的都市，从 1872 年日本政府利用英国资本建成了从东京到横滨的第一条铁路后，历经 6 次变革，到如今已形成了完善的东京轨道交通网络体系，经历了一百多年。东京都市圈轨道交通网络①（Rail Transit Network）呈典型"环状+放射"网络布局。公共轨道交通系统由地铁、JR 国铁、私营铁路 3 个系统组成，基本上都能实行直通运转。东京现有 13 条地铁运营线路，由东京地铁公司和东京都营地铁公司组成，总里程 304.1 千米。东京地铁负责运营的线路有 9 条，总里程为 195.1 千米；东京都营地铁负责运营的线路有 4 条，总里程为 109 千米（详见表 1），日均客流量 1100 万人次，年均客流量高达 35 亿人次。地铁共设车站 290 个（换乘站不重复计算），与 JR 国铁（1106.1 千米）系统、私营铁路（1170.5 千米）共同组成了东京城市快速轨道交通体系。其他轨道交通还有 200 千米左右，是上述 3 种轨道交通的必要补充，合计轨道交通总公里数为 2780.7 千米。站与站间隔分别为 0.5~1.0 千米、1.0~2.0 千米、2.5~4.0 千米。

表 1 东京城市轨道交通运营主体情况

轨道交通类型	运营方	资本构成或资本所有者	运营里程
地铁	东京地铁公司(9条)	合资公司（东京政府 53.42%，东京都 46.58%）	195.1 千米
	东京都营地铁公司(4条)	地方公营	109.0 千米
JR 国铁	JREast, JRCentral	国家	1106.1 千米
私营铁路	8 家大型私铁公司	民间	1170.5 千米

---

① 轨道交通网络是指由若干轨道交通线路组成的网络，它是城市公共交通的骨架，根据城市综合交通规划和城市总体网络规划制定，按计划分阶段逐步实施。按客流的需求，可由地铁、轻轨、有轨电车和城市铁路等不同等级和性能的线路组成。

东京轨道交通系统以服务为核心，在功能上分为3个层次，主要指标是站间距离和运行速度。其中，城际电车主要服务都市圈范围内的核心城市、次级城市和居住区，半径为50千米；地下铁服务于中心城区，半径为15千米；有轨电车主要服务于局部区域。运营中通过多样化的运输组织实现各层次功能，在客流需求大的通道上形成不同功能层次的线路；在客流需求小的通道上不同功能层次的电车运行在同一条线路上。① 东京的市郊轨道交通止于JR山手线上的大型枢纽站，与地铁衔接直达市中心，全长2276.5千米，最高速度130千米/小时，由国铁和私铁公司经营。东京轨道交通网络由地下、地面和高架轨道互相交错，呈"环状+放射"式布局，与市郊铁路衔接联运；服务范围涵盖东京都、神奈川县、埼玉县、千叶县、茨城县、群马县、栃木县、山梨县；在公共交通中的分担率超过75%，是环东京地区非常重要的交通方式之一。

（一）东京轨道交通模式与经营主体

1. 城市轨道交通的运营管理模式

城市轨道交通的运营管理模式在世界各国出现了多样化的趋势。东京轨道交通采用了公私合营的模式（详见表2）。这种模式被称为"东京式铁路经营"。东京的地铁线路不多，承担市郊铁路功能的JR国铁和私营铁路则在东京城市轨道交通中占据重要地位。虽然东京的城市轨道交通有公营与私营之分，但是为了方便市郊与中心的乘客往来，为私铁进入市中心提供条件，同时保证地铁的客运量需求，地铁、JR铁路和私铁之间线路都是连接在一起的，实现了互联互通直通运转模式，乘客基本实现了"零"乘换。我们看到一条线路不同公司的列车在跑，这些列车统称"电车"。这种运营模式，一是方便了乘客；二是缓解了市中心车站的运营压力，提高了不同线路的运营效率，减少了运营成本，各方都能够互利共赢。私铁经营的线路与

---

① 孙洪涛、戴新鋆：《东京都市圈轨道交通对京津冀城际铁路规划的启示》，《中国铁路》2015年7月15日。

市中心地铁衔接，不仅承担着城际与市郊通勤、通学的运输，而且在城市建设与综合开发方面发挥着积极作用，成为东京都市圈交通体系不可或缺的重要组成部分。

表2 东京轨道交通模式

运营管理模式	性质	特点	采用城市
公私合营	线路归政府和地方公共团体所共有，由政府和地方公共团体组织人员经营。采用民间投资、交通债券等多种形式，充分拓宽了融资渠道	城市轨道交通系统很早就引入了多种经济成分，例如有政府投资、商业贷款、民间投资、交通债券等多种形式，充分拓宽了融资渠道	东京

2. 经营主体多元化

东京的城市轨道交通有多个经营主体，从资本角度可划分为民间资本、国家或地方公共团体。从法律角度划分为私法人、特殊法人、地方公共团体。这些主体形成了互为补充、互相竞争的关系。

市郊铁路具有明显的准公共产品属性，这一特点决定了政府并不是唯一的参与主体。东京的市郊铁路主要分为两大主体：私铁公司和JR集团。其中，在市郊铁路建设中，以私铁为代表的民间资本占据重要地位，以主业带动副业，赢得了丰厚的利润。①

（二）东京地铁运营组织与精细化管理

"环状+放射"是东京地铁运营的特点。以山手线为中心与其他轨道交通线路一起组成了放射环状结构的东京城市快速轨道交通，放射环状结构克服了其客流过度集中的不足，方便了环县周围地区的交通，增强整个线网的连通性，对市中心的客流起到了一定的疏解作用。

1. 电车车辆与运行计划

东京地铁公司车辆保有量为2717辆，用于运营的车辆型号有13种，各

---

① 蒋俊杰：《日本市郊轨道交通发展模式》，《都市快轨交通》2017年6月18日。

类电车运行速度有所不同,其中电车最高运行速度为 100 公里/时,平均运行速度约为 60 公里/时。车辆编组有 6、8、12 三种类型。工作日每日开行电车 5655 列,电车走行车公里数为 10 万公里,双休日每日开行电车 4451 列,电车走行车公里数为 8 万公里,早高峰时最小电车开行间隔为间隔为 1 分 50 秒,平峰时为 3 分钟,晚高峰时为 2 分 15 秒。①

东京地铁运营时间为凌晨 4 点到午夜 24 点。同世界各地一样,东京地铁也存在通勤客流运载不均的问题。据日本轨道交通部门统计,早晚高峰时段客流峰值期满载率达 216%,而其他时段客流趋于平缓。正常工作日和周末及节假日的运行时间固定,但会根据客流需求对车辆进行编组,开行不同数量的电车。此外,随着东京圈规模不断扩大,一些线路中由郊区到市中心的长距离乘客占客流总量的比例很大,每天从邻近区域到东京都的通勤人数达到 260 多万人次,并且下车车站比较集中。为了解决这一问题,东京地铁在现有条件下,采用周期化电车运行、直通运行、快慢车混合运行等模式。这种高效的运营组织措施,提高了服务质量和运营效率,满足了人们的快速出行需求;在运费清算方式上,按照乘车线路上运营商各自的票价计算规则计算各自票价,乘客付出的总票价为每条线路票价之和,清分中心按照各自线路上的票价分配总票价。②

2. 安全防护措施智能化

东京地铁的运行把乘客的安全作为第一要务。为此,东京地铁制定了一系列的安全防护措施以及管理员工的行动指南,地铁的全体员工严格按照制定的流程和标准来执行每一项工作。东京地铁在防灾对策中基本归纳为应对自然灾害和应对事故两方面。自然灾害包括强降雨导致的灌水、强风、地震和海啸。事故包括恐怖袭击、火灾、停电、人身伤亡等。本文重点介绍应对强风、地震和停电的措施。

(1)应对强风。在位于地面上的高架桥或桥梁设置了测控风速的"风

---

① 汪波、禹丹丹、李得伟:《东京地铁运营组织分析》,《都市快轨交通》2012 年 2 月 18 日。
② 卢曙光:《韩、日城市轨道交通票款清分中心的经验与借鉴》,《都市快轨交通》2007 年 4 月 18 日。

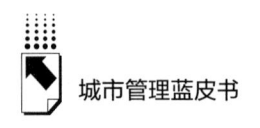

速计"装置,根据风速控制行车速度。当风速达到15米/秒时,行驶速度要求控制在60千米/小时以下,当风速达到20米/秒需临时停车,风速达到25米/秒则停止运营。①

（2）应对地震。根据抗震级别来设计地下隧道、高架、桥梁等地上的构筑物,并且鉴于阪神、淡路大地震的受灾状况,对现有隧道和高架桥等重新进行了抗震加固,并在各条线路安装了与信号设备自动联动的地震报警装置,当检测到危险级别的地震时,地铁电车将自动紧急停车。

（3）应对停电。日本是地震、台风、火山喷发等自然灾害多发国家,东京是人口聚集最多的区域,当自然灾害发生时,就会触发大面积停电,影响轨道交通运行。为确保在隧道中运行的电车和乘客的安全,东京地铁公司开发了新型蓄电池,储存利用再生制动产生的电力,在正常供电设备发生故障电力供给停止的情况下,依靠应急蓄电池为电车提供的电力可以保障电车能够顺利到达下一站。

3. 人性化的运营管理

（1）服务的精细化。纵横交错的地铁人流量非常大,工作人员的数量却很少。在入站口处设置了地铁运行时刻表,清晰地标示出工作日和休息日每一小时里每一辆电车到站的时间,精确到分。自动售票机上方的墙上标写由该站到不同目的地的票价图。曲线车站站台相对较宽,为了防止乘客不小心踏入缝隙,在车门与站台间安装有自动踏板。为保障残疾人和高龄老人乘坐地铁,每个地铁站都安装了自动扶梯或轮椅专用电梯。在高峰期间,由于电车满载率高,车辆两侧的座位会自动收起,以节省更多的空间;高峰时间过后,座位会自动放下供人们使用。车辆内的扶手拉环有高有低,方便不同身高的人使用,高峰期电车设置女性专用车厢。地铁电车每节车厢都有空调,冬天电车的座椅会自动加温,夏天车厢内冷气充足。车厢里有老年人、残疾人和孕妇优先座位。东京地铁的人性化管理在引导标识上体现得淋漓尽致。换乘通道内,每隔一段距离就有标识,清楚地指示前方去向,到了分岔

---

① 木下贤:《东京地铁的安全对策》,《都市快轨交通》2007年12月18日。

口时，又以不同颜色来区别每条线路，连到达换乘线路步行距离也标得清清楚楚。同一线路的不同方向会有余下站点的清晰指示。

（2）灵活的票价制度。东京地铁的票价比较灵活，按里程递增式计价，成人票价160日元起，儿童票价为成人票价的一半。总体归纳为5种车票（自由车票、月票、回数票、学生票、反复充值的新型IC卡）。东京地铁每个车站都有一排自动售票机，每个车站地铁线路图上都标有票价，售票服务非常便捷，可以临时购票，也可以买月票。如果购买票的里程不够，可以在车站出站口"精算机"上结算票价，凭此券或延长的车票均可顺利出站。

（3）超前的环保意识。东京地铁公司从实际出发，不断尝试新能源应用。一是在车站安装太阳能发电装置，减少二氧化碳的排放量。二是引入三菱电机生产的辅助电源装置，将再生制动产生的电力循环利用。三是积极改良设备，促进旧动能转换，降低运营能耗。四是重视节能环保，大力开发利用浅层地热能源。根据东京环境技术研发机构的研究报告，利用这项技术每年制冷可节能35%~40%，采暖节能20%。

（4）移动通信网络全覆盖。东京地铁在移动通信部署上迅速而高效，不论是在地铁车站里（有的地铁站深度距离地面约40米），还是在电车高速运行中，都能免费提供WiFi，最近又开通了"WiMAX2+"服务。2021年东京奥运会的举办，东京地铁将进一步加速移动通信网络升级。

二 主副业兼营的土地综合开发策略

东京在轨道交通建设理念上，采取了轨道交通先规划、后建设的具有前瞻性的逆向思维模式来带动城市群的发展。通过先行规划轨道交通设施，进行沿线开发、多元化经营和人员的导流，从而创造需求保证新的商业模式和客源，突破了传统的交通随人走的思维模式。其中，一方面，私铁企业在推动东京轨道交通沿线商圈的形成和人员导流方面起着举足轻重的作用，私铁主要承担着城市郊区至市中心的短距离轨道交通网络，除轨道交通运输主业外，还经营公共汽车和出租车。副业经营范围涉及土地、商业地产的开发、旅游观光、酒店设施以及大型百货公司和工业团地的经营。这种土地的开发模式不仅带动了轨道交通沿线经济高质量发展，吸引了客流并发展兼业，保证了稳定的收益来源，也为东京疏解人口、产业外移、产业链再造、解决"大城市病"等起到了积极作用。随着住宅和商业圈的形成，以轨道交通发展为依托的郊区新城逐渐出现，因此形成了轨道交通带动新城发展的格局。另一方面，社会资本参与轨道交通建设的动力源泉是可观的投资回报，投资者通过土地开发进行多元化经营，收回初期建设成本的投资。在进行土地综合开发之前，首先要解决涉及土地开发权的利益分配。在土地收益分配过程中，将土地发展权划分为市地发展权和建设发展权两个层次，其中市地发展权归政府所有，其价值由政府回收作为社会公共资产收益；建设发展权的收益补偿给建设开发投资商。①

东京市郊铁路的成功经验主要归纳为以下几点：一是政府重视和政策支持，不重盈利重方便，投资主体多元化，公私合营，广泛的融资渠道；二是规划设计具有前瞻性，在城市总体规划、土地使用规划上结合其他交通方式，共同制定市郊铁路的发展规划并预留未来增量空间；三是轨道技术标准兼容性强，重视人才，能够充分利用既有铁路资源，采用先进技术设备加以改造；四是市郊铁路总里程远超过中心区轨道交通总里程；五是车站设置科学合理，充分利用地下空间，便于换乘，交通站点与商业融为一体；六是与其他交通方式密切结合，无缝衔接；七是运营系统独立，具有灵活的运营组织，时效有保障；八是全方位的以人为本的人性化服务，引导标识清晰、灵活的票价制度，安防措施到位；九是大力开发新能源，节能环保意识强烈；十是不靠财政补贴，但实现了盈利，有的私铁盈利甚至在100%以上。

三 制约北京轨道交通发展的主要问题

1969年10月1日北京第一条地铁线路建成通车，至今已经52年，积累

---

① 蒋俊杰：《日本市郊轨道交通发展模式》，《都市快轨交通》2017年6月18日。

了丰富的经验。奥运会期间，轨道交通发展进入了快车道。但是，北京轨道交通发展与世界发达国家相比，还有很大差距，问题也比较突出。主要归纳为以下几个方面。

（一）规划设计理念陈旧

一是规划设计者对交通的理解认知性不足与体系缺失，导致空间布局与客流集聚的耦合度较低。轨道交通的发展过度强调权力中心最优化而忽视城市整体发展的最优化。例如，地铁线路过多聚集在中心和副中心区域，远郊区县发展缓慢且形成不了环线线路互联，交通枢纽少且设置不合理，没有形成整体城市轨道交通的闭环，只是单一地体现了轨道交通的运输功能。二是线路规划与城市功能不匹配，落后的设计规划理念还在延续，只是文件和会议上强调改革创新，形式主义严重。三是站内、站外均没有考虑商业网点，站台、站点、出口设置不尽合理，引导标识不清晰，便民设施不完善，市民利用轨道交通出行体验差。四是组织运营编制单一，在运营高峰期基本上没有采用快车、慢车和普通车等多种运营组织模式。轨道交通的整体规划与交通综合运营不协调，直接导致换乘不顺、耗费资源和时间、客流拥堵等问题。

（二）缺乏主动创造效益意识

一是运营单位收支两条线的方式直接导致轨道交通为亏损项目，没有主动创造收益的积极性。二是运营单位属于国有垄断型企业，员工普遍存在安逸感。三是运营单位主要以运营安全为主，运营效率被忽视，缺乏向管理要效益、挖掘综合运营潜力的积极性。

（三）体制僵化导致轨道交通功能单一

一是北京的轨道交通基本都是国有化企业经营，体制的约束使企业经营者失去了创造价值的动力，导致北京轨道交通在综合交通接驳设计、枢纽设计、运营制度设计、运营模式设计等方面功能单一，设计方案同质化严重，只是单一地承担了运输这一项主要功能。二是轨道交通建设和城市发展不协

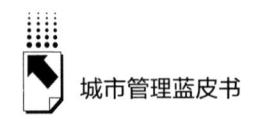

调,轨道交通没有起到引领和重塑城市发展的作用。反观东京轨道交通发展模式,以运输服务为主,主副兼营,以交通来养商业,以商业促交通,从而带动城市联动发展。

(四)轨道交通建设政府财政压力大

从国内轨道线路批复规模来看,至2025年北京年均轨道交通项目出资占政府一般公共预算收入比例达12.7%,占政府性基金收入比例达17.0%,基本超出了北京财政收入的承受能力,依靠传统政府财力发展轨道交通的模式面临巨大挑战。

(五)投资模式单一,轨道线路得不到充分利用

一是北京的轨道交通建设基本由政府独资,只有极少部分利用了PPP模式,投资成本高,政府财政压力大。二是国企垄断经营,每一条线路运行的电车都是按照计划来安排,导致轨道线路利用率低下。反观东京轨道交通,同一条线路有几家公司的电车在运行,按照地域通勤需要先合后分再并轨,轨道不需要重复建设,投资成本低,利用率高,营收效益明显。

四 对北京轨道交通发展的借鉴

随着京津冀协同发展、社会环境变化、科学技术创新和规划认识重塑,泛首都圈轨道交通规划仍遵循"一张蓝图干到底"。当前阶段,北京应在落实以人为本理念的基础上,积极地向"空间活动、城市生活"理念转变,规划战略应与社会语境紧密契合。应编制带有感情、温度和情怀的社会型规划,而非单纯的技术引导型、部门管理型规划。

(一)前瞻性的规划设计,科学的交通路网结构

东京可以说拥有世界上最完善的交通网络,这与严格的规划法规、前瞻性的交通设计以及强大的经济实力有直接关系。在东京换乘各种交通工具都

具有方便性、快捷性和高效性。在交通规划治理方面，东京非常重视供需平衡规划设计与研究，大力发展高效的公共交通工具，引导人们减少低效率的出行，强化科学合理使用土地与道路资源。在轨道交通运行方面，东京采用直通运行、快慢混合运行的模式，通过合理的运营组织方案可达到较高的行车密度，根据客流特点灵活设置直通区段的起终点，从而减少乘客换乘次数和旅行时间，减小换乘站的客流压力，提高线路使用效率，达到便利、快捷、高效、优质的服务目标。

（二）服务人性化，管理精细化

主要体现在以下方面。一是车站街道空间一体化。在中心地区要利用城市更新的机会，加强车站出入口指引，设计一目了然的指示图标，以车站为中心，精细、便捷地连接街道。二是接驳换乘交通一体化。改善车站换乘条件，对于多线汇集、换乘不方便的车站，要新设通道，扩展空间，改善设施。加强多网融合，强化公共汽车、公共自行车等方式与轨道交通网络的接驳，最大限度地提高运营效率，在提升车站服务水平的基础上，为乘客提供全方位、人性化、无障碍、立体化的服务，充分利用发达的轨道网，积极提升以车站为中心的城市形象，创造繁华的空间。三是功能服务城市一体化。车站周边地区开发时，利用城市更新和开发相关制度，完善便民设施，支持育儿、防灾、闹市等生活功能。提高恶劣天气（局部暴雨）的出行安全性，预防紧急出入口等部位大规模浸水；为无家可归人员配备饮用水、毛巾等备用品；引导车站与周边开发项目形成一体化的创意广场与下沉花园，形成繁华的城市空间。交通离不开城市，城市是交通的本源也是空间的载体，交通是联系城市各类社会经济活动的重要纽带。只有城市土地使用和城市交通两个系统相互协调发展，才能保障城市高效地组织和实现各类社会经济活动，促进城市的健康、韧性、舒适、繁荣。

（三）收入上自力更生，不依赖政府财政补贴

北京的城市轨道交通长期以来处于依赖财政补贴、连年亏损的情况，东

京轨道交通却大幅盈利,私铁公司盈利基本为100%,甚至更高。例如,东急电铁、小田急电铁、西武铁道,这三家公司2016财年运输事业收入最多只占总收入的三成,公司收入来源更加多元化。它们将自己的业务范围扩展到生活服务、不动产、酒店休闲、物流等各个领域,轨道交通则成了连接各业务的"动脉"。私营铁路在东京城市发展中承担着城际尤其是城市近郊的通勤、通学运输,成为东京都市圈交通体系不可或缺的重要组成部分,发挥着重要的作用。其经营的线路与市中心地铁衔接,同时东京的轨道交通经营模式是有效利用民间资本进行城市开发的典范(详见表3)。

表3 东京轨道交通2016年财报

单位:亿日元

项目	东京地下铁	东急电铁	小田急电铁
运输事业收入	3622.38	2005.93	1653.22
商业设施运营收入	408.09	3028.77	2896.11
其他事业收入	51.92	6441.27	748.76
总收入	4082.39	11475.97	5298.09

(四)不"等"不"靠",主动创造交通需求

东京具有前瞻性的轨道交通建设模式带动了城市圈的整体发展活力。通过先行规划建设轨道交通设施进行沿线开发和多元化经营,从而创造需求、保证客源。以东急大井町线、东急目黑线为例,为了增加客源、保证收入来源,投资方积极进行土地开发,主动创造需求。为了吸引学校入驻,私铁公司把铁路沿线土地捐赠给学校,从而使沿线土地很快就发展成住宅区。

(五)充分利用社会资本,积极探索公私合营模式

东京在轨道交通建设的过程中,通过TOD模式引入民间资本,实施多元化经营战略,不仅消除了政府财政方面的压力,而且解决了城市交通问题,还促进了城市人口与产业的合理分布,带动沿线区域经济协调发展,加

速推进了城市化进程。

私铁发展主要得益于以下四点。一是以市郊铁路为核心对枢纽站进行地面开发；二是以TOD模式进行商业、文旅和地产开发；三是在远郊有文旅价值的车站周边建设田园城市，通过轨道交通带动景区的文旅产业发展；四是政府的大力支持，为了鼓励社会资本修筑铁路，各级政府出台了很多引导政策，比如私铁公司可自主规划线路，地方政府负责征地拆迁，建设期税费减免，贷款实行零利息等优惠政策，充分激发了社会资本自主发展市郊铁路的热情，最终实现的是国家、城市和社会的发展。

五 北京轨道交通发展的建议

北京轨道交通发展与日本东京相比还有很大的差距，应借鉴东京轨道交通发展的成功经验，在总结北京轨道交通发展的基础上，建设符合北京国际大都市发展的高质量市郊铁路。为此，本文提出以下五个方面的建议。

（一）制定市郊铁路整体规划

一是按照新版城市总体规划，立足本市实际情况，总结国内外先进经验，做好市郊铁路整体布局规划，研究出台市郊铁路发展指导意见，制定市郊铁路标准，梳理现有资源，合理布局，科学配置线路运力，优化线路站点设置，调整城市公共交通系统运行线路和运营时间，建设同步配套设施，提高公共交通接驳的便利程度。二是加快构建市郊铁路体系，将市郊铁路运营纳入城市公共交通体系，推动城市轨道网和市郊铁路网的互联互通建设，实现多层次交通网络体系嵌套。三是与铁路部门的合作应转为城市自营市郊电车和更有效率的共用通道与场站资源合作。四是建立市郊铁路票价动态调整机制，结合政府财政补贴、社会城市能力、企业运营成本、市场供求状况等因素，合理确定票价水平。五是车站立体空间的综合利用，车站是商业导流的最佳渠道，可以辐射地下、地面空间和周围区域，使商业区域、文旅与交通融为一体。

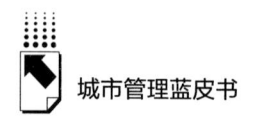

（二）转变市郊铁路发展观念

一是轨道交通规划要符合北京市未来发展要求，在疏解非首都功能的背景下，中心城区的功能定位发生了巨大变化，企业和人口外移，轨道交通的资源和规划要尽可能向外倾斜和扩展，尽量做到轨道交通线路相互连接，形成外延闭环模式，以满足未来城市空间发展的要求。随着京津冀一体化协同发展，未来会形成泛首都圈城市群，城际应具备环形轨道交通的建设。东京发展的经验表明，北京未来规划的轨道交通应考虑采用"放射+环形"的形式将外围的交通流引导通勤客源，减轻地面交通的压力，有利于北京与各城之间的发展，并增强北京自身的赋能和辐射带动作用。二是更新观念。市郊铁路在规划、设计、管理、服务等方面与建设高质量市郊铁路的要求在观念上差距较大，技术标准不符合轨道交通跨越式发展的矛盾突出，特别是市郊铁路的速度目标值与地铁、动车、高铁共线的速度目标值完全不同，与传统铁路的准静态设计也完全不同。三是克服专业分割的理念、树立系统论的新观念。市郊铁路网建设是综合复杂的系统工程，制定科学的流程和操作手册，打破信息孤岛，坚持专业化、标准化、理性化生产，集中对最先进的方案进行优化。四是综合考虑各种要素，实现各要素间的匹配和最佳组合。硬件方面，工程规划、工程设计、工程标准、技术装备、运营管理等要适应自然环境和沿线经济、城市发展的要求，与现有的线网相统一。软件方面，充分利用大数据、AI等技术，科学合理规划线路、车站选址、站间距离、出入站口，采用多层次立体交叉设计和一系列人性化设计，运营上做到与既有线网有机衔接，各种设施之间有机统一。

（三）注重市郊铁路功能规划和细节设计

市郊铁路的线路选线、站点布置、票价规制、发车频率等更接近地铁的公交化运营模式，其车体结构、车辆技术性能、车厢内部布局以及线路技术性能更接近铁路干线。具体来说，一是统一建设标准。铁路、地铁和规划的市郊铁路统一标准，保证直通运行。二是重视交通枢纽的布局。在市郊铁路规划时充分考虑城际空间布局要求，结合疏解非首都功能，促进京津冀协同发展战略进行泛首都圈发展空间规划，特别是在重要地理节点上做好未来发展布局。三是充分利用既有资产。充分利用现有运力、富余能力和枢纽内闲置资产，避免重复建设。四是以人为本。建立运营组织管理的综合服务体系，更新服务理念，重视日常客流研究分析，制定科学合理的票价制度，设计一目了然的导向图标和各种服务设施，建设多元媒体信息发布平台，为乘客提供全方位、人性化、无障碍、综合性服务。

（四）探索市郊铁路公私合营模式

北京可以结合区域优势，充分引导社会资本进入该领域，改变传统轨道交通建设投资主体单一化的状况，通过设立引导基金，提高社会资本的利用率，利用TOD模式做好铁路周边土地和车站地面综合开发，减轻政府的财政压力，实现双赢。目前，国内还没有如东京一样的城市轨道交通与土地利用有机结合，可推广、可复制的案例和经验。北京可以研究创新突破现有土地使用制度的新模式，探索出一条轨道交通与土地利用有机结合的成功范例。

（五）科学设计市郊铁路运营模式

一是市郊铁路要在现有的设备条件下，合理地规划设计符合北京市情的运营模式。通过采用高效的运营组织模式，提高服务质量和运营效率，既满足乘客出行需要，又匹配上下班高峰时段客流特征，这种周期化电车运行、直通运行、快慢车混合运行模式，在早晚高峰期开设特快电车，可以满足通勤、通学客流要求。二是从轨道交通运输的客观规律出发，根据线路长、短途客流特点和利用率，来进行长、短交路的组合，确定合理的越行站位置，选择适合的配线方式，增强线路的客流吸引能力，通过合理的运营组织方案达到较高的行车频次。三是市郊铁路站台设计要有前瞻性，给未来发展留有车辆编制空间。四是规划不同线路与公共交通之间的无缝衔接，多层次多出入口的规划配比，有效利用地下空间发展便民商业，配合末端交通系统，完

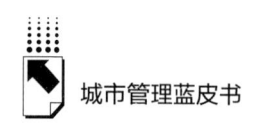

善北京功能配置，在解决大"城市病"的同时，预防城市副中心发展建设带来的"新城市病"。

结束语

东京轨道交通发展的经验表明，轨道交通是最好的城市交通工具，是城市公共交通的供应主体。首先，北京要以建设轨道上的京津冀为核心，从战略层面系统谋划四网融合，对外衔接城际铁路、高铁；对内衔接城市轨道交通，构建多层次一体化轨道交通体系，把交通一体化作为推进京津冀协同发展的先行领域，为京津冀协同发展、解决"大城市病"提供坚实基础和保障条件。其次，通过TOD模式进行多元化经营开发，培育新型产业，促进非首都功能的疏解，助力沿线区域经济高质量发展，加速了城市群发展进程。最后，北京应充分借鉴东京轨道交通发展的成功经验，结合北京市情，走出一条最经济、最全面、最到位的市郊铁路发展道路。

市郊铁路可以引导城市发展，在疏解产业和人口上的作用极其明显，是构建现代化、国际化大都市圈的重要基础。北京大都市圈的发展必须有明确的以公共交通为导向的城市交通发展政策，引导城市交通向安全、高效、快捷、低耗、可持续发展的方向转化，不依靠财政补贴降低政府债务水平，提升公共服务供给能力，不断提升交通体系的整体质量和服务水平，促进京津冀区域经济高质量发展。

专题篇
Topics

B.8 "双碳"背景下的北京绿色发展

胡 睿*

摘 要： 2020年9月，我国正式提出了"3060"战略，即2030年前达到二氧化碳排放峰值，努力争取2060年前实现碳中和。在世界范围内，城市碳排放量占全球总排放量的70%，因此，城市承担着重要的减碳控碳责任。北京作为我国首都，在"双碳"背景下如何实现绿色可持续发展是一个重要的议题。本文从"双碳"目标的提出背景出发，介绍了国外城市的碳减排经验，并对北京市能耗和排放的现状进行了描述统计。在总结国内外经验和分析北京市现状的基础上，本文从政府、市场、市民和智慧化四个层次，为北京市"双碳"目标实现的实施路径提出了建议。

关键词： 碳达峰 碳中和 北京 节能减排

---

* 胡睿，北京城市学院首都城市环境建设研究基地副研究员，主要研究方向为城市管理、城市转型发展。

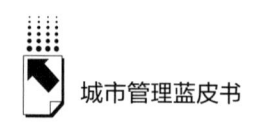

一　引言

二氧化碳排放力争于2030年前达到峰值，努力争取2060年前实现碳中和。这是中国向世界做出的庄严承诺，是世界最大的发展中国家对全球环境的责任担当，是我国未来一段时间的重要战略方向。"双碳"目标的实现，需要城市这一特殊主体的积极作为。因为城市是碳排放的主要地区，也是我国60%以上人口生活的主要场所。本文以北京市为例，分析了北京市能源消耗和碳排放的现状，总结了国外主要城市碳达峰、碳中和的先进经验，并结合先进经验和北京市的现状给出了下一步的发展路径建议。

二　研究意义

（一）责任担当："双碳"目标的提出是中国责任担当的体现

作为最大的发展中国家，中国在经济快速发展的同时也面临着能源、环境的压力。但是在保护环境、节约能源、控制气候变化方面，中国始终积极作为，主动承担责任，并为其他发展中国家争取最大利益。中国将可持续发展作为重要的发展战略。早在1992年，中国就是《联合国气候变化框架公约》最初的缔约方之一。1998年5月，中国政府签署了《京都议定书》，并在2002年与欧盟同一年核准该议定书。2013年11月，中国发布了国家层面的气候战略规划——《国家适应气候变化战略》。2015年，在气候变化应对方面具有里程碑意义的《巴黎协定》出台，中国在《巴黎协定》的拟订过程中发挥了积极的作用。次年，中国率先签订该协议。

中国"双碳"目标的正式提出是在2020年9月。习近平主席在第七十五届联合国大会上做出庄严承诺：中国将力争于2030年前达到二氧化碳排放峰值，努力争取2060年前实现碳中和。这一目标的提出在国际上引起了强烈反响,各方纷纷对中国的决定做出了肯定。自此,碳排放与碳中和的"双碳"目标正式成形。2020年12月,习近平主席进一步阐释了"双碳"的定量化指标。即到2030年,中国单位国内生产总值二氧化碳排放将比2005年下降65%以上,非化石能源占一次能源消费比重将达到25%左右,森林蓄积量将比2005年增加60亿立方米,风电、太阳能发电总装机容量将达到12亿千瓦以上。①

"双碳"目标的提出体现了我国勇于担当、主动应对的大国责任,也标志着我国逐步从主动参与走向了关键引领。这是我国经济社会发展到一定阶段的责任体现,也是中国传统的和谐发展理念的新时代体现。

(二)重要支撑:城市是"双碳"目标实现的主战场

"双碳"目标是可持续发展战略的具体落实通道,与"两山"理念互相支撑。人民日益增长的美好生活需要既包括充足的物质财富,也包括优美、健康、可持续发展的生态环境。住建部数据显示,截至2020年底,我国常住人口城镇化率达63.89%,城市已经成为我国人民生活的主要场所。因此,高质量发展的实现离不开可持续发展的城市体系,"双碳"目标的实现也离不开城市减碳控碳的支撑。

中国工程院院士王坚在报告中指出,全世界城市碳排放量占全球总排放量的70%,在城市实现碳达峰和碳中和意义重大。以城市为主体来追求"双碳"目标具有三方面的意义。首先,城市是能源消耗和碳排放的主要阵地,全世界有54%的人口生活在城市,带来了超过70%的碳排放。在城市推进"双碳"工作,是目前最为有效、可行的。其次,城市的治理主体构成更为多元化,政府、企业、市民、社会团体等相辅相成,可以自下而上汇聚形成碳中和体系,也可以自上而下构架碳中和制度,两条线路互为支撑,协同作用,更加深入有效。最后,《中国建筑能耗研究报告(2020)》指出,

---

① 《习近平在气候雄心峰会上的讲话(全文)》,https://baijiahao.baidu.com/s?id=1685886202481384721&wfr=spider&for=pc。

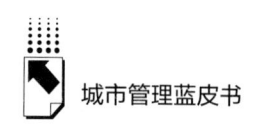

建筑全生命周期碳排放约占全社会排放量的一半[①]，并且碳排放主要集中在建筑运行和建材生产过程中。城市的大型建筑物集中，建设周期短、频率高，更容易产生与建筑相关的碳排放。因此，"双碳"目标首先重点在城市推进实施，更容易取得"事半功倍"的效果。

三 国外典型城市的"双碳"探索

在"双碳"领域，欧洲国家的探索更为积极，成效也更明显。尤其是一直以来走在绿色发展前沿的哥本哈根以及曾经为治理环境付出过沉重代价的伦敦，在碳中和领域摸索出了自己的特色道路。

（一）哥本哈根

哥本哈根的目标是在2025年成为世界第一个"碳中和之都"。哥本哈根计划，到2025年较之2005年，经济增长24%，排放量降低42%，实现100%碳复用，达到碳中和。为此，哥本哈根的计划路线是降低能耗7%，增加可再生能源生产74%，发展绿色交通。将能耗目标拆分到各个领域，热消耗减少20%，商业和服务公司的电力消耗减少20%，家庭电力消耗减少10%，太阳能电池的安装占电力消耗的1%。[②] 届时，哥本哈根将成为一个智能城市，以市民的生活体验为主要导向。

值得注意的是，哥本哈根非常重视建筑和交通领域的节能减排。在建筑物开始建造前，该市制定了合适的能源消耗策略，研究新的资助模式（funding model），并且修改完善法律以提升法律中要求的能效水平。在建筑过程中，加强监管反馈，通过反复抽检缩小能耗预测与实际能耗的差距；推动技术发展，建设低能耗新建筑；确保供热和生活用水的安全调节；为商业和服

[①] 《中国建筑能耗研究报告（2020）成果发布（cabee.org）》，https://www.cabee.org/site/content/24021.html。

[②] 闫晶、张瀚舟：《碳达峰碳中和先行城市的经验、挑战和启示》，《上海节能》2021年第8期。

务公司开发、测试和实施新的节能模式。在后期生活基础设施配套建设中，区域供暖实现碳中和；电力生产以风能和生物质能为基础，清洁能源发电量超过该市用电量；将塑料从家庭和企业中分离；将家庭有机废物生物气化。

在交通领域，哥本哈根市明确提出了细化的六大目标。一是75%的出行采用步行、骑自行车或乘坐公共交通；二是50%到工作或学习地点的出行通过骑自行车实现；三是乘坐公共交通的乘客比2009年增加20%；四是保证市内公共交通是碳中和的基本保障；五是20%~30%的轻型汽车使用新的燃料，如电、氢、沼气或生物乙醇；六是30%~40%的重型车辆使用新燃料。① 哥本哈根已经被逐步建设成为"自行车之城"，这为有"自行车王国"之称的中国的绿色交通提供了借鉴。

此外，为了支持全市的绿色发展战略，哥本哈根市致力于打造智慧城市，建设公共数据平台，实现能耗和排放数据实时留痕。大力发展智能建筑，推动本地制氢产业发展。同时，作为港口城市，哥本哈根还让邮轮使用陆上电力，减少轮船燃油带来的污染危害。

（二）伦敦

曾经的"雾都"伦敦深受环境污染的折磨，因此，在减碳控碳的道路上伦敦也是先行者之一。与哥本哈根相比，伦敦的碳减排目标较为"温和"。它提出到2050年，碳减排较2015年下降80%以上。与哥本哈根相同的是，伦敦的能源控制路径也侧重于建筑和交通领域，排放控制则关注可再生能源和废物的处理和再利用。

对于建筑领域的能耗控制，伦敦的关键路径有四条，分别是加快既有建筑的节能改造、制定政策强制提高建筑能效、电网脱碳、通过电力需求相互抵消补偿来降低缓和需求高峰。

对于交通领域的能耗控制，与哥本哈根类似，伦敦也采用可持续出行方

---

① 人民网人民科技官方账号：《全球主要城市碳中和目标及路径》，https：//baijiahao. baidu. com/s？id＝1703247103192619169&wfr＝spider&for＝pc。

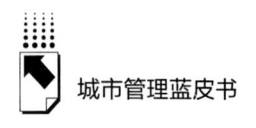

式，如自行车、步行、公共交通等。同时大力普及电池电动或燃料电池电动汽车，协调公共交通以覆盖更多的充电点。

对于减少排放，伦敦着力于发展可再生能源，最大化利用太阳能，通过规划制度鼓励太阳能设施建设，帮助伦敦居民在家中和工作场所使用太阳能技术。为了减少一次性塑料瓶的数量，伦敦还致力于改善免费的饮用水供应，在市中心地区安装了100多台饮水机。对于已经产生的废物，成立伦敦废物和回收委员会，进行统一的处理。

（三）西雅图

西雅图是美国众多城市中最早通过气候行动计划的城市之一。2011年即通过了到2050年实现温室气体净排放量为零的目标。

西雅图的温室气体排放控制主要采取的是"重点突破"策略，即针对排放影响最大的部门首先集中突破。目前，根据西雅图能源与环境局的数据，公路交通带来了40%的碳排放，其他交通方式带来了22%的碳排放，建筑能耗带来了21%的碳排放，工业生产造成了17%的碳排放。因此，具体的降碳排放措施也集中在这几个领域。

在交通领域，西雅图旨在优化市民的交通出行选择，逐步提升公共交通、步行、自行车等配套基础设施和服务水平，引导市民采取更环保的出行方式。为此，西雅图市政府通过政府资助交通基础设施建设、交通运输需求管理、交通燃料及其技术研发等途径不断推进交通领域的节能减排。尤其是在细节建设方面，西雅图市政府不断满足步行社区对便利住宅和商业的日益增长的需求，提供各种娱乐和服务机会，让市民无须长距离出行即可满足基本需求。同时西雅图市政府还采用道路收费、停车管理等经济信号来增加驾驶成本。

在建筑领域，西雅图通过全生命周期的管理控制能耗和碳排放。在建筑开始建造之前，建筑开发商要保证建筑设计达到能效基准，即使是翻新的建筑，也要达到这一要求。在建筑设计过程中，保证建筑师有可再生能源和低碳或者无碳能源组合驱动的设计，并且在管线设计上充分利用废热能源。在建筑使用中，建筑的开发商、运营商和居住者可以获得关于其建筑中能源使用情况的实时反馈,以及改善能源性能的选项。政府和金融机构也积极为建筑能源升级提供政策激励和融资支撑。

四 北京市能耗及排放现状与分析

国家统计局《2020年分省(区、市)万元地区生产总值能耗降低率等指标公报》显示,北京是全国所有省市中2020年万元地区生产总值能耗下降幅度最大的地区,降幅达到9.18%。2020年万元地区生产总值能耗相比2015年累计下降24%。

即使北京在全国各省市区中表现优秀,但其节能减排潜力仍十分巨大。根据《北京统计年鉴2020》的数据,北京市能源消耗总体呈现上升趋势,但是能源结构中传统能源煤炭的占比逐渐减少,天然气和清洁能源的占比逐步提升。单位GDP能耗和排放量都有明显的下降,而近几年随着北京常住人口的下降,人均能耗和排放略有上升。按照国家发改委推荐值,吨标煤折算二氧化碳排放系数可取 $2.4567tCO_2/tce$,本研究中也采取这一折算标准。

(一)北京市能耗与排放现状

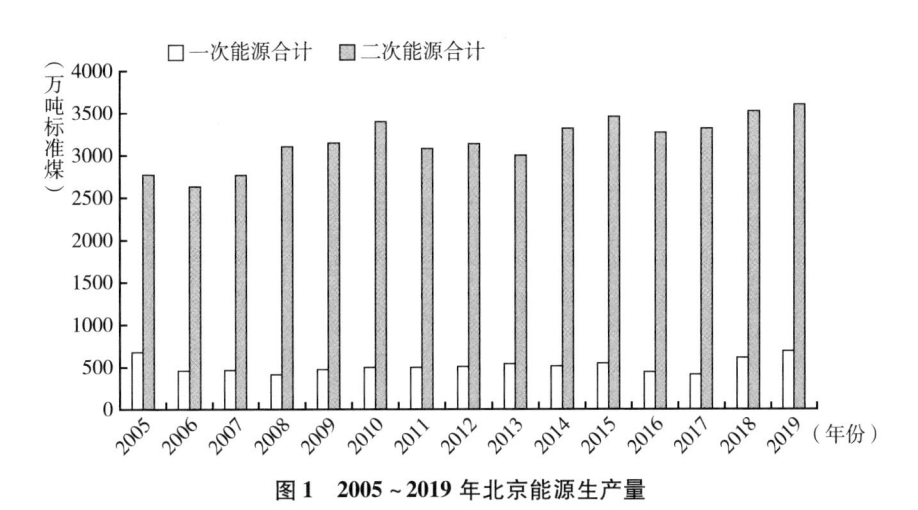

图1 2005~2019年北京能源生产量

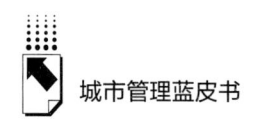

从供给侧来看，2005~2019年，北京市一次能源生产量基本稳定在500万吨标煤的水平，2019年是最近一个周期的峰值，一次能源生产达到了691.9万吨标煤。二次能源生产量呈波动上升趋势，且整体呈现5年左右一个波动周期的规律，由2005年的2772万吨升标煤至2019年的3601.5万吨标煤。

2019年，北京市的能源生产中，83.9%为二次能源，16.1%为一次能源。二次能源已经成为北京能源供给的主体。

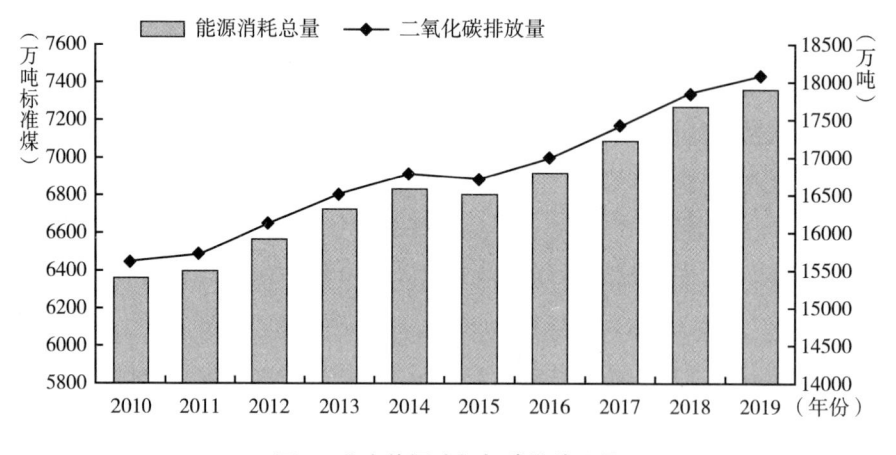

图2 北京能源消耗与碳排放总量

从消费端来看，北京的能源消费总体呈现稳定增长的态势。2010~2014年，经历了一次较为明显的增长；2015年稍有回落，但是此后直至2019年，能源消费总量逐年显著上升，10年间增长约1000万吨标准煤，增长率15.7%。相应的二氧化碳排放量也逐步增长，2019年超过了18000万吨。

虽然能源消耗总量逐年上升，但是从万元GDP能耗来看，2010~2019年已经持续10年呈下降趋势，2019年较2010年下降56%。

从消费结构来看，北京能源消耗整体呈现以下特征：煤炭消耗比例逐年下降，从2010年的30%逐步下降至2019年2%；相应的是天然气消耗占比的显著增加，由2010年约1/6升至接近1/3。这一变化趋势与北京市内近年来实行煤改气的政策有直接关系。其他能源种类中，石油消耗比例基本稳

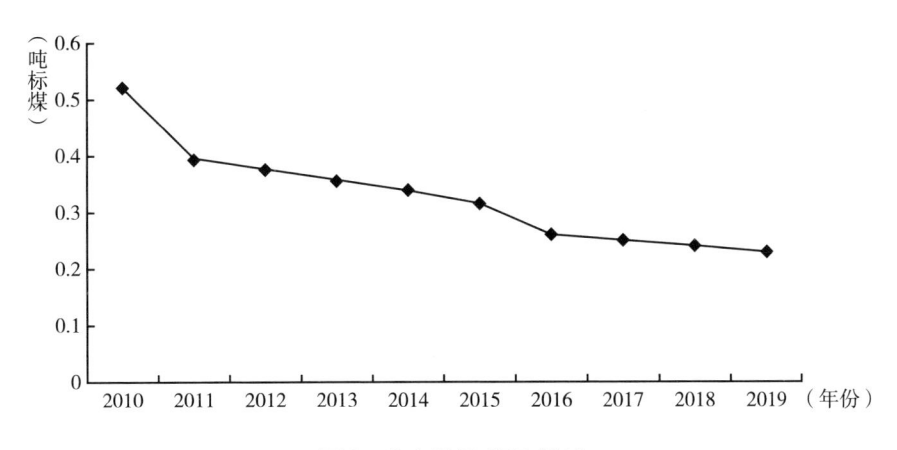

图3 北京万元GDP能耗

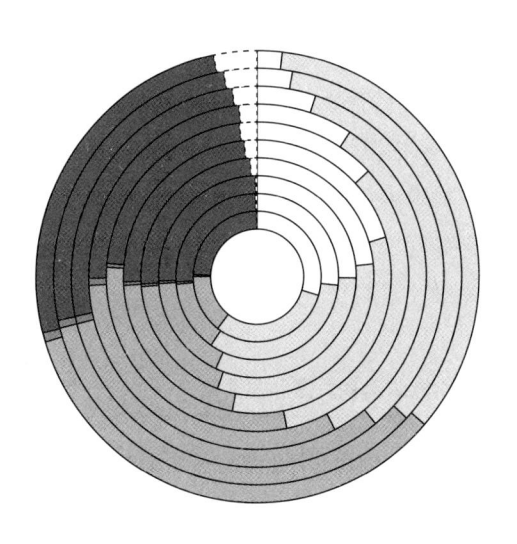

图4 北京能源消耗结构

注：2010~2019年（自内向外）。

定，维持在30%左右，电力消耗略有增长，其他能源例如风能、太阳能等虽然占比增长，但也仅占总体能耗的3%左右。

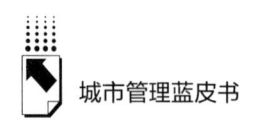

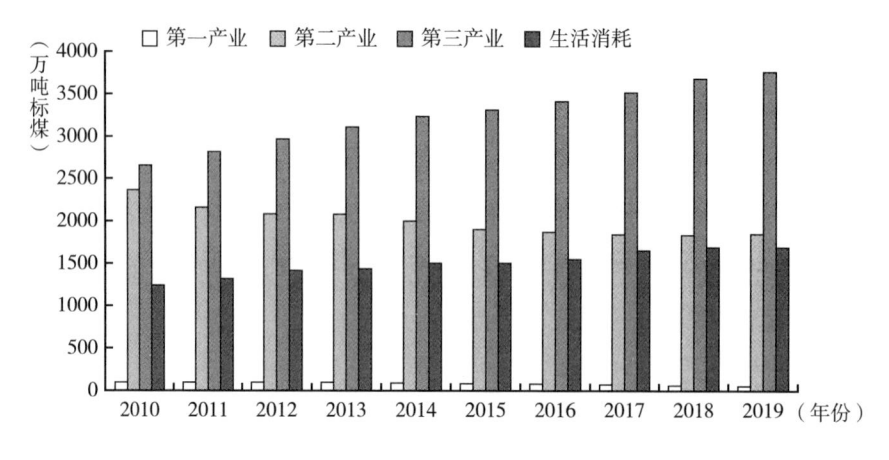

图 5 分产业能源消耗量

从产业分类能耗来看，2010～2019 年，第一产业能源消费略有下降，且总体占比较低，仅为 0.76% 左右。第二产业能耗量缓慢下降，且占比由 2010 年的 37% 逐年下降为 2019 年的 25%。与之相应的，是第三产业能耗值和占比的显著增加。2019 年第三产业能耗占比为 51.5%，成为主要的能源消费终端。而生活消费近 3 年则稳定在约 1600 万吨标准煤的水平，占全部能源消耗的 1/3。

表 1 分行业能源消耗总量和主要能源品种消耗量（2019 年）

项目	能源消耗总量（万吨标准煤）	煤炭（万吨标准煤）	汽油（万吨标准煤）	煤油（万吨标准煤）	柴油（万吨标准煤）	燃料油（万吨标准煤）	液化石油气（万吨标准煤）	液化天然气（万吨标准煤）	天然气（亿立方米）	热力（万百万千焦）	电力（亿千瓦时）
生活消耗	1691.4	48.7	370.2	—	—	—	18.8	—	14.6	4935.0	251.6
交通运输、仓储和邮政业	1533.8	0.4	49.7	697.2	99.8	0.3	17.4	19.5	3.4	617.6	58.0
制造业	1162.9	39.7	8.8	0.1	10.1	0.1	5.3	1.6	11.0	4162.7	162.5
电力、燃气及水的生产和供应业	559.6	87.7	0.8	—	0.9	0.1	1.6	0.9	126.2	199.9	134.8
房地产业	441.6	—	3.4	—	0.4	—	0.2	—	10.0	1521.7	95.8

将各产业拆分后，2019 年，能源消费总量前 5 位的分别是生活消耗，交通运输、仓储和邮政业，制造业，电力、燃气及水的生产和供应业，房地产业。其中，生活消耗占总能耗的 23%，交通运输、仓储和邮政行业占总能耗的 21%，制造业占总能耗的 15.8%，电力、燃气及水的生产和供应业占总能耗的 7.6%，房地产业占总能耗的 6%。

表 2 人均生活能源消耗量（2010~2019 年）

年份	合计 （千克标准煤）	煤炭 （千克）	电力 （千瓦时）	液化石油气 （千克）	天然气 （立方米）	汽油 （升）
2010	650.2	173.6	729.1	11.3	53.1	164.9
2011	663.2	167.1	727.2	10.7	52.7	167.6
2012	693.2	159.0	791.8	9.3	56.5	174.4
2013	687.5	147.7	750.6	9.9	57.1	180.7
2014	705.3	137.6	793.5	11.0	59.6	182.5
2015	695.5	126.3	808.7	11.6	63.7	194.3
2016	714.2	110.8	899.9	12.1	59.0	198.3
2017	761.0	83.3	1004.0	12.0	75.5	207.1
2018	782.6	35.0	1185.5	11.0	65.2	226.3
2019	785.3	22.6	1168.1	8.7	67.7	235.4

2010~2019 年，人均生活能源消耗总量除 2015 年略下降外，其余年份均有所增加；煤炭消耗大幅降低，2019 年人均消耗量仅 22.6 千克标准煤；液化石油气略有降低；天然气消耗呈逐步上升态势；电力和汽油消耗显著上升，分别增加了 60.21% 和 42.75%。

（二）北京市能耗与排放现状分析

根据上节数据可以看出，北京市的能源情况具有以下几个显著特征。

首先，统计数据显示，无论是总体还是人均，北京市的整体能耗水平都处在上升的周期中，而万元 GDP 能耗则不断下降。可见，城市整体的能耗提升是由经济快速发展带来的。而人均能耗水平的上升则与北京市近年来疏整促导致的常住人口下降有关。2017~2019 年，北京市常住人口增长率分

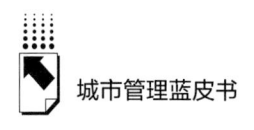

别为-0.1%、-0.76%和-0.03%，已经连续3年负增长，这也导致人均能耗水平提升更为明显。

其次，北京市的能源结构已经逐步优化。2010年煤炭还是能源的主体，而2019年煤炭已经仅占能源结构的2%，优质能源占到总体能源的98%，尤其是天然气的占比在逐年提升。2020年北京市天然气消费量达到185.41亿立方米，2020年11月15日供暖以来，仅北京市的日均消费量就达到1.3亿~1.5亿立方米，北京天然气日消费量占全国需求总量1/10以上。

最后，从具体产业来看，第三产业是能源的主要消费者。从具体行业来看，除了生活消费，交通运输、仓储和邮政业是能源消耗的主体，制造业次之，城市生命线相关行业和房地产业分别位于第4和第5。相应的，二氧化碳排放的重点行业也是这5个。

五 北京市"双碳"目标实现路径探讨

能源消耗、碳排放与经济发展是密不可分的，只要有经济社会活动，就一定会有能源的消耗，并产生碳排放。因此，碳达峰与碳中和的实现和社会经济转型、产业转型是一脉相承的。

（一）政府引领：积极谋划碳中和，明确量化目标

为了早日实现"双碳"目标，政府的高位决策和合理引导至关重要。2020年，北京市已经提出了明确的两阶段目标。第一阶段是2020~2035年。在这一阶段中，北京要实现碳达峰的目标，并保持达峰后持续下降的趋势。为了在15年内实现碳达峰，首先"十四五"期间要在可控领域内逐步降碳。基于现有基础和发展阶段特征，结合国外城市的经验，重点可关注如下领域：新能源和可再生资源的供能占比应进一步提升，北京自身在风能、水能、太阳能等领域不占有地缘优势，可以采取外调绿色能源的方式提升绿色能源比例。同时城市供暖作为耗能较大的终端，可鼓励多能互补的新型供

暖模式。进一步规划和建设中心城区的公共交通网络，完善充电桩布局，加快燃油车辆和新能源车的更迭；对既有建筑加强节能改造，对新建筑在建筑设计环节就将能耗控制和排放控制纳入强制标准等。

第二阶段，北京市将着力打造近零碳排放城市，依托技术进步全面推进实现碳排放迅速下降。2035年以后，北京市将逐渐步入近零碳排放的阶段。这一阶段中，前期的降碳潜能基本已开发完成，需要从系统外部寻找新的助推力量。因此，新的节能减排技术成为这一阶段城市碳中和的重要驱动力。国家发改委会定期发布《国家重点节能低碳技术推广目录》，为生产企业的技术升级提供参考。北京市也可根据自身城市发展现状编制城市层面的技术目录，不仅可以用于指导自身发展，也可以为国内其他城市的技术减碳提供参考。

（二）市场参与：升级碳交易平台，完善碳交易机制

北京市是国内较早试点碳市场交易的城市。自2013年正式启动，至2020年末已有7年。截至2020年，北京市试点碳市场范围已延伸至发电、石化、水泥、热力、其他工业、交通、服务业以及航空等八大行业，2020年全年试点碳市场配额成交538万吨，交易额达2.74亿元。

北京的碳市场起步于2013年，较欧盟晚8年。因此，欧盟碳市场的经验和教训对北京有较强的借鉴价值。总的来说，碳市场的机制维护是整个交易的核心和基石。例如最关键的配额分配方法，欧盟曾经采用的是祖父法（Grandfather method），即历史基准法。但是很多交易主体的排放量每年变化明显，直接采用祖父法容易导致配额分配过剩，数据滞后，影响交易规则。因此，欧盟吸取教训采用了基准线法。另外，由于没有市场稳定储备机制，外界因素对碳市场的影响非常明显。例如金融危机就严重导致配额过剩，打压了碳价；后期调整配额以后，工业企业又会抱怨成本上升和碳市场过度投机。这些经验和教训都给中国碳交易提出了警示——完善的机制对于市场的稳定和可持续发展至关重要。

北京在国内城市的降碳建设中走在前列，未来也将会是第一批碳达峰的

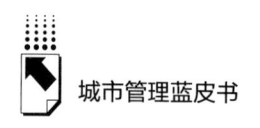

城市。随着碳排放量的变化，碳交易市场的机制也需要灵活调整。例如，在碳达峰以后，碳市场的目标应当从强度目标逐渐调整为总量目标。同时，随着市场的进一步发展成熟，国内碳市场单一的交易形式可能难以满足交易需求。而北京作为国内最为成熟的市场之一，可以逐步设计开放碳期货、远期、期权产品和其他碳金融产品的交易，不断提高市场的流动性。

（三）技术支撑：绘制城市治理新蓝图，构架"智慧化"场景

哥本哈根和伦敦等城市的经验显示，建筑节能、绿色交通、废物回收利用、推进智慧城市建设是推动城市实现碳中和的重要手段。

从这四条路径分别来看，北京作为首都城市，对建筑物大拆、大建、大改造并不现实，全生命周期的建筑节能需要假以时日才能逐步推进。交通领域，北京在引导推广新能源汽车、规范发展共享单车方面取得了一定的成果。北京市政府工作报告中指出，2021年本市公交领域新增或更新公交、出租、物流配送等车辆中新能源汽车比例不低于80%，新能源与清洁能源公交车占比已超过90%。废物回收利用方面，北京自2020年5月开始施行《北京市生活垃圾管理条例》，到2020年底，居民的参与率达到了95%，收集可回收物3000多吨，同比增长显著。而第四条路径，即智慧城市建设在北京则仍有较大的实施空间。

城市是"碳中和"目标实现的最大应用场景，智慧城市建设是"碳中和"全面展开的最好抓手。对于城市智慧楼宇和智慧交通，国外的城市经验都可以借鉴。针对北京自身的特色，利用智慧城市提升城市管理水平，从精细化的角度入手，减少社会层面的能耗和排放，是可以深耕的一个领域。

当然，智慧城市是一个系统工程，需要高位规划、整体调度、综合协同，而且智慧城市对信息技术的专业化要求高，本文只是从城市管理角度提供一个构想，具体实施还要通盘考量。但是仅从智慧化城市管理角度入手，能够带来能耗控制和排放减量的途径已经十分丰富。

以"美丽京城"这一构想场景为例，这一场景主要是针对北京市内整体环境建设、广告牌匾设置、景观设置等。针对整体环境建设，首先要开展

智慧化园林建设，对市内土壤、空气温湿度、污染物浓度、植物种类、植物健康状况、紫外线强度等指标进行实时监测，尤其是对市内的二氧化碳浓度等进行实时动态跟踪，并根据跟踪监测结果有针对性地规划植被，利用植物进行固碳。其次要建立多主体城市环境协同渠道。对于市内的企业、事业单位、街道社区等基层管理单元，都要建立双向通畅的信息化渠道。一方面可以掌握这些单位的能源消耗与排放量情况，另一方面也可以加强宣传引导，毕竟北京能耗占比最高的是生活消费类消耗。因此，每个家庭，乃至每个个体实现"碳中和"，才是城市整体实现碳中和的基石。

针对广告牌匾设置，一方面引入可再生材料或全面覆盖可复用的电子屏幕，以减少装修材料对环境的污染以及纸质广告造成的资源浪费；另一方面，通过大数据监测，对车辆、行人的驻留习惯进行分析，根据热力图来精准定位投放广告牌匾，避免低效和浪费。

针对智能景观设置，可以借鉴 IBM 智慧城市方案。北京作为首都，每年会举办很多大型的活动，需要临时城市景观的配合。同时，城市还有大量的固定景观，起到美化、提示、纪念等作用。对于大型活动，仪式感是必不可少的，因此大型的临时景观十分必要。而对于固定的城市景观，市民往往已经非常熟悉，甚至不会留意到它们的存在。因此，这类景观可以适度替换为虚拟景观，增加互动功能。这样不仅可以减少实体景观维护可能带来的能耗和碳排放，也可以提升居民的体验感和满意度。

再以清洁京城这一场景为例。这一场景主要针对北京固废管理与市容环卫。首先，从市容环卫角度出发，结合物联场景，实现全市扫洒水车辆均配置卫星定位、实时车载视频监控和作业过程作业员异常自动抓拍，实现机扫洒水车辆路面作业覆盖率智能核算。这样一方面能够科学规划车辆路径，减少车辆的无效行驶距离，节能能源，减少排放；另一方面可以提高洒水作业效率，助力降碳固碳。其次，从固废管理角度出发，全市的垃圾收运桶配置RFID 电子标签，对所有垃圾收运车辆配置卫星定位、实时车载视频监控、图片抓拍和 RFID 读写识别，同时压缩箱配置电子标签和卫星定位终端，通过位置和身份识别融合计算，精确记录全区垃圾从垃圾收集源头到转运站到

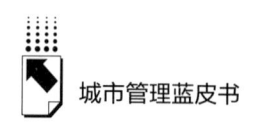

末端处理厂的动态收运过程,实现全程可溯源量化监管。这样在废物回收利用方面可以大大提升效率和回收率,实现废物的全生命周期监管利用。

另外一个非常重要的应用是垃圾溯源管理。能耗和排放的第一位都是生活消费,而垃圾的生产、运输、焚烧产生的碳排放是重要的一环。智慧城市在垃圾桶上安装唯一身份标签,在桶装车上安装标签读写设备,平板车在运输途中途经小区收集点,对车辆上垃圾桶进行扫描并将数据通过物联网络上传到后台。结合各小区的空间地理范围匹配出车辆停车点位所属的物业、小区,最终得到这一桶垃圾是在哪个小区装车,溯源到小区产生的垃圾量。进一步甚至可以追溯到产生垃圾的个人,从而可以从源头上有针对性地加强宣传,实现减量。

(四)以人为本:提升减碳意识,实现市民个体"微减碳"

城市是一个有机体,而市民是这个有机体最基础的构成单元——细胞。城市的整体控碳归根结底是每个个体的控碳。如果能够将市级层面的控碳行为落实到市民个体,将整个机体的目标拆分成细胞级的微目标,那么"双碳"目标的实现将指日可待。《北京市第七次全国人口普查公报》显示,北京市 2020 年 11 月共有常住人口 2189.3 万人,人均碳排放量仅为 4 吨/年,已经是全国最低水平。但碳排放的治理不是一劳永逸的,而需要持续不断地坚持和维系。目前北京市常住居民整体呈现学历水平较高,中青年群体在人口结构中占比最大(72.23%),城镇居民占绝大多数(87%)的特点。基于此,北京市可以从以下几个方面入手,促进"双碳"目标实现。

首先,结合智慧城市建设,推广普及个人碳足迹记录。天津市曾经在这方面有过积极的探索。个人碳足迹记录利用手机大数据,全面记录居民个人的购物、餐饮、出行方式、生活缴费等情况,并定期汇总,形成涵盖个体衣食住行各个方面的碳足迹报告。报告可以利用图表直观展示该居民每天、每周、每月的能耗与碳排放情况,通过与指导标准进行对比,从而给出有针对性的减碳建议。同时,中国互联网经济研究院的研究表明,在习惯使用智能手机的人群中,虚拟奖励的行为能够有效提升用户的参与积极性。青岛市目前已经开发上线了"碳普惠"平台,运用了多种生活场景减碳量的核算方法,市民可通过每日计步、公交乘车码、琴岛通刷卡乘车、NFC 交通卡乘车等低碳行为计算减碳量,获得碳能量记录,真正实现"人人减碳、人人受益"。因此可以将该记录与共享单车、网上植树、外卖平台优惠等联动,对减碳行为进行正向鼓励,以引导居民更加积极主动地投身减碳。这一机制设计在北京这座智能手机用户年轻、稳定的城市中相信会有显著成效。

其次,积跬步以至千里,树立小处做起的"微低碳"行为体系。在大部分情况下,市民属于被服务对象,事实上,市民作为城市事务的主体可以参与和贡献的有很多。城市的控碳就是市民可以从细处参与的典范。一方面,北京市垃圾分类条例开始实施仅两年,当时宣传普及垃圾分类知识的渠道基本畅通,可以借助这些渠道开展新一轮的全民参与"微低碳"活动。例如减碳行为的科普、碳的生命周期、常见减碳控碳技术、国内外优秀城市案例等,这些都可以通过之前的平台进行推送,并不需要重新投入大量的资金进行渠道建设。另一方面,在宣传的基础上,帮助市民养成随手减碳控碳的好习惯,例如:冬天自采暖控制温度,夏天空调不低于26℃,湿度控制在40%~60%,爱护城市植被,减少节假日活动导致的碳排放,减少点外卖,食堂就餐自带餐具,以步行、骑行和公共交通代替驾车出行,减少就餐浪费,不进行过度消费,等等。这些点滴举动虽然微小,但是能够切实减少城市碳排放,也能为自身营造美好生活的氛围。

B.9
北京市城市土地利用效率评价与优化调控对策研究

张潆文　褚旭*

摘　要： 开展北京市城市土地利用效率评价与优化调控对策研究，是落实最严格节约集约利用制度、加快非首都功能疏解、推动高质量发展的重要举措。应用数据包络分析法评价结果表明，北京市城市土地利用效率总体呈现分层化、组团化特征，平均综合效率为0.677，有较大提升空间。同时由于区域定位和经济发展水平不同，各区差异显著，大致可分为A、B、C、D四个级别。综合效率最高的（A级）包括东城、西城、石景山、门头沟和密云，主要以首都功能核心区和生态涵养发展区为主，既体现了土地精细化管理发展优势，更彰显了生态保护和经济发展辩证统一的生态文明理念；其次（B级和C级）为平谷、怀柔、海淀、朝阳和延庆，建议通过精细化规划和精准化规模调控予以改进；综合效率较低的（D级）包括顺义、大兴、房山、昌平、丰台、通州，除丰台属于城市功能拓展区，其余均属于城市发展新区，应坚定推进减量化战略，通过空间优化和结构调整，深挖土地利用潜力，以土地利用方式转变引领经济社会转型升级，实现人与自然和谐共生现代化。

---

* 张潆文，北京城市学院首都城市环境建设研究基地助理研究员，主要研究方向为自然资源管理、城乡规划与区域发展；褚旭，北京城市学院助教，硕士，研究方向为城市社会学、社会文化学。

北京市城市土地利用效率评价与优化调控对策研究

关键词： 城市土地　投入产出效率　数据包络分析法　北京市

一　引言

土地是人类赖以生存与发展的物质基础，是人类创造财富的基本源泉，是一切资源环境要素的空间载体。随着我国经济社会快速转型发展，人地关系日益紧张，土地资源供需矛盾愈加凸显。立足新发展阶段，贯彻新发展理念，构建新发展格局，推动高质量发展，必须以习近平新时代中国特色社会主义思想为根本指导，遵循习近平生态文明思想，坚持节约优先、保护优先和自然恢复为主的工作方针，坚定不移贯彻落实好"十分珍惜、合理利用土地和切实保护耕地"的基本国策，实施最严格耕地保护制度和最严格节约集约用地制度，推动绿色低碳发展，推动经济社会全面绿色转型发展，加快实现人与自然和谐共生的现代化。

城市让生活更美好。城市是国土空间的重要节点，承载着人口、经济、社会、生态等多元复合功能。城市土地利用效率是城市经济社会发展阶段与模式的直接体现。城市土地利用效率评价涉及经济、社会、资源、环境诸多要素，是一个复杂系统的概念，与城市发展功能定位、资源禀赋条件以及建设用地管控强度、低效土地开发强度、城市土地市场发育程度等息息相关。本研究中的提升城市土地利用效率，是指在现行土地利用管理法律政策框架下，通过提高单位建设用地投入产出比，实现土地经济、社会和生态综合效率最大化的一种开发经营模式。

（一）研究意义

北京市作为我国首都和京津冀地区的重要节点城市，对城市土地利用效率实施科学评价，不断提升城市土地节约集约利用水平，以土地利用方式转变引领经济社会转型升级，是加快实施京津冀一体化国家战略，推动区域经济社会高质量发展的必然要求，是提升城市治理体系和治理能力现代化的重要内容。

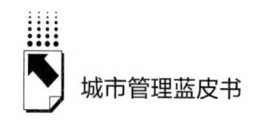

一是落实最严格的节约集约用地制度，创新土地资源管理模式，推进资源高效利用的根本要求。

推进资源总量管理、科学配置、全面节约、循环利用，全面提高资源利用效率，是十九届五中全会明确的一项重要内容。实施最严格节约集约用地制度，是党中央明确的一项重要战略要求。土地节约集约利用的内涵包括两个维度：一是节约度层面，即从产出角度，严控增量土地规模，强化存量土地挖潜，提高土地利用效率；二是集约度层面，即从投入角度，增加一定规模的存量土地上的资本、劳动力等的相关要素的投入。城市土地利用效率直接体现了区域土地资源节约集约利用水平，揭示土地资源供应、审批、利用等土地利用管理全流程、各环节的现状与态势，从总量、结构、节奏、计划等环节提出针对性举措，能够为未来土地资源节约高效配置提供重要参考，对进一步落实落细最严格节约集约用地制度，创新推动土地乃至自然资源管理改革与发展具有重要战略和现实意义。

二是立足新发展阶段，贯彻新发展理念，构建新发展格局的客观要求。

党的十九届五中全会明确提出，加快推进绿色低碳发展，构建人与自然和谐共生的现代化。严格落实最严格节约集约用地制度，是贯彻习近平生态文明思想和习近平法治思想，践行"绿水青山就是金山银山"理念的客观要求，是落实节约优先、保护优先、自然恢复为主工作方针的重要内容。通过开展城市土地利用效率评价，进一步揭示北京市土地可持续利用的态势与问题，优化完善土地配置决策与模式，能够有效遏制或管控城市土地空间蔓延式发展，推动减量化发展战略顺利实施，对切实保护耕地特别是永久基本农田、严格保护各类自然生态空间、守住自然生态空间的安全底线和边界、实现绿色低碳发展、率先实现碳达峰、碳中和等具有重大时代意义。

三是加快非首都功能疏解，推进京津冀一体化战略，推动经济社会高质量发展的重要抓手。

坚定不移疏解非首都功能，推进京津冀一体化国家战略实施，是北京市经济社会各项工作的政治大局。对北京而言，这属于"国之大者"。土地要素是经济社会发展的基础要素之一，土地资源优化配置状况直接决定了区域产业结构、经济结构、空间结构及发展模式。以城市土地利用效率评价为契机，优化完善土地资源优化配置模式和策略，是推进供给侧结构性改革的应有之义，是推动经济社会高质量发展的重要抓手。从增量向存量转变，必须依据科学的资源利用效率评价结果，结合非首都功能疏解及副中心建设等重大国家战略背景，探讨城市土地利用效率水平、空间分异特征，加快推动经济社会发展的效率变革、动力变革、质量变革，实现北京市经济社会高质量发展。

（二）城市土地利用效率评价方法综述

我国土地节约集约利用问题由来已久。土地利用效率评价是土地节约集约评价考核的核心内容，始终备受社会各界高度重视。通过多年的理论研究与实践探索，相继积累形成了一批重要理论性、政策性、技术性工作成果，为推动我国国土资源高效利用提供了重要支撑。据相关文献介绍，国外常用的土地利用效率评价方法有 SIPS 法（单位服务或产品的土地占用量）、土地容量指标体系法等。国内相关评价则主要包括两大类，一类是侧重于实证应用的节约集约用地评价考核，另一类是侧重于理论与政策研究层面的土地利用效率评价。

针对城市土地节约集约评价，主要包括城市建设用地和各类开发区土地的节约集约考核。为规范推进土地节约集约制度建设，国家先后制定实施了《建设用地节约集约利用评价规程》（TD/T 1018 – 2008）、《开发区土地集约利用评价规程》（TD/T 1029 – 2010）以及《开发区土地集约利用评价规程》（2014 年度试行）等。其中，建设用地节约集约评价规程，主要包括区域建设用地节约集约利用状况评价（简称"区域用地状况评价"）和城市建设用地集约利用潜力评价，着重从人口、经济、建设等角度，从利用强度、增长耗地、用地弹性、贡献比较和管理绩效等方面建立指标体系，进行综合评价。但由于政府出台的一些规程和指标方法的适用范围过于宽泛，目标过于多重，原则多于方法，且评价指标和数据很难从公开渠道获得，所以在学术

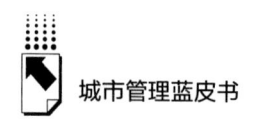

研究中应用受到较大限制。

学界针对城市土地利用效率的评价研究，又主要集中于评价方法、评价指标体系和评价实证分析三个方面。在众多的评价方法中，最常用的有指标体系研究法和数据包络分析方法。设定指标体系，对城市土地利用效率进行评价是早期研究常用的方法，由于不同学者对土地集约利用的内涵和本质存在认知上的差异，在指标选用以及标准值和权重的确定上均存在一定的主观随意性，大大影响了评价结果的客观性。数据包络分析方法（Date Envelopment Analysis，DEA）具备客观、细致、可行等优点，1978年由Charnes、Cooper和Rhodes提出，被广泛应用于各类效率评价之中，同样能够较好地适用于城市土地利用效率评价工作。

二 北京市城市土地资源利用总体态势

（一）区域概况

北京市是世界瞩目的超大都市，是国家中心城市，是国务院批复确定的中国政治中心、文化中心、国际交往中心、科技创新中心。全市下辖16个区，总面积16410.54平方千米。根据《北京市2019年国民经济和社会发展统计公报》，2019年末，北京市常住人口2153.6万人，人均地区生产总值为16.4万元；城镇人口1865万人，城镇化率86.6%；全年国有建设用地供应总量3945.3公顷，其中住宅用地1004公顷（其中保障性安居工程用地356公顷），工矿仓储用地98.1公顷，商服用地75.8公顷，基础设施等其他用地2767.4公顷；全年完成人工造林面积18698公顷，全市林木绿化率达到62.0%，森林覆盖率达到44.0%，城市绿化覆盖率为48.46%，全市人均公园绿地面积为16.4平方米。

2019年，虽然受到新冠肺炎疫情的影响，北京市各项工作面临诸多挑战，但以数字经济、平台经济为代表的新型经济模式蓬勃发展，展现出较强的发展活力。根据《北京规划和自然资源年鉴（2020）》，2019年度北京市城市建设用地节约集约利用评价时点为2018年12月31日,评价内容为区域建设用地供应和利用情况、建设用地承载人口、经济投入产出强度及变化趋势。评价结果显示,北京市建设用地节约集约利用水平评价指数为81.63分,按绝对得分法计算比上年上升14.04分(见图1)。2019年度开发区土地集约利用评价是针对北京市3个国家级开发区和16个市级开发区建设用地利用状况、产出和就业等用地绩效、工业用地再开发潜力等开展评价。3个国家级开发区(含主区和发展方向区)土地面积52798.76公顷,已建成工矿仓储用地面积8001.20公顷,实现工业(物流)企业总收入约109474756.50万元,累计完成工业(物流)企业固定资产投资总额59212531.22万元,工业用地地均收入3943.88万元/公顷,工业用地地均税收246.74万元/公顷。16个市级开发区(含主区和发展方向区),土地面积16724.93公顷,已建成工矿仓储用地面积2332.27公顷,实现工业(物流)企业总收入24375418.45万元,累计完成工业(物流)企业固定资产投资总额11204404.78万元,工业用地地均收入6253.09万元/公顷,工业用地地均税收238.13万元/公顷。

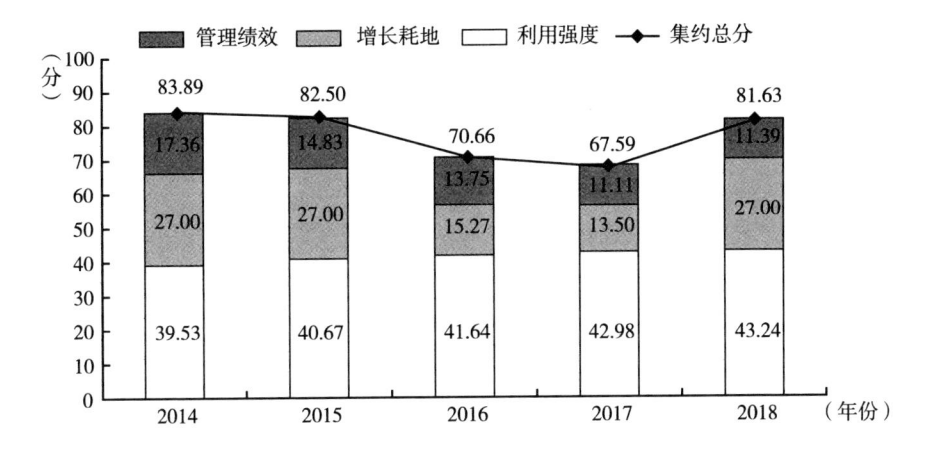

图1 2014~2018年北京市建设用地节约集约利用水平评价指数

资料来源:《北京规划和自然资源年鉴(2020)》。

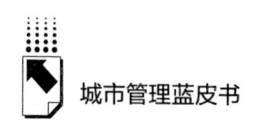

（二）不同尺度下区域城市土地资源利用现状

1. 行政辖区尺度下城市土地资源利用现状和特征

北京市包括 16 个行政区，在统计年鉴中，由于北京经济技术开发区（亦庄开发区）的重要地位，个别经济指标将其与其他各区并列单独列出，例如固定资产投资等指标。考虑到数据的统一性和可比性，本研究将北京经济技术开发区的单列指标数据合并到大兴区一并计算。

如表 1 所示，北京市各区建设用地规模由市中心向外基本呈现由小到大的特征，而常住人口密度则基本相反，即由市中心向外基本呈现由大到小的特征，这基本符合人们的直观认识。随着城市产业升级和环境治理要求日益增加，尤其是非首都功能疏解等政策的推进，北京市中心第二产业增速与外围区域相比差距极大，东、西城几乎为负增长和零增长；第三产业增速则普遍呈现较大幅度的增长，这与北京现代化大都市定位要求相符；此外，以顺义、门头沟、房山为代表，出现了更为明显的"退二进三"格局，即第二产业大幅收缩，第三产业增速突出。

表 1　北京市各区基本情况概要

区划	建设用地（平方公里）	常住人口密度（人/平方公里）	GDP 增速（%）	
			第二产业	第三产业
东城区	41.8	18968	-0.6	6.2
西城区	50.3	22501	0.1	6.5
朝阳区	354.9	7632	0.9	6.5
丰台区	217.7	6622	2.4	7.0
石景山区	56.2	6760	7.7	6.8
海淀区	259.4	7515	5.8	7.1
门头沟区	97.0	237	-2.1	9.8
房山区	361.4	631	-1.9	12.4
通州区	354.3	1848	8.8	5.9
顺义区	359.7	1204	-3.7	10.9
昌平区	391.8	1612	3.1	8.3
大兴区	394.8	1822	—	—

续表

区划	建设用地 （平方公里）	常住人口密度 （人/平方公里）	GDP 增速(%)	
			第二产业	第三产业
怀柔区	135.0	199	3.7	7.8
平谷区	132.2	486	2.3	7.6
密云区	173.4	226	3.9	7.9
延庆区	137.6	179	10.0	6.9
全市	3517.7	1312	4.5	6.4

新增建设用地规模的大小与区域经济增长动力息息相关。如表2所示，东、西城严格控制新增建设用地规模，2019年新审批建设用地规模甚至为零；朝阳、海淀等经济发展相对成熟区域和以平谷、延庆为代表的远郊区，新增建设用地规模也相对有限，以挖潜量代替增量；丰台、门头沟、怀柔因其距离市中心较近的区位优势和城市发展的后发优势，呈现蓬勃的发展态势，新增建设用地规模较大；大兴区近年来发展迅猛，除与新城大规模开发建设有关，主要也得益于大兴机场新建和亦庄开发区建设，在快速扩张的过程中要着重把握好建设用地的节约集约利用问题。

表2　北京市2019年底各区建设用地供应概况

区划	年度审批建设用地 （公顷）	年度建设用地供应总量	
		面积 （公顷）	规划建筑面积 （万平方米）
东城区	0.0	7.9	10.5
西城区	0.0	12.8	0.5
朝阳区	30.3	77.3	113.0
丰台区	100.2	153.7	170.8
石景山区	10.4	62.6	39.5
海淀区	89.6	123.5	151.5
门头沟区	198.3	98.2	24.6
房山区	71.1	123.9	122.8
通州区	63.8	113.1	87.0

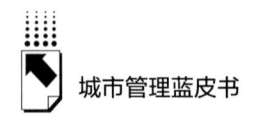

续表

区划	年度审批建设用地（公顷）	年度建设用地供应总量	
		面积（公顷）	规划建筑面积（万平方米）
顺义区	66.4	126.6	86.0
昌平区	93.8	62.8	36.1
大兴区	1995.7	2062.0	197.4
怀柔区	364.8	269.5	50.2
平谷区	7.1	40.6	32.7
密云区	—	21.1	19.1
延庆区	40.4	32.1	12.5
全市	3131.9	3387.7	1159.8

资料来源：《北京规划和自然资源年鉴（2020）》《北京市2019年国民经济和社会发展统计公报》。

2. 功能分区尺度下城市土地资源利用现状和特征

2012年《北京市主体功能区规划》将全市国土空间划定为四类功能区域和禁止开发区域。其中，禁止开发区域主要指的是禁止进行工业化城镇化开发、需要特殊保护的重点生态空间，并呈片状分布于表3中的四类功能区域；北京市禁止开发区域包括世界自然文化遗产、自然保护区、风景名胜区、森林公园、地质公园和重要水源保护区等，总面积约3023平方公里（2012年数据），约占市域总面积的18.4%。本文研究对象主要针对建设用地，与禁止开发区域相关性不大，故不做分析。

四类功能区域强调区域主导功能差异化。首都功能核心区是北京市开发强度最高的完全城市化地区，主体功能是优化开发；城市功能拓展区是北京市开发强度相对较高但未完全城市化的地区，主体功能是重点开发；城市发展新区是北京市开发潜力最大、城市化水平有待提高的地区，主体功能是重点开发，要加快重点新城建设；生态涵养发展区是保障本市生态安全和水资源涵养的重要区域，主体功能是限制开发，要限制大规模、高强度工业化城镇化开发。

表3　北京市四类功能区域分布情况（2012年）

功能区域	区划	街道、镇、乡	土地面积（平方公里）	常住人口（万人）
首都功能核心区	东城区	32个街道	92.4	216.2
	西城区			
城市功能拓展区	朝阳区	70个街道、7个镇、24个乡	1275.9	955.4
	海淀区			
	丰台区			
	石景山区			
城市发展新区	通州区	24个街道、56个镇、1个乡	3782.9	541.8
	顺义区			
	大兴区（北京经济技术开发区）			
	昌平区（平原）			
	房山区（平原）			
生态涵养发展区	昌平区（山区）	14个街道、79个镇、15个乡（含昌平区的7个镇，房山区的1个街道、9个镇和6个乡，其中昌平区：流村镇、南口镇、长陵镇、十三陵镇、兴寿镇、崔村镇、阳坊镇。房山区：城关街道办事处、青龙湖镇、河北镇、十渡镇、张坊镇、大石窝镇、长沟镇、周口店镇、韩村河镇、阎村镇、佛子庄乡、南窖乡、大安山乡、史家营乡、霞云岭乡、蒲洼乡。）	11259.3	247.8
	房山区（山区）			
	门头沟区			
	平谷区			
	怀柔区			
	密云区（原密云县）			
	延庆区（原延庆县）			
总计	16个区（县）	140个街道、142个镇、40个乡	16410.5	1961.2

资料来源：2012年《北京市主体功能区规划》。

由表3可见，北京市四类功能区域组成基本上与北京市区级行政区划范围相对应。需要指出的是，昌平区和房山区细分为平原地区和山区，其中平原部分划入城市发展新区，山区部分划入生态涵养发展区。

《北京市主体功能区规划》中划定的四类功能区域具有权威性和科学性，可以为本研究提供很好的分类评价依据和参照。考虑到本次北京市城市土地利用效率研究样本为分区设置，不能严格与四类功能区域用地范围对应,故进行了优化和调整,即参照四类功能区域划定主要内容,将研究样本进行相应的划分。其中,昌平和房山近年来经济发展迅猛,结合北京市最新总体规划和各区分区规划和历年来北京市公开的统计年鉴分类标准,将昌平和房山统一划入城市发展新区研究。

三 北京市城市土地利用效率分析

(一)评价方法介绍

数据包络分析方法(DEA,Data Envelopment Analysis)常用的模型包括C^2R、BC^2、C^2GS^2、C^2W及C^2WH模型等,适用范围略有出入,评价内容包括指标的有效性、贡献率和松弛度(可优化度)。其中,C^2R和BC^2模型应用最为普遍,两者差别主要在于前者假设决策单元处于固定规模报酬情形下以衡量总效率,后者假设决策单元处于变动规模报酬情形下以衡量纯技术和规模效率。考虑到城市土地利用效率是规模报酬可变情形下的,即产出和投入并非完全呈线性相关,经济社会发展到一定程度后,更多的投入并不能带来进一步的产出,所以本研究主要应用的是BC^2模型。

本研究利用软件DEAP 2.1测算城市土地利用效率,使用BC^2模型,设定参数以产出最大化为目标,选用多阶段评价分析类型,对北京市16个区的城市土地利用效率进行评价。运行结果得到三类效率值,设最优解δ^*为评价决策单元在可变规模情况下的纯技术效率,θ^*为决策单元在固定规模情况下的综合效率,则$S^* = \theta^*/\delta^*$,用来评价决策单元的规模效率情况。各标准数值越高,代表效率越高。$\theta^* = 1$代表是本单元投入产出是有效的;$\delta^* = 1$而$S^* < 1$代表仅为纯技术有效,规模效率不足,即样本单元本身的技术效率而言没有投入需要减少、没有产出需要增加;样本单元的综合效率没有达到有效,是因为其规模和投入、产出不相匹配,需要增加规模或减少规模。规模报酬分为规模报酬递增、规模报酬不变和规模报酬递减三种情况,规模报酬递增表示增加一定比例的投入,产出增加的比例更大;规模报酬递减则表示一定量投入并不能带来同等比例的产出,即产出增加比例减少。

BC^{2}模型还可以测算差额变数。投入没有充分利用导致低效率的减少，即产生了松弛。引入松弛变量，可以测量出相对无效的决策单元存在的问题，包括各决策单元的各投入指标的投入冗余量与产出不足量，进而明确在资源运用上应该进行的具体方向和幅度。

（二）指标选取与数据来源

1. 指标选取

根据城市土地利用效率的内涵，按照 DEA 方法指标选取的要求，结合相关数据的一致性和可获得性，本研究采用的统计数据为 2019 年度北京市 16 个区的最新分区统计数据，从土地、资本、劳动力三个角度选取建设用地规模、固定资产投资和第二、三产业从业人员三个投入指标，从经济社会和生态环境角度选取第二、三产业地区生产总值、一般公共预算收入和细颗粒物（PM2.5）三个产出指标。

（1）建设用地规模。本文研究的城市土地主要指的是城乡建设用地，选取建设用地作为土地投入指标较为适宜。需要指出的是，按照《中华人民共和国土地管理法》，土地分为农用地、建设用地和未利用地（"三大类"）。而官方公布的北京分区、县土地利用最新数据是 2018 年的，且是按照"八大类"（1984 年《土地利用现状分类及含义》）进行分类的，并没有单独的建设用地分类指标，所以结合 2017 年最新国家标准"十二大类"（《土地利用现状分类》GB/T 21010~2017）及标准规范性附录"三大类"对照表，以"八大类"分类中的"城镇村及工矿用地""交通运输用地"规模之和，代替各区县城乡建设用地规模指标。

（2）固定资产投资。在已有研究中，非农固定资产投资指标是作为代表资本投入的最常用指标，此外也有学者用过一般公共预算支出等指标。考虑到一般公共预算支出除了经济支出还包括其他社会发展各项支出，DEA 方法设定投入产出指标也并非数量越多越好，本研究选取了固定资产投资指标来衡量投入。需要说明的是，公开统计数据中没有收集到 2019 年分区固定资产投资（非农）的绝对值，只有增长率，所以本研究中相关数据是按

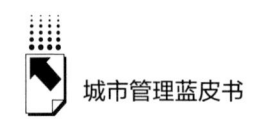

照历史数据估算而成的。

（3）第二、三产业从业人员。由于公开数据中并没有直接的数据，所以本研究以全市第二、三产从业人员占全市常住人口比例为参数，再乘以各区常住人口，粗略得到各区第二、三产业从业人员数据。

（4）第二、三产业地区生产总值。作为经济产出的代表指标，本指标由统计年鉴中第二产业和第三产业地区生产总值之和计算得出。

（5）一般公共预算收入。因为纯粹的社会效益包括对社会科教文卫各项事业的推动等，涉及的指标复杂且难以简单概况和量化，且其投入影响因素涉及面广，所以本次研究不单独设立严格意义上的社会效益指标。一般公共预算收入包括各种税收、利润、债贷、行政收入等，考虑到其与社会经济发展的高度相关性，选取该指标可代表经济社会综合产出效益。

（6）细颗粒物（PM2.5）指标。在生态文明建设背景下，产出指标不应只局限于经济社会效益，而应充分考虑生态环境效益。生态环境效益更是一个综合而复杂的指标，涉及生产、生活和生态环境中的方方面面，包括空气、水、绿地等多种要素，在以往的城市土地利用效率研究中常用绿化率（绿地面积）、城市建设维护资金等表示。由于北京市绿化率指标水平一直较高，但各区差异很大，且受多方面因素影响不能反映生态效益。考虑到北京市各区功能定位不同，用绿化率指标并不能较好地反映生态环境效益。所以本研究中选取了与市民生活息息相关的且广受关注的细颗粒物（PM2.5）年均浓度值指标。PM2.5是北京市乃至全国百姓普遍关注的重要指标，它不仅是大气单一指标，实际上反映了地表植被、生产结构、城市环境等诸多问题，更可以看作城市生态环境和人居环境的指征。同时，产出指标包括期望产出和非期望产出，PM2.5指标是污染程度，是非期望产出，即为负向指标，故本研究进行了倒数化处理。

2. 数据来源

考虑到北京市分区县相关指标的可获取性和统计口径的统一性，本研究指标主要来自《北京区域统计年鉴（2020）》，结合《北京统计年鉴（2020）》《北京规划和自然资源年鉴（2020）》以及2019年和2020年北京市国民经济和社会发展统计公报等相关公开数据。地理空间数据来自中国科学院资源环境科学数据中心。

(三)评价结果及要素分析

1. 北京市城市土地利用效率评价结果

北京市城市土地利用效率综合评价结果显示,北京市城市土地利用投入产出综合效率评价值平均为 0.677,仍有较大提升空间。同时,不同地区城市土地利用效率综合指数存在显著差异,各效率指标数值越大代表效率越高。为更好地对各区效率水平进行分析,本文根据综合效率 θ^*、纯技术效率 δ^* 和规模效率 S^* 对北京市 16 个区进行分级(见表 4)。

表 4 北京市各区城市土地利用效率评价结果

区划	分级	综合效率 θ^*	纯技术效率 δ^*	规模效率 S^*	规模报酬
东城区	A	1	1	1	—
西城区	A	1	1	1	—
石景山区	A	1	1	1	—
门头沟区	A	1	1	1	—
密云区	A	1	1	1	—
平谷区	B	0.916	1	0.916	递增
怀柔区	B	0.898	1	0.898	递减
海淀区	B	0.556	1	0.556	递减
朝阳区	B	0.465	1	0.465	递减
延庆区	C	0.938	0.968	0.968	递减
顺义区	D	0.501	0.888	0.564	递减
大兴区	D	0.397	0.823	0.482	递减
房山区	D	0.318	0.824	0.386	递减
昌平区	D	0.303	0.945	0.321	递减
丰台区	D	0.294	0.845	0.348	递减
通州区	D	0.251	0.761	0.33	递减
平均值	—	0.677	0.941	0.702	—

A 级 5 个区综合效率 $\theta^*=1$,代表是各区城市土地利用投入产出整体相对有效,包括东城、西城、石景山、门头沟和密云。

B级4个区纯技术效率 $\delta^* = 1$ 而综合效率 $\theta^* < 1$，均为非有效状态。其中平谷城市土地利用发展势头较好，且仍处于规模报酬递增阶段，代表平谷仍可通过增加投入规模可以获得超额的产出；怀柔、海淀、朝阳均为纯技术效率有效而规模效率无效，尤其是海淀和朝阳受到规模效率的拖累，其综合效率均低于全市平均值，即二区均处于规模报酬递减阶段，单纯增加投入并不能带来相应的产出效益。

C级延庆区虽然综合效率 $\theta^* < 1$ 且纯技术效率 $\delta^* < 1$，但二值分别为0.938和0.968，均处于较高水平，接近技术有效和规模有效状态，有待进一步通过精细化规划和管理达到有效状态。

D级6个区综合效率 $\theta^* < 0.6$，按照 θ^* 从高到低的顺序分别为顺义、大兴、房山、昌平、丰台、通州，均低于全市平均水平。

2. 北京市城市土地利用效率评价结果空间分布

在ArcGIS软件平台采用ArcMap的空间表达模块对分级评价结果进行空间展示。北京市各区级尺度下的城市土地利用效率水平呈现较明显的分层结构和组团化特征，并且与北京四类功能区域分布有较大的关联性，同时又因效率评价针对建设用地的特性呈现鲜明的特点（见表5）。

表5　北京市各区城市土地利用效率评价结果与四类功能区域对照表

分级	区划	功能区域
A	东城区	首都功能核心区
	西城区	
	石景山区	城市功能拓展区
	门头沟区	生态涵养发展区
	密云区	
B	平谷区	生态涵养发展区
	怀柔区	
	海淀区	城市功能拓展区
	朝阳区	
C	延庆区	生态涵养发展区

续表

分级	区划	功能区域
D	顺义区	城市发展新区
	大兴区	
	房山区	
	昌平区	
	通州区	
	丰台区	城市功能拓展区

A级5个区主要分布在首都功能核心区和生态涵养发展区，只有石景山属于城市功能拓展区。东、西城位于首都功能核心区，寸土寸金，土地利用强度高。虽然门头沟、密云属于生态涵养发展区，但由于该区域限制发展，可用建设用地较少，但利用效率相对较高，这也体现了绿水青山就是金山银山理念，以及生态保护和经济发展辩证统一的生态文明思想。石景山区面积较小，各项用地较为紧凑，建设用地投入产出效率有效。这总体反映了在本次 DEA 模型测算中，城市土地利用效率与投入指标中的用地面积和产出指标中的生态效益高度关联。

B级4个区分别位于城市功能拓展区和生态涵养发展区，综合效率相对较高，纯技术效率为有效，除平谷外，怀柔、海淀、朝阳均处于规模效率递减阶段，要改变发展理念，控制新增规模，挖掘存量潜力。

C级延庆区位于生态涵养发展区，在2019年中国北京世界园艺博览会和2022年北京冬季奥运会的带动下，各项指标投入增大，产出效率仍未完全显现，需要在实际发展中加强监管和科学规划，提升土地利用效率。

D级6个区除丰台属于城市功能拓展区，顺义、大兴、房山、昌平、通州均属城市发展新区。此6区大多位于城市中心边缘地带，呈现较为明显的城乡过渡地带特征，既是原中心城市向外"摊大饼"式发展的边缘地带，又是城市规划中新城组团发展的重要阵地。城乡过渡地带又称城乡接合部地区，由于城乡发展不均衡，虽然经过多年规划和整治，但仍有一些城中村和

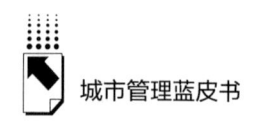

棚户区客观存在，这些地区土地拆迁补偿成本高、规划管理不畅、用地类型多样、土地权属复杂、空间布局混乱、人居环境不佳，土地利用效率低下。同时，由于区位优势明显、交通配套便利等因素，这些地区土地需求更加强烈，土地低效利用进一步加剧了土地供需矛盾。

根据评价结果空间分布显示，北京市城市功能拓展区和城市发展新区的土地利用效率有很大提升空间。随着北京市经济社会迅猛发展，朝阳、海淀等城市功能拓展区已经基本属于北京市中心地区，顺义、昌平、大兴等城市发展新区也受益于新兴产业发展、非首都功能疏解等，通州更因为北京副中心的新定位吸引了社会各界的关注，赢得了难得的重大历史机遇。无论从经济、人口和产业发展，还是从社会发展、生态环境方面来看，这些地区都可以算是北京市最具活力的区域。同时，由于复杂的历史原因和客观的现实问题，这些地区尤其是城乡接合部特征明显的区域仍然存在大量的低效建设用地，这也正说明了这些地区存在巨大的发展潜力。例如，丰台作为北京城南行动计划的重要阵地，十余年来，无论是土地利用效率、区域经济发展速度还是城市发展面貌，均处于相对较弱的地位，土地利用相对散乱、结构布局不合理的问题突出，土地利用利率亟待提升。房山属于综合区，其平原地区土地利用潜力很大，有待结合各项重大项目，加快科学优化调控，为经济社会发展塑造强大引擎，打造新的南部增长极。通州与其承载副中心建设的政治定位有关系，后续潜力有待挖掘彰显；大兴机场建设运营的强力带动，给大兴区土地利用结构带来巨大冲击，但仍需要时间的积累和空间的集聚才能形成较高的产出效益。

3. 北京市城市土地利用效率评价松弛度分析

DEA模型可以计算出非有效单元的松弛度，即可以显示各地区导致城市土地利用效率不足的因素，哪些投入指标存在投入冗余，哪些产出指标存在产出不足。

经过计算，如表6所示，以投入为导向，丰台、房山、通州、顺义、昌平、大兴各区均存在投入冗余情况。一是对于土地投入指标，昌平城镇建设用地投入冗余最多，大兴、顺义、房山、通州次之，丰台最小。所以要加强控制昌平、大兴等地新增建设用地规模，而要从挖潜存量用地做文章，丰台位于城市功能拓展区，紧邻城市核心，建设用地供需矛盾极其突出，却仍存在建设用地投入冗余的情况，这说明该区建设用地没有得到合理的利用，建设用地规模并不是影响城市土地利用效率的关键因素。二是对于资本投入指标，大兴和通州固定资产投资冗余最多，依托北京市经济技术开发区建设、大兴机场以及北京副中心，两区都处于城市建设快速发展阶段。三是对于劳动力投入指标，昌平和丰台的第二、三产业从业人员投入冗余最大，这也侧面反映了两区人多地少、人地矛盾和土地供需矛盾突出的特征；顺义和延庆不存在投入冗余，仍可以加大人才引进力度，大力推进各项事业发展。

表6 综合效率非有效各区投入要素松弛度分析

区划	城镇建设用地（公顷）	固定资产投资（亿元）	第二、三产业从业人（万人）
丰台区	-2044.8	-340.1	-43.5
房山区	-17804.7	-183.6	-24.8
通州区	-16433.9	-658.6	-36.8
顺义区	-18296.9	-138.0	0.0
昌平区	-20285.5	-181.7	-66.7
大兴区	-18627.4	-718.4	-15.2
延庆区	-3430.6	-158.0	0.0

以产出为导向，丰台、房山、通州、顺义、昌平、大兴各区均存在产出不足的情况（见表7）。一是对于纯经济效益指标，顺义、通州、昌平、丰台、大兴等区第二、三产业地区生产总值均有较大的提升空间，其中大兴需要着力提高投入技术效率，昌平则着重适度调整规模以保障经济产出提升。二是对于社会经济综合指标，一般公共预算收入代表地区财政收入水平，通州受公益和行政因素影响，丰台、顺义、房山都有较大提升空间，大兴表现最好。三是对于环境效益指标，细颗粒物（PM2.5）即大气环境问题，除延庆、昌平外，其他区环境问题都相对突出，尤其是通州生态环境水平还有大幅提升空间。

表7 综合效率非有效各区产出要素松弛度分析

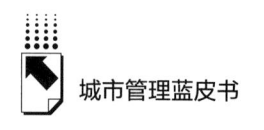

区划	第二、三产业地区生产总值（亿元）		一般公共预算收入（亿元）	细颗粒物（PM2.5）程度示意
	径向改进	非径向改进		
丰台区	336.1	274.4	23.5	43.8
房山区	170.4	243.6	15.0	50.9
通州区	328.3	421.5	27.8	68.2
顺义区	249.6	513.5	20.9	30.8
昌平区	62.3	582.1	6.2	15.8
大兴区	607.2	0.0	8.8	48.8
延庆区	6.1	58.8	12.5	8.8

4. 北京市城市土地利用效率评价小结

总体说来，北京市城市土地利用效率总体呈现分层化、组团化的特征，城市土地利用投入产出综合效率评价值平均为0.677，仍有较大提升空间。由于区域定位和经济发展水平不同，各区城市土地利用效率存在显著差异，按照由高到低可分为四个级别。

A级为最有效级别，包括东城、西城、石景山、门头沟和密云，以首都功能核心区和生态涵养发展区为主，主要得益于首都功能核心定位、用地紧凑或生态环境良好等因素，既突出了土地精细化发展优势，更验证了生态保护和经济发展辩证统一的生态文明理念。

B级为次有效级别，包括平谷、怀柔、海淀、朝阳，以城市功能拓展区和生态涵养发展区为主，均处于纯技术有效，但规模无效状态。其中除平谷处于规模报酬递增阶段，处于规模报酬递减阶段，即单纯增加投入并不能带来足够的产出效益。

C级为次无效级别，包括延庆区，距离有效状态非常接近，可进一步通过精细化规划和管理达到有效状态。

D级为无效级别，包括顺义、大兴、房山、昌平、丰台、通州，除丰台属于城市功能拓展区外，均属于城市发展新区。整体城市土地利用效率偏低，且均处于规模报酬递减阶段，在减量化战略实施的今天，这些地区正是未来加大发展力度、挖掘土地潜力、提升区域城市土地利用效率、以土地利用方式转变推动经济社会转型优化升级的重点区域。具体而言，各项投入指标显示明显冗余的包括昌平、大兴、顺义等的土地投入，大兴、通州的资本投入，以及昌平、丰台的劳动力投入；各项产出指标仍有较大提升空间的包括顺义、通州、昌平、丰台等的经济效益，通州、丰台、顺义等的社会经济综合效益，以及通州、房山、大兴、丰台的环境效益。

四 优化调控对策

城市土地利用效率评价是土地资源节约集约利用程度的直接体现，对科学指导土地资源调控决策，推动土地资源可持续利用，推进绿色低碳发展，具有重要意义。本文结合评价结果，从战略、制度、技术等方面，有针对性地提出如下对策建议。

（一）加快构建生态型土地利用模式，促进北京市人与自然和谐共生现代化新局面

必须深入贯彻落实习近平生态文明思想，践行绿水青山就是金山银山理念，加快推进绿色发展，加快构建生态型、绿色型土地利用模式，促进北京市人与自然和谐共生现代化新局面。重点抓好平谷等生态涵养区的土地利用监管与保护，践行坚持节约优化、保护优化、自然恢复为主的工作方针要求。继续在门头沟、怀柔、密云、延庆实施一批生态修复重大工程项目，对一些原有历史遗留损毁矿区等实施生态修复。总结借鉴新安江流域生态保护补偿试点经验，加快探索碳排放权交易流转，积极探索生态产品价值实现方式和跨流域生态补偿体制和生态环境损害赔偿机制，开展北京市生态补偿工作，引导构建生态友好型土地利用模式。持续开展大规模国土绿色行动，提高森林覆盖率，增强碳汇能力，加快推进绿色低碳发展，提早实现2030年碳达峰、2060年碳中和的国家战略目标。以丰台、房山为核心试点，坚持经济效益与环境效益并重，在做好生态环境保护的前提下推进经济发展，推动生态产业化和产业生态化，改变原来片面追求建设用地规模的"摊大饼"

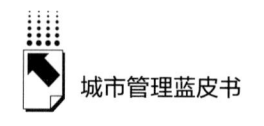

粗放发展模式,通过调整优化土地利用空间布局和结构形态,实现土地利用效率的内涵式挖潜与生态廊道和景观格局的恢复重建。

(二)坚定落实首都城市战略定位要求,构建北京市国土空间开发保护新格局

坚定不移推进京津冀一体化国家战略,以疏解非首都功能为抓手,不断优化城市土地利用结构和空间,构建国土空间开发保护新格局。继续按照中央和北京市工作部署,有条不紊地推进非首都功能疏解,进一步提升城市核心区的品质定位,充分发挥城市核心区承载经济、人口的作用,凸显首都政治、金融、文化核心功能。以全面实施乡村振兴战略为契机,加快推进海淀、丰台、朝阳、大兴等地区城乡接合部用地整治,最大化体现城市土地的资产属性,妥善处理好生产、生活、生态"三生"空间关系。切实改善城市人居环境,提升城市社会治理能力和水平,不断增强广大人民群众的获得感、幸福感、安全感。科学划定生态保护区,使生态保护区主要发挥为广大市民提供优质生态产品的作用,推动生态保护核心区的人口、村庄有序搬迁转移,加快构建定位清晰、优势互补、结构合理的国土空间开发保护新格局。

(三)深入贯彻新发展理念,推动北京市经济社会高质量发展

立足新发展阶段,全面贯彻落实创新、协调、绿色、开放、共享的新发展理念,加快实施创新驱动战略。依托北京市高校资源密集、创新人才队伍富集、营商环境优越等优势,利用非首都功能疏解腾退的宝贵优质土地空间,布置实施一批特色化、引领性科技创新重大项目,整合构建国家科技创新中心和产、学、研基地,强调土地资源对科技创新发展战略的要素支撑和保障作用,不断提升土地资源利用效率和水平。进一步加快推进现代服务业创新发展,推动线上经济、数字经济快速发展,提升创新链产业链水平和经济体系现代化水平,构建高质量发展格局。以现代服务业发展为契机,加快推进科技研发、现代金融等服务业产业发展,推进服务业向高端化、品质化、智能化方向转型升级,走高、精、尖的现代服务业发展模式。

B.10 "流空间"理念下北京五道口地区公共空间优化研究

——兼论工业文化遗产的利用*

冀文彦**

摘　要： 北京五道口地区被称为"宇宙中心",这里多元文化交融、八大高校汇聚,人流量巨大。近年来,该区域呈现布局混乱、环境嘈杂、交通拥挤、巨构性明显、离心分化性较强等特征,基于"流空间"的公共空间优化改造能够使这一地区密而有序、密而高效、密而宜居。通过梳理该区域的历史与现状,分析区域的改造肌理,本研究提出打造公共休闲空间、增设过街天桥、倡导共享经济、适当利用地下空间等诸多举措,通过更加垂直的城市中心建构,实现开放空间的扩大。

关键词： 流空间　规划改造　五道口　空间　优化

社会发展日新月异,城市载体千变万化,但万变不离其宗。一个好的城市不仅要有好的风貌,还要有好的文化。高密度地区的综合管理体现着城市

---

* 本文系国家社科基金项目（项目编号：20JCC024）和横向项目（项目编号：NAFLE0216006）的阶段性研究成果。
** 冀文彦,北京城市学院首都城市环境建设研究基地研究人员,首都经济贸易大学城市经济与公共管理学院博士生,研究方向为城市可持续发展与城市文化。

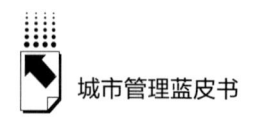

管理者的管理智慧与管理艺术，尤其是对于北京这样一个国际大都市。北京具有巨大的向心力和凝聚力，人口的增长促使城市规模不断扩大，随之而来的是人、城、空间之间的矛盾暴露。北京海淀的五道口地区被称为"宇宙中心"，这里多元文化交融、八大高校汇聚，人流量巨大。作为高校、人员集中地段，明显呈现一些巨构性特征。近年来，随着京张高铁的开通，该地段原有的铁路线停运，改造为休闲公园，在一定程度上缓解了该地区公共空间不足的问题，但仍旧有较大的研究和改造空间。

一 "流空间"的概念内涵

"流空间"（Space of Flows）的概念最早由社会学家卡斯特利斯（Manuel Castells）提出。在卡斯特利斯看来，工业社会中时间是主宰，而信息社会中空间构建了时间。在现代社会中，网络和信息传输决定了人们使用的时间框架，如果生活在流空间，或者生活在主流网络社会中，居民将像生活在华尔街或硅谷一样争分夺秒，但因为空间不仅包含可见的物质基础，还包含不可见的交流、共享和矛盾，从这个层面来说，时间具有了多维性。一个具有流空间特征的节点，必须具备多维的意义：通过城市规划使节点具备功能性交流，通过地标性的建筑营造空间象征，通过公共空间的创新和营造构建城市形式，通过交通的规划创造流空间的物质基础，通过公共空间的构建达到人们交流、共享、化解矛盾的目的。因此，流空间的重要节点一定是城市生活高度的缩影。

以北京市海淀区五道口地区为研究样本，对成府路沿线，即西起北京大学东门地铁站、东至王庄路南起点止，进行基于流空间肌理的城市空间优化改造设计，以期改变目前五道口地区的拥挤、杂乱、无场所感等城市空间特征。该段全长2.1千米，空间优化设计方案包括该段路沿线的广场、空地以及道路两边绿化设计等。考虑到空间设计的整体性，除了道路沿线的空间，本文也将对路段沿线部分大学周边的空间提出营造建议。

"流空间"理念下北京五道口地区公共空间优化研究

表1 卡斯特利斯对流空间的描述

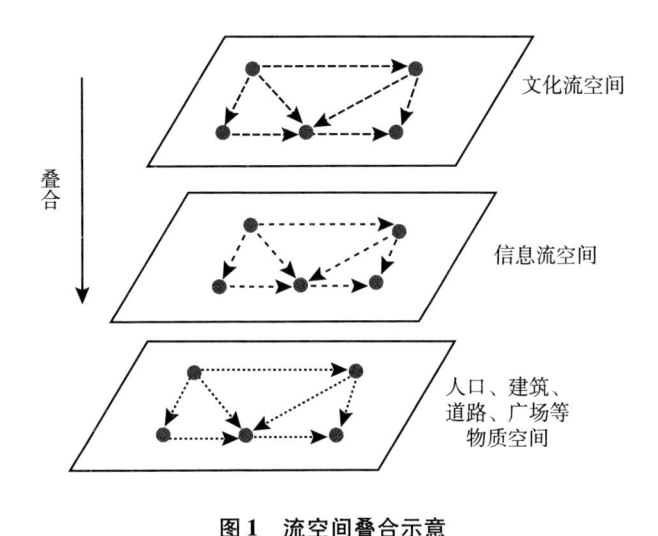

结构	三层次说	四层次说
第一层	电子圈层,主要指以微电子为基础的电子通信系统和基于信息技术的高速公路等,即信息通信的有形物质基础	基础设施,主要指电信、网络、交通运输线路等基础设施
第二层	节点与枢纽,主要指在流空间中承担交换地或通信中心的地方,是具体的地理节点	节点和中间站,主要指在空间中起到重要连接功能和决定关键活动的点
第三层	占支配地位的空间组织,主要指管理精英、技术官僚等	操作网络的社会行动者之住所
第四层	—	电子空间,如网站等

图1 流空间叠合示意

二 五道口历史梳理

早年,西直门外以北地区人烟稀少,后有人在此开垦出庄稼地,因多有车马往来,便人为走出几条大道。20世纪初,自西直门火车站(今北京北站)由南向北修建了一条铁路(今京包铁路,因修建京张铁路现已停运),于是出现了一些与铁路交叉的道口,自南向北称为第一道口、第二道口、第三道口、第四道口、第五道口、第六道口等,以后简称为"一道口""二道

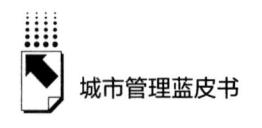

口""三道口""四道口""五道口""六道口"。

1949年以前，五道口属北平市北郊区，那个时期有关五道口的记载极少，根据相关地图推知，此地为城郊农田与村庄。1950~1970年，是五道口地区物质空间的基本形成期，包括大的土地利用格局、主要建筑、社区和居住人群的建设和形成。1950年，北京西北郊划分为文教区，在此地建设了八大高院。自此，该区域逐渐得到发展。

2000年以后，五道口地区物质空间经历了新一轮大调整，包括产业结构转型、大型建筑建设，社会结构和居住人群等发生了巨大变化。随着2003年13号线城铁站的建立，五道口地区经济逐渐兴旺，五道口渐渐成为一个品牌、一个标志，知名度越来越高，范围也渐渐扩大，但我们通常说的五道口主要指成府路沿线区域。2014年7月至2016年11月，随着京张铁路停止客运，当时因铁路平交道口而得名的"五道口"也仅剩名称，再无实际道口相交。

三 五道口空间现状与问题

（一）住宅区、商业区聚集

五道口地区明显的特征是高校、高楼、道路占据较大面积，周边环境是高耸的写字楼与低矮的商业房混立；道路上行人、机动车、非机动车交错，尤其是上下班高峰期存在噪声充斥、交通拥堵的现象，容易让路人感到疲乏和压抑。

（二）区域巨构性和个人控制感丧失

五道口地区汇聚了许多大型机构，以成府路两侧为例，道路南侧分布着北京大学化学学院、中关园（中关新园）、中科院化学所、中科院过程研究所、中科科仪有限公司、蓝润大厦、清华园铁路宿舍、海淀置业有限公司、华清嘉园、优盛大厦（五道口购物中心）等；道路北侧，自西向东分别是北京大学物理学院、北京大学出版社、清华大学、蓝旗营社区、文津国际酒店、清华科技园、东升大厦（卜蜂莲花超市）、中关村智造大街、清华大学五道口金融学院、东源大厦、五道口国际食尚苑、五道口工人俱乐部等。该区域基本为大型公共机构占用的土地，城市土地要素从体量上看是单位的大规模成片开发，居民对自己的邻里、区域有较少的控制感与融入感。

（三）离心分化性强

五道口人员聚集且流动性较强，高校较为集中，13号线五道口站与4号线北京大学东门站相距不远，且周边科研院所、居住区、写字楼、商业区密集，因此该区域是一个离散性强且脆弱的系统。商业、交通、工作的集聚，使人们脱离了同质性的群体聚居体系，进入一个脆弱分化的系统，这个系统表面看起来密度较大，但因人们的异质性而各自形成文化孤岛。

（四）无场所感

五道口地区内的大型社区有中关园、清华园铁路宿舍、华清嘉园、蓝旗营社区等，还有中科院研究生公寓及清华园公寓。从这些小区居住人群可以看出，其同质性与异质性特征较为明显。但无论是同质性群体还是异质性群体，对于这样一个流动性较强、人员较为聚集的地区而言，大多数居住者感觉周围的事物与己无关，他们对周围事物缺少参与和关注，也缺乏了解。对于他们而言，因为公共空间的缺失，会产生"这是一个异邦"的感受，他们只享受属于自己的"私密"和有限的空间。

（五）区域存在的具体问题

一是公共休闲空间不足。五道口地区是一个重要的节点，具备流空间的各项特征，在这样一个人员集中的区域存在公共休闲空间不足的问题。区域中奢华的建筑显示的是经济实力，但公共休闲空间展现的是当地的居民、社会和精神生活，它可以在熙熙攘攘的人群中、在拥挤的市场间、在繁华的商业中，显现城市对生命的关怀。

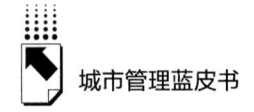

五道口地区单纯从数量和面积来看，公共休闲空间仅有面积极小的几处，且利用率并不高，分别为成府路北侧的清华科技园周边、东升大厦（卜蜂莲花超市）前广场、中关村智造大街区域，成府路南侧的优盛大厦（五道口购物中心）广场区域、13号线地铁B口附近区域以及京张铁路遗址公园。但是，真正能够被人们享用的空间仅有优盛大厦（五道口购物中心）广场区域，以及京张铁路遗址公园。13号线地铁B口附近仅为一块空地，被广场舞爱好者占用；清华科技园及中关村智造大街因其为单位所有，且均处于道路延伸或下沉处，非相关人员极少进入；东升大厦（卜蜂莲花超市）前为较大的广场区域，因缺少景观设计、未设休闲座椅，除购物或过路外，广场上几乎无人停留。

二是区域道路宽阔，却经常发生拥堵。在长达2.1公里的道路上，西向有两座过街天桥，马路中间隔离栅栏较多。隔离栅栏在实现了人车分流的同时，也牺牲了其他交通主体的权益，在这样一个行人较为集中的区域，仅保证机动车的畅通显然是不够的。此外，虽有划分共享单车放置区域，但管理不严格，仍然存在随处停放现象。在早高峰时，也存在自行车杂乱摆放挤占交通道路的问题。

三是功能建筑仍旧缺乏。样本区域不乏地标性建筑，但从营造流空间的场所来看，其功能仍可继续完善。作为流空间的重要节点与场所，需要将建筑引入流空间的转变中来，目前已经开放的"pageone书吧"深受居民喜爱。但小型博物馆或依托交通节点打造的更多的场所空间仍然缺乏，这些空间可以良好地实现沟通功能、信息交换、文化认同等，使本身无意义的建筑样式因具有功能而达到整合流空间的目的。这些地方可以使流动中的人具有归属感和获得感，使聚集变得更加有意义。

四是部分建筑外墙不美观。首先，绿化带围墙或栅栏过于生硬；其次，坐落于此的饭店经过修缮，外立面整齐，但从排屋两侧过道穿行到饭店的背侧，是与饭店相连的员工宿舍，这里脏乱差且过道狭窄，存在一定的安全隐患；再次，道路北侧的部分围墙破旧，偶尔围墙大门打开，院内灌木丛生，杂物堆放；最后，电影院周边墙面与建筑不整洁，废弃的影院未能进行有效利用和改造。

五是雨季道路积水。研究样本路段两侧，绿化覆盖率在90%以上，但绿化景观设计单一，装有护栏的绿植，不仅影响行人通行，也起不到涵养水源的作用。相反，因为护栏设施地势较高，雨季时造成雨水流向中间路面，使得道路两侧积水严重。在被围栏围起来的绿植丛中，靠近北京大学东门地铁站附近的两侧拆除了一小段围栏，在马路南北两侧放置了供行人休憩的座椅，但因位置较为隐蔽，座椅利用率不高，座椅漆面有部分风化脱落现象。

五道口作为首都商业中心和流空间的重要节点，优化空间布局不仅仅是实现功能的问题，还有美观的目标。

四　基于流空间的区域空间优化肌理

一是适应流空间的变化。五道口区域拥有宽敞的马路、高耸的写字楼、密集的住宅区，最初的设计是为了适应大都会的发展。如今，大都会逐渐成为流空间的重要节点，要利用和适应流空间的变化，将场所空间营造为集工作、生活、信息互联于一体的流空间。流空间具有集聚性、共享性、社会性和开放性，作为流空间重要节点的五道口区域要尽量运用开放空间避免异质性，防止空间隔离形成异邦。五道口的流空间还具有一个特性——种族性，这里分布着北京语言大学、清华大学、北京大学等高等学府，世界各地的留学生汇聚于此。因此，需要更加包容、开放的公共空间，才能适应区域人口数量的集中与质性分散的特征。

二是交通疏导多样化。作为流空间的重要节点，区域具有多样性社会功能，交通方式也需多样化，包括区域公共交通、地下空间，确保处于巨构性且无场所感的区域居民生活品质与区域经济发展具有相互关联性。注重地铁、公交、出租车，自行车、人行道、巴士、过街天桥或者地下通道等的多样化供给，单纯满足机动车的交通模式或者单纯满足行人的交通设计都是不合理的。

三是将生活、个人、区域和流动性结合在一起的城市设计。公共空间是

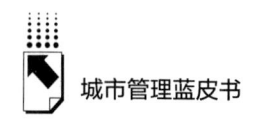

每一个流空间要素的联结者,街道作为一种城市形式具有整合交通和社会意义的功能。公共空间可以是一个公园,也可以是一条林荫大道,还可以是喷泉周围几平方米的空地,抑或图书馆、博物馆、超市、购物中心的空地,以及广场上的露天咖啡馆,将生活与区域联系起来最重要的是自发性的用途、相互作用的密度、多功能的空间以及多元文化的街头生活。

四是市场的力量。政府可缓解各种结构性因素与社会进程冲突之间的矛盾,但仅靠良好的规划或者独创性的建筑并不能使城市文化得以彰显。推动城市居民关注生活环境的品质,结合大多数居民的价值观与兴趣,才是推动城市文化发展的力量。

基于流空间理念的空间优化原则就是实现人与环境的接触、人与人的碰面机会、环境与环境的交互沟通。越是人员密集的区域,人员构成越复杂,但多样化人群通过信息、文化联系,可以在流空间背景下营造出共同的意向,重塑公共文化。在人员较为密集的城市区域,大多数的城市规划者开始从适应区域场所空间的变化转向适应流空间的变化,利用空间再造将场所空间营造为生活空间,确保流空间节点区域经济及居民生活品质具有良好的关联性。

五 样本区域的公共空间优化改造方案

一是打造公共休闲空间。结合目前该区域公共空间不足、利用率不高的情况,可考虑在东升大厦(卜蜂莲花超市)前广场设置喷泉,放置可供人们休闲的座椅。作为样本区域内最大的一块空地,此处可发挥文化交流功能,体现流空间的文化交融性。可设置欧式的巴洛克式喷泉,不仅可以体现五道口来自世界不同国家的种族交汇性,也可以体现出此处清华园、圆明园与燕园的历史建筑特征,可将此作为该区域的文化地标。此外,因该广场与东升镇政府毗邻,出于安全考虑,座椅设置为可移动式,遇有重大活动可以随时撤除。增加这一处公共空间,可以弥补中关村智造大街休闲区域除内部工作人员外其他鲜有人去的不足。

此外，13 号线地铁 B 口附近的空地区域，因面积较小，可结合五道口文化特征设置雕塑，如结合五道口金融学院设置钱币雕塑，通过雕塑简介再现中国钱币建造史。五道口工人俱乐部广场可通过改造再次利用，并设置座椅、绿植增加人气，也可通过文化外墙展示五道口地区以及五道口工人俱乐部悠久及独特的历史。

二是改造道路两旁绿植和绿化带。地区内人流、车流集中，出于安全考虑，可将现有绿化带水泥围墙和铁栅栏适当拆除，绿植周边采用透水砖等材料，使其快速下渗雨水。采用低于周边铺砌地面或道路 20 厘米以内的低影响开发的下沉式绿地，如德国汉堡的市政广场设计。道路中间设置绿植区域的地方，防护栏可用道路金属复合材料防撞栅栏，也可用带有缝隙的木质围栏。道路最外侧的下沉式绿地设置可保证雨水快速渗入两侧绿化带，避免流向机动车道或者非机动车道。

在不影响安全的情况下，可考虑拆除部分绿色植被防护栏，种植马尼拉等可踩踏草坪，放置行人座椅供行人放慢脚步，或休闲，或停留，为闲散人员提供可休憩的地方，用短暂的停留时间换取更加充足的路面空间。

三是加强安全保障。非金属复合材料的防护栅栏容易变形变质，也起不到真正的安全保障作用。样本区域内人多、车多，存在共享单车等非机动车侵占道路、道路两侧的非机动车道及人行横道防护栏被挤压变形等现象。为满足不同交通出行的人群需求，可在机动车道、自行车道、人行道之间设置三道栅栏，采用安全性更高、成本低、环保耐用的金属复合材料防护栅栏，那些既影响美观又影响通行的绿植铁栅栏可视情况拆除。

四是在人流较为集中的路段、广场、购物中心附近适当增设过街天桥。成府路与王庄路交叉口，因集中了五道口工人俱乐部、五道口购物中心、韩国美食城、地铁站、公交车站、中国语言大学南门及中国地质大学北门等诸多人员集中的场所，高峰时路口较为拥堵，可在此处设立过街天桥，分流行人，为车辆让出空间。

此外，北京大学校址横跨成府路，物理学院与出版社、中关园居住区与化学学院分属道路两侧，为方便校内人员往来及学生安全，缓解地面交通压

力，可在此处设天桥，也可与北京大学东门结合，通过区政府与北京大学共同出资，仿照中关村地铁站的口字形过街天桥，将北京大学东门地铁站四个地铁口通过"匚"形过街天桥连接，确保出行方便及安全。

五是倡导共享经济，突出共享、循环、有序原则。划定共享单车停车位，通过共享单车内置定位器要求严格摆放。样本区域人流量较大，但街道两旁公共厕所体验感不佳。可设计采用零排放生态厕所，在8分钟内将屎尿污水处理成"饮用水"标准（TDS≤50ppm），也可成为中水冲洗，而固体部分也在8分钟内变成粉末并成为一种新型的燃料。这种厕所还可对雨水进行电流破壁灭菌深度处理，使其成为洗手水。因其运用的氟材料表面张力小，卫生洁具可长时间保持清洁，成为省水型洁具。这大大减少了污水处理量，不仅可实现无上水管自循环中水处理，还可实现零排放。

六是设置一定数量的公共泊车位。因样本区域基本为大型单位或居住社区，无法实现停车位共享，但区域内车位明显不足。针对这种情况，可考虑在较为宽阔的区域对空间进行改造，将现有停车位改造为全自动立体泊车或是转盘式公共收费停车位。通过向存量用地要发展增量，改善居民生活条件，增加公共服务。

七是充分发挥社区周边分流人群的作用。作为五道口地区较大型社区的华清嘉园，处于成府路与中关村东路路口，可充分发挥周边分解人流的作用。在社区周边打造休闲步道，采用太阳能电路板和彩色高承载压印混凝土铺设，实现步道照明能量自循环。带状公共空间既是城市步行连廊，也是社区小公园，强化了传统公共空间使用功能的多重复合，还能有效改善城市空间面貌，美化城市。

八是改善街道两旁景观。地铁13号线A口附近以及五道口工人俱乐部附近的美食广场外墙，可通过外墙涂鸦等方式进行改观。

九是适当利用地下空间。作为京张高铁的必经之地，五道口不仅仅是地标，更是商业中心。结合目前已经改造利用的京张铁路遗址公园，参照上海人民广场地下打造的1930风情街设计打造地下文化街，将五道口的历史与区域大学院校以及周边景区文化融合,既可以缓解地面交通压力,也可展示文化金名片,还可以更好地发挥五道口商业中心的优势作用。

六 工业文化遗产的利用及其对地区公共空间的价值意义

工业遗产是年轻的文化遗产,但其重要的价值和意义并不因年轻而降低。《下塔吉尔宪章》中对工业遗产的定义是:"凡为工业活动所造建筑与结构、此类建筑与结构中所含工艺和工具以及这类建筑与结构所处城镇与景观以及其所有其他物质和非物质表现,均具备至关重要的意义。"[①] 2006 年无锡举行了首届工业遗产保护与利用研讨会,会议提出我国工业遗产的概念:"具有历史学、社会学、建筑学和技术、审美启智和科研价值的工业文化遗存。包括建筑物、工厂车间、磨坊、矿山和机械,以及相关的社会活动场所,以及工艺流程、数据记录、企业档案等物质和非物质文化遗产。"《无锡建议》是我国首部关于工业文化遗产的保护文件。

(一)五道口地区的工业文化遗产

京张铁路由詹天佑主持修建,连接北京丰台区、经八达岭、居庸关、沙城、宣化等地至河北张家口,全长 201.2 千米,是中国首条由中国人自行设计、投入运营的铁路,完全由中国人自己掌控。1905 年 9 月开工修建,历时四年,于 1909 年 10 月 2 日正式通车。该铁路经过样本区域的优盛大厦西侧。2014 年 7 月,京张铁路张家口站 - 张家口南站停止了客运。2016 年 11 月,清华园站停止客运,位于海淀区的铁路平交道口"五道口"被拆除。目前,正在修建的京张铁路遗址公园南起西直门,北至北五环,范围内的铁路遗迹类别众多、内涵丰富,主要可以概括为三种类型。一是火车站旧址,包含清华园火车站旧址、新清华园站、西直门站旧址。二是铁路沿线周边建

---

① 转引自岳宏《工业遗产的保护初探》,天津人民出版社,2010,第 70~75 页。

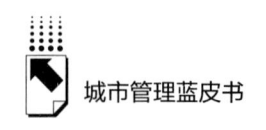

筑及构筑物，如西直门机务段建筑群、焊轨厂、中科院清华园新站货仓、道口信号亭等。三是铁路构件遗存，如钢轨、道岔、信号机、里志牌、坡道牌等。[①] 五道口地区内，目前形成了一处临时性的工业遗址公园，因京张铁路绿廊尚未形成，该处公园由护栏、"时光隧道"雕塑以及在锈蚀钢板上的文字记录、休息长椅等构成。

（二）五道口地区内京张铁路工业遗址利用对空间优化的影响

五道口地区商业化较为集中，居民的生活空间狭小，也缺少对该地区生态和人文价值的深层认知。但该地区作为高校集中片区，承载着北京的历史和人文记忆，将生态和人文价值相结合，符合构建环境友好型和谐社会的政策背景，也是改变传统狭义上对商业街区认识的开始。从这个角度而言，进行单一的街道整治规划显然不能满足该地区的发展定位。从较高的站位和战略需求出发，必须由城市运营和管理的传统工程价值观转变为生态文明和体现人文价值的服务观，由单一尺度转变为多尺度体系，由单一环境整洁目标转变为多目标的商业、生活、人文价值空间综合利用，由重点关注环境清洁转变为重视城市各系统与居民生活的关系。京张铁路遗址公园则是以街道为载体，以公共空间为对象，将绿地、人以及场域等系统关系理顺，从宏观的城市尺度、中观的地区尺度、微观的街道尺度进行系统设计，形成的完整体系。

一是充分体现首都文化中心的定位。作为文化中心，北京需将传统文化的强大底蕴和现代经济与科技完美契合。未来北京的发展需要依靠科技创新、文化创新双轮驱动，工业遗址公园的形成是空间优化治理的过程，也是科技创新与文化传统相结合的过程。空间优化对生态保障、景观体验、文化活化、功能体现、交通可达、活力提升、城市形态等都将起到积极作用，这有助于强化空间的可达性和共享性，提高居民与城市生活的关联度，减少公

---

① 冯霁飞、杨一帆、李楠、张长滨：《城市铁路遗产的景观化保护——以京张铁路遗址公园规划设计为例》，《工业建筑》2021年第3期。

共空间与居住区的人为切割；同时，通过公园加强地区内海绵城市的建设，增强口袋公园、广场、街道等城市开敞空间的紧密联系；提升城市文化品质，达到人文与自然景观相融合的和谐状态，改变人们对商业区域的刻板印象，打造绿色环绕的城市感觉，真正做到城市建设以自然为美，把文化风光融入城市。

二是有利于提升城市品质。从精神层面的功能来看，公园形成后设施的改造、空间的营造能够给予人们休憩和安静的享受，成为人们交流和游乐的场所。公园成为与人们生活密不可分的公共空间设计，就像城市的剧场，每天上演的生动剧目既可以成为都市亮丽的风景，也可以成为某个文学艺术作品的题材，成为城市永恒的记忆。公园的开敞空间、绿植等空间景观以及可循环的生态系统，极大地提升了城市品质与形象。

三是可成为生态体验的典范。公共空间的改造，特别是公园的形成不仅改善了居民的居住体验，对于旅游人群而言，可以让人们更加了解北京作为首善之区的示范作用，传达首都先进的发展理念，也是美丽中国、绿色中国的创新落实和典范。

四是有效缓解交通拥堵。京张铁路遗址公园将道路两侧的空间、天桥下以及广场等都利用起来，减少高峰期人们的拥挤，对于缓解拥堵不无裨益。同时，京张铁路遗址公园与地铁站、商业中心紧密相连，可极大地缓解交通压力。如新加坡，通过住房连廊可直接到达公交车和地铁站也是如此。

通过公共空间的改造，未来五道口地区能够通过优美的城市环境更加吸引人，也更具有宜居性。在这个场所里，有管理完善的环境，个性与控制能够结合，每个人都能够相对舒适地生活。无论是个人还是集体，都应感到这里的某些部分属于自己，对环境负有责任感，而与是否拥有这里的财产权无关。

生活在勒·柯布西耶所"构建"的垂直城市中心的人，却向往着赖特的"广亩城市"。在一个极力压缩的城市中心，必须使其更加垂直，方可实现开放空间的扩大。通过增加流动的手段，缓解城市中心的拥堵；通过强化城市中心的密度，增加公园和开放空间，从这个角度而言，拥挤与开放是并行不悖、相得益彰的。

参考文献

陈才:《"十四五"时期新型智慧城市发展思路与建议》,《中国建设信息化》2021年第1期。

陈玉梅、黄颖欣:《协同治理视角下城市韧性评估理论模型及实践研究》,《风险灾害危机研究》2020年第2期。

丁艳彬:《上海公布城市精细化管理"成绩单"》,《中国建设报》2019年8月14日。

董超:《"流空间"的地理学属性及其区域发展效应分析》,《地域研究与开发》2012年第2期。

董超:《信息时代的空间观念——对流空间概念的反思与拓展》,《自然辩证法研究》2014年第2期。

高萍、徐明婧:《杭州市"数字战疫"启示:以数据赋能深化协同治理》,《社会治理》2020年第8期。

高鑫:《城市地理学的"流空间"视角及其中国化研究》,《人文地理》2012年第4期。

胡弘弘:《论公民意识的内涵》,《江汉学术》2005年第1期。

胡睿:《疫情防治中社区责任的国际经验借鉴》,《北京城市学院学报》2020年第2期。

胡正飞:《突发公共卫生事件地方政府应急管理研究》,安徽财经大学硕士学位论文,2021。

黄坚:《从城市环境改善角度看城市设计的优化》,《中国建筑标准设计院60周年论文集》，2016年。

黄卫东：《城市治理演进与城市更新响应——深圳的先行试验》，《城市规划》2021年第6期。

霍庆儒：《街区绿地用转盘式泊车位的设计》，《内蒙古农业大学学报》（自然科学版）2016年第4期。

蒋俊杰：《日本市郊轨道交通发展模式》，《都市快轨交通》2017年6月18日。

金叶子：《"十四五"区域创新怎么干这些城市值得重点关注》，《第一财经日报》2021年3月3日。

孔俊婷：《"流空间"视角下的智慧城市空间分布研究——以京津冀智慧城市为例》，《建筑与文化》2017年第1期。

李华：《问题导向的整体性城市治理模式建构》，《社会科学家》2018年第11期。

李银河：《数字化赋能应急管理上台阶》，《中国应急管理》2021年第2期。

李友根：《中国特大城市社会治理的评估与发展——基于变异系数法的聚类分析》，《重庆社会科学》2020年第9期。

梁正：《城市大脑：运作机制、治理效能与优化路径》，《人民论坛学术前言》2021年第9期。

廖晓东：《北京推动世界一流新型研发机构建设及对广东的启示》，《决策咨询》2018年第6期。

林家俊、孙于岚、陈培彬、朱朝枝：《城市突发公共卫生事件应急管理体系评价——基于福建省九地市的实证分析》，《龙岩学院学报》2021年第2期。

林清容：《深圳探索超大城市精细化管理新路径》，《深圳特区报》2020年7月25日。

刘承水：《中国城市管理报告（2019）》，社会科学文献出版社，2019。

刘大均：《长江中游城市旅游流空间格局及发展模式》，《经济地理》

2018年第5期。

卢曙光：《韩、日城市轨道交通票款清分中心的经验与借鉴》，《都市快轨交通》2007年4月18日。

卢文刚、郑薇：《社会组织参与应急管理的探索、困境及改进建议——基于广东省深圳市的调研》，《社会治理》2021年第3期。

罗宏森、钱洪伟：《新发展阶段我国应急管理基本理论与实务研究》，《中国应急管理》2021年第4期。

木下贤：《东京地铁的安全对策》，《都市快轨交通》2007年12月18日。

芮露宁：《新科技赋能城市治理能力现代化——杭州智慧城市治理见闻》，《中国建设报》2020年1月20日。

施阳、邹凯、罗佳琪：《智慧城市疫情情报生态协同体系构建研究》，《图书情报导刊》2021年第3期。

石磊、熊竞、刘旭：《上海"两张网"建设的发展背景、实践意义和未来展望》，《上海城市管理》2021年第2期。

宋道雷：《人民城市理念及其治理策略》，《南京社会科学》2021年第6期。

孙道胜：《城市社区生活圈体系及公共服务设施空间优化——以北京市清河街道为例》，《城市发展研究》2017年第9期。

孙洪涛、戴新鋈：《东京都市圈轨道交通对京津冀城际铁路规划的启示》《中国铁路》2015年7月15日。

孙义：《浅析日本地铁运营特点》，《科技创新与应用》2016年5月18日。

汤文仙、李京文：《基于颠覆性技术创新的战略性新兴产业发展机理研究》，《技术经济与管理研究》2019年第6期。

田娇、张德锦：《应对公共危机智慧城市建设的再思考——基于新冠肺炎疫情防控实践》，《上海城市管理》2020年第3期。

汪波、禹丹丹、李得伟：《东京地铁运营组织分析》，《都市快轨交通》

2012年2月18日。

王枫云、韦梅:《中国城市治理模式研究的文献计量分析——以2002~2019年CNKI中文文献为样本》,《上海城市管理》2021年第3期。

王红漫:《突发公共卫生事件应急管理体系和能力及其评价体系研究进展》,《卫生软科学》2020年第11期。

王林、薛鸣华:《精细化治理:街道城市设计的方法与路径》,中国建设新闻网,2021年3月29日。

王晓霞:《对疫情防控常态化下城市管理工作的思考》,《城市管理与科技》2021年第2期。

王燕语、范圣权、范乐:《基于多因素、多层次评判的多灾种下城市安全韧性评价指标研究》,《建筑科学》2021年第1期。

王垚等:《"流空间"视角下区域空间结构研究进展》,《国际城市规划》2017年第6期。

吴得文、毛汉英、张小雷、黄金川:《中国城市土地利用效率评价》,《地理学报》2011年第8期。

武占云、单菁菁、马樱娉:《健康城市的理论内涵、评价体系与促进策略研究》,《江淮论坛》2020年第6期。

夏晶晶:《基于出行特征的小城镇人性化交通空间优化对策》,《中国城市规划年会论文集》,2017。

杨帆、许莹、段宁:《城市洪涝韧性治理体系的智慧化转型与实现路径创新》,《城市治理》2021年第5期。

杨宏山:《城市社区自主治理能力提升的新路径》,《人民论坛》2021年第14期。

叶林、周寒:《超越增长逻辑:城市治理的多重情境与转向》,《华南师范大学学报》(社会科学版)2021年第3期。

尹小贝、张琪诚:《超大城市多元共治应急管理体系内涵及运行关键》,《中国应急管理科学》2020年第8期。

张留、唐骏垚:《杭州加速打造"全国数字治理第一城"》,《浙江日

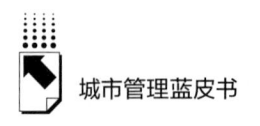

报》2020年4月8日。

张拓宇：《京津冀创新券跨区域互联互通促进科技资源共享初探》，《中国科技资源导刊》2019年第6期。

张雯熹、邹金浪、吴群：《城市土地利用效率研究进展》，《长江流域资源与环境》2019年第9期。

张潆文、张富刚、陈玉福：《基于DEA模型的江苏省204国道样带区农业生产效率评价》，《资源科学》2010年第2期。

章昌平、米加宁、刘润泽：《以智抗疫：从健康码看城市治理智慧化的"微生态"》，《广州大学学报》（社会科学版）2021年第2期。

赵祚翔、胡贝贝：《应急管理体系数字化转型的思路与对策》，《科技管理研究》2021年第4期。

朱婉菁：《区块链技术如何影响国家应急管理：一项预判性分析》，《电子政务》2021年4月9日。

祝婷婷、刘强、徐晶钰：《后疫情时代智慧城市网格化治理与实践》，《信息通信技术与政策》2020年第11期。

邹伟、李娉：《技术嵌入与危机学习：大数据技术如何推进城市应急管理创新？——基于健康码扩散的实证分析》，《城市发展研究》2021年第2期。

Miller W., "The Comparative Method: Moving beyond Qualitative and Quantitative Strategies", *Journal of Public Policy*, No.4, 1987.

Abstracts

The year 2021 is the first year of the 14th Five-Year Plan and the 100th anniversary of the founding of the Communist Party of China. It is also an important year for implementing new development concepts, promoting high-quality development and building a new development pattern. This puts forward new requirements for the modernization of urban governance. Under the concept of "full cycle management", the most important purpose of scientific urban governance is to enhance people's sense of gain, happiness and security, and promote people's all-round development and social progress.

In the 2021 report, 36 key cities are selected to rank and evaluate their urban management level, including 4 municipalities: Beijing, Shanghai, Tianjin and Chongqing, and 27 provincial capitals: Shijiazhuang, Taiyuan, Hohhot, Shenyang, Changchun, Harbin, Nanjing, Hangzhou, Hefei, Fuzhou, Nanchang, Jinan, Zhengzhou, Wuhan, Changsha, Guangzhou, Chengdu, Guiyang, Nanning, Haikou, Kunming, Lhasa, Xi'an, Lanzhou, Xining, Yinchuan, Urumqi, and 5 cities under separate state planning: Dalian, Qingdao, Ningbo, Xiamen and Shenzhen.

The index system of this report follows the composition of the previous year, consisting of 5 first-level indicators, 20 second-level indicators and 59 third-level indicators. Among them, the first-level indicators are society, economy, environment, scientific and technological innovation, and infrastructure. The contents of the second-level and constructed by the five index systems are basically consistent with those of last year. This research has inherited, and improved the three-level index system in the previous blue books.

Scientific and technological innovation is the key to comprehensively improving urban governance capacity. We should adhere to the core position of innovation in the overall urban modernization construction, enhance the technological innovation ability of enterprises, and stimulate the vitality of talent innovation. The 14th Five-Year Plan proposes to build a number of internationally competitive regional innovation highlands. Building a science and technology service platform and improving the innovation ability of enterprises have become the important work of the city science and technology management departments during the 14th Five-Year Plan period. The sub-report uses 5 dimensions of innovation input, innovation potential, innovation carrier, innovation efficiency and innovation output to construct the index system of urban innovation management evaluation. It performs an evaluation and ranking of the 36 key cities' innovation management level to reflect their overall situation of urban innovation management and promotion.

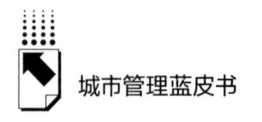

The key to comprehensively enhancing urban governance capacity is to lay a solid economic foundation and focus on the development of the substantial economy in cities. The sub-report establishes an evaluation index system of urban economic management level, including the level of economic development, economic regulation, market supervision and basic financial resources, and comprehensively evaluates and ranks the economic management level of 36 key cities. The economic management level of the 36 key cities has obvious gradient distribution, showing the characteristics of strong east and weak west, high south and low north, and rising central region.

The key to comprehensively enhancing urban governance capacity is to improve the quality of people's lives and enhance social development. Sticking to the indicator system since 2019, the sub-report has continued to evaluate the social management level of 36 key cities from 14 indicators of three dimensions, namely, input and development level, service and people's livelihood level, and equity and security level. The analysis shows that the social management level of the third and fourth tier cities has made significant progress, and the differences within the first-tier cities are obvious. Guang Zhen and Shen Zhen perform relatively poor in terms of fairnest and security compared with Beijing and Shanghai.

The key to comprehensively enhancing urban governance capacing B to

Abstracts

maintain coexistence between man and nature. According to the sub-report, in June 2018, the CPC Central Committee and the State Council issued the Opinions on Comprehensively Strengthening Ecological and Environmental Protection and Striving for the Hard Battle of Pollution Prevention and Control, which launched a comprehensive battle to protect the blue sky, clear water and pure land. A series of important decisions and arrangements made by the CPC Central Committee and the State Council on strengthening ecological and environmental protection have provided a solid institutional and organizational guarantee for urban environmental management. The 36 key cities have thoroughly implemented Xi Jinping Thought on Ecological Civilization and the spirit of the National Conference on Ecological and Environmental Protection, and made progress and achievements in overall environmental management in accordance with the decisions and arrangements made by the CPC Central Committee and the State Council. The key to comprehensively improving the capacity of urban governance lies in the guarantee of facilities. The sub-report points out that the rapid growth of fixed asset investment is an important guarantee for improving the quality of urban infrastructure management.

To implement the new development concept and promote the high-quality development of cities, a good transportation hub project is indispensable. The reference report believes that the suburban railway is an important part of the urban public transport system as a commuter rail transit system with high speed and large volume. The planned development of suburban railways is an important measure to divert non-capital functions, give full play to the role of the sub-center of the city as a carrier and radiator, promote the coordinated development of the Beijing-Tianjin-Hebei, and promote the development of outer suburbs and urban clusters. It is significant for optimizing the layout of city functions and facilitating citizens' travel. As a key to the coordinated development of Beijing-Tianjin-Hebei, relocation of non-capital functions is a major strategy for area development, coordinated regional development and major functional area development. A perfect national spatial layout and supporting system must be established. The sub-report points out the characteristics of stratification and group tendency in Beijing's city land use efficiency with an average overall efficiency of 0.677. There is much room for improvement. As the capital city embarks on a new journey of governance, we should focus on the overall strategic situation, cultivate the city spirit, highlight the city's character and enhance the city's soft power, so as to better demonstrate the effectiveness of good governance. The special reports believes that the Wudaokou area in Beijing, where diverse cultures blend, eight universities gather and huge flow of people, should realize the optimization and reconstruction of public space based on "flow space", so as to make this area dense and orderly, dense and efficient, and dense and livable.

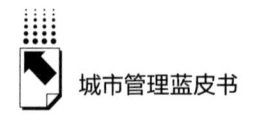

The 2021 management report is based on the "14th Five-Year" strategic plan and aims for the long-term goal of 2035. It provides intellectual support for urban governance.

Keywords: New Development Concepts; High-quality Development; Urban Governance; Beijing

Contents

I General Report

B.1 The Beginning of the 14th Five-Year Plan-Speed up the
Development of Urban Governance Modernization in China
Shi Yajuan / 001

Abstract: The development of urban governance modernization is an important part of constructing modernized social governance system and improving the ability of modernized social governance in China. During the 14th Five-Year Plan period, urban governance modernization has provided important support for improving the new urbanization strategy and improving the quality of urbanization development. This paper analyzes the management level of 36 key cities in China in 2018, and analyzes the temporal and spatial ranking changes of urban management level in China and the according reasons, and then puts forward the direction of accelerating the modernization of urban governance in China under the new situation combined with the outstanding characteristics of current urban governance.

Keywords: Urban Governance; Governance Modernization; Accelerated Development; 14th Five-Year Plan

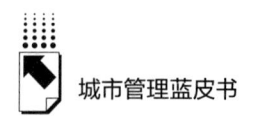

Ⅱ Sub-reports

B.2 Evaluation on Social Management of Key Cities in China
Zhai Wen, Tao Jie and Wang Yubin / 019

Abstract: This study evaluates the social management level of 36 key cities in China from 3 dimensions and 14 indicators according to the indicator system of 2019, which the 3 dimensions refer to the level of investment and development, the level of service and residents' livelihood and the level of social equity and security. According to the analysis, the social management level of the relatively backward areas is higher than that of the economically developed areas. The main reason for this phenomenon is that the difficulty of social management will gradually increase with the expansion of the city scale. Meanwhile, the shortage of social public service personnel is common in first-tier cities. In order to maintain and further improve the level of social management, first-tier cities should start from strengthening grassroots governance to alleviate the problem of social management level reduction. Another important conclusion is that there are obvious differences within first-tier cities. Compared with Beijing and Shanghai, Guangzhou and Shenzhen perform poorly in fairness and security. In order to catch up with them in social management, we should increase investment in improving the social security system, narrowing the income gap between urban and rural areas and improving the elderly service system.

Keywords: The First-tier Cities; Social Management Level; Strengthening the Ability of Grassroots Governance

B.3 Report on Economic Management Evaluation of

Key Cities in China　　　　　　　　*Hu Yafen, Hu Xinyue* / 052

Abstract: Urban economic management is an organic part of urban management system and the whole national economic management system, and it is one of the important tasks of urban government management. This report constructs the evaluation index system of urban economic management level, including the level of economic development, the level of economic regulation, the level of market supervision and the level of basic government financial resources. The economic management level of 36 key cities is comprehensively evaluated and ranked. The results show that the economic management level of 36 key cities in China in 2018 has obvious gradient distribution, showing the characteristics of strong east and weak west, high south and low north, and rising central China. Finally, the report proposes to clarify the two relations, consolidate the two foundations and strengthen the four functions of three aspects to improve the level of urban economic management.

Keywords: Urban Management; Economic Management; Comprehensive Evaluation

B.4 Evaluation of Environmental Management Level of

Key Cities in China　　　　　　*Zhou Xiuling, Shang Jingang* / 080

Abstract: The urban environmental management evaluation in 2018 is the continuation of the urban environmental management evaluation in 2017. In order to ensure the consistency and comparability of the assessment results, the environmental management evaluation indicators and weight distribution in 2018 are exactly the same as those in 2017. Based on the evaluation results of urban environmental management from 2017 to 2018, this report makes a comparative analysis on the environmental management level of 36 key cities in China. The results show that the overall level of urban environmental management is on the rise. Compared with 2017, the average score of environmental management level of 36 key cities in China in 2018 increased, and the level of urban environmental management is generally improving; For solid waste management, gas waste management, liquid waste management, ecological greening management and noise environmental management, their average scores are increasing. The difference is that the increase range is different; Urumqi, Nanjing and Guangzhou increased by 9 or more places, while Beijing and Shijiazhuang decreased by 10 or more places.

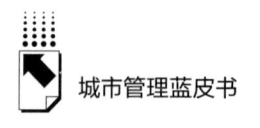

Keywords: Urban Management; Environment Management; Comprehensive Evaluation

B.5 Evaluation Report on Science and Technology Innovation Management of Key Cities in China

Tang Wenxian, Hou Jingwen / 116

Abstract: The 14th five year plan proposes to build a number of regional innovation highlands with international competitiveness. It is an important work content for each city science and technology management department to build a scientific and technological service platform and improve the innovation ability of enterprises during the 14th five year plan. This report constructs the evaluation index system of urban innovation management from five dimensions of innovation input, innovation potential, innovation carrier, innovation efficiency and innovation output. The evaluation and ranking of innovation management level of 36 key cities is carried out, which focuses on reflecting the overall situation of urban innovation management and innovation promotion in these cities. Finally, according to the key points of urban innovation management during the 14th five year plan, the paper puts forward some suggestions from the construction of smart city, the financial tools of science and technology, the mode of scientific research organization and the innovation of management system.

Keywords: Scientific and Technological Innovation; Smart City; Urban Agglomeration

Ⅱ.6 Evaluation of Infrastructure Management Level of
Key Cities in China   *Zhou Xiuling, Shang Jingang* / 148

Abstract: The level of urban infrastructure management has a very important impact on the living standard of urban residents. The evaluation of urban infrastructure management in 2018 is the continuation of the evaluation of urban infrastructure management in 2017. Based on the evaluation results of urban infrastructure management from 2015 to 2018, this report makes a comparative analysis on the infrastructure management level of 36 key cities in China. The results show that the average score of urban infrastructure management level is increasing year by year from 2015 to 2018, and the overall trend is on the rise; From 2015 to 2018, the change of urban infrastructure management level ranking is generally stable, the degree of dispersion is not particularly large and the level of infrastructure management in some cities has been steadily improved. From 2015 to 2018, Shenzhen ranked first in urban infrastructure management for four consecutive years, and the ranking of urban infrastructure management in Hohhot, Changsha and other cities has been rising for four consecutive years.

Keywords: Urban Governance; Infrastructure Management; Comprehensive Evaluation

Ⅲ Reference

Ⅱ.7 Inspiration of Tokyo Rail Transit Development for Beijing
Suburban Railway Construction   *Liu Guohai, Chu Xu* / 175

Abstract: Transportation integration is a major strategy to play the role of the central city's carrying and radiating effects. In order to construct a suburban railway required for Beijing's future development, this essay, based on the existing documents, analyzes the Tokyo Rail Transit System and its function in optimizing urban space and industrial chain structure. The author believes that the construction of rail transit in the Beijing metropolitan area can learn from the successful experience of Tokyo. It can use TOD mode to strengthen and guide the planning and construction of rail transit and joint land development, and do a good job in designing the interchange hub, planning the surrounding area of stations, and constructing the commercial network.

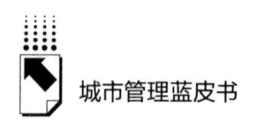

Keywords: Beijing Suburban Railway; Rail Transit; TOD Mode; Tokyo

Ⅳ Topics

B.8 Sustainable Development of Beijing under the Target of Emission Peak and Carbon Neutrality *Hu Rui* / 191

Abstract: China has formally put forward the "30·60" strategy in September 2020, that is, to reach the peak of carbon dioxide emissions before 2030, and strive to achieve carbon neutrality by 2060. As the main battlefield of this strategy, cities bear important carbon reduction and control responsibilities. For Beijing, as the capital, how to achieve green and sustainable development under the background of "dual carbon" is an important issue. Based on this "30·60" strategy, this article introduces the carbon emission reduction experience of foreign cities, and quantitatively analyzes the current situation of energy consumption and emissions in Beijing. At the end of the study, four-level implementation path recommendations of government, market, intelligence and citizens are given.

Keywords: Emission Peak; Carbon Neutrality; Beijing; Energy Saving and Emission Reduction

Contents

B.9 Research on Assessment of Urban Land Use Efficiency and Countermeasures of Optimizing Regulation in Beijing

Zhang Yingwen, Chu Xu / 208

Abstract: Carrying out researches on the evaluation of urban land use efficiency and on its optimization measures is an important measure to fulfill the most strict system of saving and intensive land use, speed up the evacuation of non-capital functions and promote high-quality development. The evaluation results of the data envelopment method show that the overall efficiency of urban land use in Beijing presents the features of stratification and clustering, with an average comprehensive efficiency of 0.677, which means there is a lot of room for improvement. Due to differences in regional positioning and economic development levels, there are obvious differences among districts, which can be roughly divided into four grades. Among them, Dongcheng District, Xicheng District, Shijingshan District, Mentougou District and Miyun District are the most effective areas (Grade A), which are mainly composed by the core areas of capital funtion and the ecological conservation development areas. This phenomenon not only reflects the advantage of detailed land management and shrewd development, but also demonstrates the dialectical and unified ecological civilization concept of ecological protection and economic development. Grade B and Grade C are composed by Pinggu District, Huairou District, Haidian District, Chaoyang District and Yanqing District, which are supposed to make progress by more detailed planning and more precise scale regulation. Shunyi District, Daxing District, Fangshan District, Changping District, Fengtai District, and Tongzhou District are inefficient areas (Grade D). Except that Fengtai District belongs to the urban function extension area, the rest belong to the urban new development area. They are supposed to carry out the reduction strategy, explore the land use potential in the spatial and structural dimensions and transform land use mode to realize economy escalation and the modernization of harmony between human and nature.

Keywords: Urban Land Use; Input-output Efficiency; Data Envelopment Analysis; Beijing

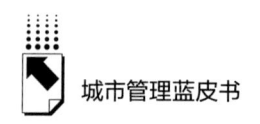

B.10 A Study on Optimization of Public Space in Beijing
Wudaokou Area Based on "Flow Space" *Ji Wenyan* / 229

Abstract: Wudaokou area of Beijing is known as "the center of the universe". In recent years, this region has shown such characteristics as chaotic layout, noise, traffic congestion, obvious macrostructure, strong centrifugal differentiation, etc. Therefore, the optimization transformation of public space based on "flow space" is to make the region's close and orderly, close and efficient, close and livable. By combing the historical and current situation of this area, this paper analyzes the transformation texture of this area, studies and proposes to build public leisure space, add overpasses, advocate sharing economy, properly use underground space and so on, and realize the expansion of open space through more vertical urban center construction.

Keywords: Flow Space; Planning and Transformation; Wudaokou; Space; Optimization

北京市哲学社会科学研究基地智库报告系列丛书

推动智库成果深度转化

打造首都新型智库拳头产品

为贯彻落实中共中央和北京市委关于繁荣发展哲学社会科学的指示精神，北京市社科规划办和北京市教委自2004年以来，依托首都高校、科研机构的优势学科和研究特色，建设了一批北京市哲学社会科学研究基地。研究基地在优化整合社科资源、资政育人、体制创新、服务首都改革发展等方面发挥了重要作用，为首都新型智库建设进行了积极探索，成为首都新型智库的重要力量。

围绕新时期首都改革发展的重点热点难点问题，北京市社科联、北京市社科规划办、北京市教委与社会科学文献出版社联合推出"北京市哲学社会科学研究基地智库报告系列丛书"。

北京市哲学社会科学研究基地智库报告系列丛书
（按照丛书名拼音排列）

·北京产业蓝皮书：北京产业发展报告

·北京人口蓝皮书：北京人口发展研究报告

·城市管理蓝皮书：中国城市管理报告

·法治政府蓝皮书：中国法治政府评估报告

·健康城市蓝皮书：北京健康城市建设研究报告

·交通蓝皮书：中国城市交通绿色发展报告

·京津冀蓝皮书：京津冀发展报告

·平安中国蓝皮书：平安北京建设发展报告

·企业海外发展蓝皮书：中国企业海外发展报告

·首都文化贸易蓝皮书：首都文化贸易发展报告

·中央商务区蓝皮书：中央商务区产业发展报告

社会科学文献出版社

皮 书

智库报告的主要形式
同一主题智库报告的聚合

❖ 皮书定义 ❖

皮书是对中国与世界发展状况和热点问题进行年度监测,以专业的角度、专家的视野和实证研究方法,针对某一领域或区域现状与发展态势展开分析和预测,具备前沿性、原创性、实证性、连续性、时效性等特点的公开出版物,由一系列权威研究报告组成。

❖ 皮书作者 ❖

皮书系列报告作者以国内外一流研究机构、知名高校等重点智库的研究人员为主,多为相关领域一流专家学者,他们的观点代表了当下学界对中国与世界的现实和未来最高水平的解读与分析。截至2021年,皮书研创机构有近千家,报告作者累计超过7万人。

❖ 皮书荣誉 ❖

皮书系列已成为社会科学文献出版社的著名图书品牌和中国社会科学院的知名学术品牌。2016年皮书系列正式列入"十三五"国家重点出版规划项目;2013~2021年,重点皮书列入中国社会科学院承担的国家哲学社会科学创新工程项目。

权威报告·一手数据·特色资源

皮书数据库
ANNUAL REPORT(YEARBOOK) DATABASE

分析解读当下中国发展变迁的高端智库平台

所获荣誉

- 2019年，入围国家新闻出版署数字出版精品遴选推荐计划项目
- 2016年，入选"'十三五'国家重点电子出版物出版规划骨干工程"
- 2015年，荣获"搜索中国正能量 点赞2015""创新中国科技创新奖"
- 2013年，荣获"中国出版政府奖·网络出版物奖"提名奖
- 连续多年荣获中国数字出版博览会"数字出版·优秀品牌"奖

成为会员

通过网址www.pishu.com.cn访问皮书数据库网站或下载皮书数据库APP，进行手机号码验证或邮箱验证即可成为皮书数据库会员。

会员福利

- 已注册用户购书后可免费获赠100元皮书数据库充值卡。刮开充值卡涂层获取充值密码，登录并进入"会员中心"—"在线充值"—"充值卡充值"，充值成功即可购买和查看数据库内容。
- 会员福利最终解释权归社会科学文献出版社所有。

卡号：678474572369
密码：

数据库服务热线：400-008-6695
数据库服务QQ：2475522410
数据库服务邮箱：database@ssap.cn
图书销售热线：010-59367070/7028
图书服务QQ：1265056568
图书服务邮箱：duzhe@ssap.cn

S 基本子库
SUB DATABASE

中国社会发展数据库（下设 12 个子库）

整合国内外中国社会发展研究成果，汇聚独家统计数据、深度分析报告，涉及社会、人口、政治、教育、法律等 12 个领域，为了解中国社会发展动态、跟踪社会核心热点、分析社会发展趋势提供一站式资源搜索和数据服务。

中国经济发展数据库（下设 12 个子库）

围绕国内外中国经济发展主题研究报告、学术资讯、基础数据等资料构建，内容涵盖宏观经济、农业经济、工业经济、产业经济等 12 个重点经济领域，为实时掌控经济运行态势、把握经济发展规律、洞察经济形势、进行经济决策提供参考和依据。

中国行业发展数据库（下设 17 个子库）

以中国国民经济行业分类为依据，覆盖金融业、旅游、医疗卫生、交通运输、能源矿产等 100 多个行业，跟踪分析国民经济相关行业市场运行状况和政策导向，汇集行业发展前沿资讯，为投资、从业及各种经济决策提供理论基础和实践指导。

中国区域发展数据库（下设 6 个子库）

对中国特定区域内的经济、社会、文化等领域现状与发展情况进行深度分析和预测，研究层级至县及县以下行政区，涉及省份、区域经济体、城市、农村等不同维度，为地方经济社会宏观态势研究、发展经验研究、案例分析提供数据服务。

中国文化传媒数据库（下设 18 个子库）

汇聚文化传媒领域专家观点、热点资讯，梳理国内外中国文化发展相关学术研究成果、一手统计数据，涵盖文化产业、新闻传播、电影娱乐、文学艺术、群众文化等 18 个重点研究领域。为文化传媒研究提供相关数据、研究报告和综合分析服务。

世界经济与国际关系数据库（下设 6 个子库）

立足"皮书系列"世界经济、国际关系相关学术资源，整合世界经济、国际政治、世界文化与科技、全球性问题、国际组织与国际法、区域研究 6 大领域研究成果，为世界经济与国际关系研究提供全方位数据分析，为决策和形势研判提供参考。

法律声明

"皮书系列"(含蓝皮书、绿皮书、黄皮书)之品牌由社会科学文献出版社最早使用并持续至今,现已被中国图书市场所熟知。"皮书系列"的相关商标已在中华人民共和国国家工商行政管理总局商标局注册,如LOGO( )、皮书、Pishu、经济蓝皮书、社会蓝皮书等。"皮书系列"图书的注册商标专用权及封面设计、版式设计的著作权均为社会科学文献出版社所有。未经社会科学文献出版社书面授权许可,任何使用与"皮书系列"图书注册商标、封面设计、版式设计相同或者近似的文字、图形或其组合的行为均系侵权行为。

经作者授权,本书的专有出版权及信息网络传播权等为社会科学文献出版社享有。未经社会科学文献出版社书面授权许可,任何就本书内容的复制、发行或以数字形式进行网络传播的行为均系侵权行为。

社会科学文献出版社将通过法律途径追究上述侵权行为的法律责任,维护自身合法权益。

欢迎社会各界人士对侵犯社会科学文献出版社上述权利的侵权行为进行举报。电话:010-59367121,电子邮箱:fawubu@ssap.cn。

社会科学文献出版社